Paul Faury

L'affaire du Mal Charbon

(L'inspecteur du travail, Jean Cavaillé, mène l'enquête)

Récit historique

Du même auteur :

Maudites soient les guerres !
(Mes souvenirs des Escoussens à Verdun),

Mémoires de guerre du sergent Joseph Faury
Remises en forme par son petit-fils Paul Faury
France libris, septembre 2017
Prix littéraire de la ville de Mazamet 2018

A Jean Cavaillé, Inspecteur départemental du Travail
à Castres de 1901 à 1918,

A mon papa, Gabriel Faury,
décédé le 7 mai 2020, ouvrier délaineur
Secrétaire du syndicat des ouvriers délaineurs
CFDT de Mazamet, durant plus de trente ans

A Michel Despax, mon professeur de Droit du
Travail, qui m'a régulièrement incité à rejoindre
l'inspection du travail

A Jean-Marie Guilhabert,
Inspecteur du Travail à Castres,
mon maître de stage en 1978, qui m'a
appris les fondamentaux du métier d'inspecteur du travail

« C'est de l'enfer des pauvres qu'est fait le paradis des riches »
Victor Hugo

11 septembre 2001 : un commando terroriste d'Al Qaïda attaque les deux tours du World Trade Center à New York (3500 morts).

Octobre 2001 : attaque bioterroriste aux USA. Des lettres contaminées à la poudre blanche sont adressées au Congrès, au gouverneur de New York, aux médias. Cinq cas mortels sont officiellement répertoriés. L'anthrax ou bacille du charbon fait à nouveau trembler.

A Mazamet, petite ville du sud du Tarn, au pied de la montagne Noire, ces informations réveillent une vieille peur enfouie dans la mémoire des plus anciens, le « mal charbon » est de retour !

Octobre 1901 : cent ans auparavant, Jean Cavaillé, jeune inspecteur du travail arrive à Castres et va faire rapidement connaissance avec cette maladie qui tue les ouvriers du délainage.

Mars 2020 : le coronavirus dénommé Covid-19 déferle sur la planète et le 17 mars la France, est confinée. Victime du « syndrome de la chambre », je regroupe tous les documents et notes recueillis sur les traces de Jean Cavaillé, durant 40 ans de vie professionnelle et je me mets à écrire l'histoire que vous allez lire.

Préface

Comment retracer le parcours d'un inspecteur du travail sans prendre le risque d'accabler le lecteur de pesanteur administrative ?

La question s'est immédiatement imposée à Paul Faury dès les premiers pas de sa recherche sur son collègue Jean Cavaillé, inspecteur départemental du travail du Tarn de 1901 à 1918. En bon juriste, il savait que la forme peut emporter le fond et qu'une erreur sur ce plan pouvait compromettre la réception de son entreprise biographique.

D'où le choix d'une mise en récit associant à l'ossature axiale de la vérité factuelle, une part de fiction à finalité émolliente. Il s'agissait pour lui d'opérer une mise en récit en n'hésitant pas à pallier certaines lacunes par un travail de reconstitution visant, sans affecter le cœur du propos, à le rendre plus plaisamment accessible. Ainsi de ce qui concerne la vie privée de l'inspecteur Cavaillé, son épouse Germaine et sa fille Madeleine, au sujet desquelles la documentation faisait probablement défaut. Moyennant quoi le récit se déploie avec un réel agrément de lecture par une mise en situation et en intrigue autour, principalement, du dossier de la maladie charbonneuse dont l'inspecteur deviendra l'un des spécialistes au niveau national et international. La légitimité d'un tel parti-pris se discute d'autant moins que d'une part, l'essentiel de la vérité historique est sauf et que, d'autre part, nombre d'auteurs lui ont donné ses titres de noblesse.

C'est donc la biographie professionnelle d'un inspecteur du travail que nous raconte Paul Faury avec un vrai talent d'évocation et d'écriture. Il lui redonne vie en nous permettant de le suivre dans les arcanes du métier à la charnière de deux siècles. Mais son propos porte bien au-delà puisqu'à travers le récit d'une carrière singulière c'est le portrait de l'inspection du travail et de son environnement qui se précise pas à pas selon une logique prosopographique.

Initialement nommé en 1902 inspecteur du travail départemental dans le Tarn, le littéraire Cavaillé ne tarde pas à se faire reconnaître et respecter autant pour la sûreté de ses jugements y compris très techniques que pour ses capacités relationnelles si indispensables dans ces fonctions. La confiance que lui témoignent les autorités préfectorale et judiciaire, comme sa hiérarchie, en sont la preuve comme d'ailleurs la rapidité de ses promotions qui le mèneront dans des fonctions de « divisionnaire » (équivalent de directeur régional) à Paris, Dijon et Bordeaux et sa présence dans les commissions de classement et de discipline du Ministère du travail.

Et ce qui frappe le plus dans cette évocation, c'est justement la dimension proprement politique de l'activité inspectorale à un moment de grande incandescence sociale imposant à une République encore adolescente une urgence de paix sociale. D'où la création en 1906 du Ministère du travail dans le sillage de l'Office du travail assisté par le Conseil supérieur du travail. Une stratégie d'apaisement à laquelle se rallie sans peine l'inspecteur Cavallié en multipliant les contacts avec les organisations patronales et syndicales telles les bourses du travail d'Albi, Castres et Mazamet. Ce qui l'amena vraisemblablement à rencontrer Jaurès, Griffuelhes, secrétaire général de la CGT, ainsi que la plupart de ceux qui comptent sur l'échiquier politique et syndical du Tarn à cette période.

On le voit aussi intervenir comme conseiller du préfet dans des conflits sociaux durs aussi bien dans le délainage mazamétain que la mégisserie de Graulhet sur fond de revendications relatives aux salaires et à la durée du travail à laquelle il consacrera d'ailleurs un ouvrage publié en 1919 sous le titre La journée de huit heures. A Graulhet, la grève des mégissiers durera 147 jours, soit 5 mois sans succès ! Inimaginable aujourd'hui. Et de telles durées n'étaient pas exceptionnelles comme on le découvre à la lecture des rapports de l'Office du travail éblouissants de précision et de richesse informative. Comme le rappelle le préfet du Tarn, la défense des « intérêts républicains » passe avant toute chose. D'où d'ailleurs la mobilisation de l'inspecteur pendant la première guerre en vue d'intensifier l'activité par les assouplissements indispensables.

Mais sa contribution à la gestion du social passe au premier chef par le souci de réduire la dangerosité et la pénibilité du travail. Cette fonction, fondatrice de l'inspection du travail depuis 1870 et 1892, est menée avec résolution (1500 visites en moyenne par an !) et là encore sur un mode à la fois pratique et politique. Alerté par le « mal des peleurs » et celui des sabreurs qui n'est autre que le charbon ou anthrax, mal mortel qui sévit dans tout le secteur du travail des peaux prospère à Mazamet et Graulhet, il ne tardera pas à mener l'enquête auprès des victimes et dans les entreprises concernées en s'entourant des conseils de médecins, avant de partager ses conclusions par voie d'articles puis de livre en appelant de ses vœux une réglementation adaptée qui viendra par le décret du 22 août 1910, à ses yeux trahi par une circulaire de juin 1912 en-deçà de ses espoirs.

Il contribuera également, dans le même esprit, à l'amélioration de la réglementation protectrice sur les chantiers et à l'encadrement du travail de nuit.

Une vie professionnelle exemplaire sans être exceptionnelle qui illustre bien le potentiel créatif d'un métier situé à la jointure d'une pratique aussi évolutive qu'une société en pleine effervescence et d'un travail intellectuel permettant à la fois d'en rendre raison et d'en améliorer l'efficacité.

Il faut remercier Paul Faury de s'être risqué à cette aventure très précieuse en nous offrant une belle contribution, certes à l'histoire en plein essor d'un corps administratif encore par trop méconnu mais aussi, plus largement, à l'histoire sociale et juridique de ce moment d'émergence du droit du travail dans sa version moderne.

Jacques LE GOFF
Professeur émérite de droit public
(Brest-Quimper)
Ancien inspecteur du Travail

Chapitre 1
L'installation

Ce matin du 9 octobre 1901, Jean Cavaillé a rendez-vous avec le Sous-préfet de Castres. Cette petite ville, sous-préfecture du Tarn, constitue sa nouvelle résidence administrative depuis qu'il a été nommé au sein de la neuvième circonscription en qualité d'inspecteur départemental du travail du Tarn.

Quand il sort de chez lui, au 48, avenue du Sidobre, il est surpris par une rafale de vent d'autan qui lui enlève presque son chapeau. Il se dit qu'il lui faudra s'habituer avec ce vent dont les gens d'ici disent qu'il rend fou. Cela ne devrait pas être trop difficile après le rude hiver qu'il vient de passer en qualité de stagiaire à Rodez, en remplacement de Monsieur Quénot, démissionnaire et à cette occasion, il a dû aller jusque dans le Cantal et la Lozère affronter parfois des froids polaires. Ici, à Castres dans le sud du Tarn, il s'attend à un climat plus clément, même si sur les hauteurs de la montagne Noire le froid peut être vif. Quoi qu'il en soit, il lui faudra bien s'habituer, ainsi que sa femme et sa fille, à sa nouvelle affectation. Ces quelques mois à Rodez se sont bien passés même si le préfet de l'Aveyron a porté dans son dossier administratif une mention plutôt neutre et pas spécialement élogieuse :

« Durant son court séjour à Rodez, sa conduite et son attitude politique n'ont donné lieu à aucune remarque défavorable ».

Ce rendez-vous avec Monsieur Eyguière, sous-préfet à Castres depuis trois ans, il y pense depuis quelques jours et dans sa tête il l'a soigneusement préparé, comme le lui a particulièrement recommandé son inspecteur divisionnaire, Monsieur Le Roy qu'il a rencontré dernièrement à Toulouse.

A la mi-septembre en effet, il est descendu à Toulouse pour préparer son arrivée à Castres. Avec le divisionnaire, ils ont évoqué ces huit premiers mois d'activité passés à Rodez et la façon dont il avait abordé ses nouvelles fonctions d'inspecteur du travail. Monsieur Le Roy lui a rappelé les priorités fixées par le ministre du Commerce et de l'Industrie en charge du travail, Alexandre Millerand et notamment la loi du 30 mars 1900 qui va réduire, au 30 mars 1902, à dix heures et demi la durée journalière de travail dans les établissements industriels où se trouvent occupés des femmes et des enfants ; cette même réduction devra s'appliquer aux hommes adultes autorisés jusqu'ici à travailler jusqu'à douze heures par jour, si des femmes et des enfants travaillent dans les mêmes locaux, ce qui ne va pas manquer de poser quelques problèmes. Il a évoqué aussi la loi du 12 juin 1893 relative à l'hygiène et à la sécurité des travailleurs dans les établissements industriels qui constitue maintenant un aspect essentiel dans l'activité des inspecteurs du travail, tant les accidents du travail constituent un fléau social inacceptable. Enfin, il a insisté sur la mise en œuvre de la loi du 2 novembre 1892, qui a créé le corps national de l'Inspection du travail qui exige que les inspecteurs soient le plus présents et le plus visibles sur le terrain et qu'ils visitent le plus d'établissements possibles. Les chefs d'entreprise doivent savoir que les lois du travail sont faites pour être appliquées et que des agents de contrôle sont chargés de le vérifier. Monsieur Le Roy lui a précisé que la baisse des établissements jamais visités doit être son objectif numéro un. Il a insisté sur la nécessité pour lui de rencontrer très rapidement toutes les autorités publiques, judiciaires, économiques et sociales du département du Tarn et de veiller à avoir en toutes circonstances un comportement loyal vis à vis de tous ses interlocuteurs. Monsieur Le Roy l'a informé aussi qu'il lui transmettrait les résultats de l'enquête qu'il est en train de mener sur le délainage à Mazamet et notamment sur les risques liés au travail de « pelage sur chevalet ».

Pour terminer, ils ont évoqué aussi les conditions matérielles d'installation et le passage de témoin avec Monsieur Foissac qui vient de prendre ses fonctions d'inspecteur départemental à Toulouse. Jean Cavaillé a indiqué à son supérieur qu'il va reprendre le logement laissé vacant par Monsieur Foissac, parfaitement adéquat pour héberger son épouse et sa fille et lui permettre de remplir correctement ses fonctions.

En effet au mois d'aout, prévenu de son installation prochaine à Castres, il a profité d'une période de repos d'une semaine pour venir avec son épouse rechercher un logement. Accueilli par son prédécesseur, Monsieur Foissac, ils ont vite décidé de conserver le logement que celui-ci loue au 48, avenue du Sidobre. Il s'agit d'une maison de ville qu'il partage avec Monsieur Victor Besse, médecin major au 9° régiment d'artillerie. Celui-ci occupe avec son épouse, l'étage de la maison. Jean Cavaillé et son épouse conviennent donc avec le propriétaire de la location du rez-de-chaussée de la maison, composé d'un petit salon, d'une grande cuisine jouxtée à l'arrière d'une souillarde et de trois chambres. Cela permettra d'équiper une chambre pour Madeleine leur fille, âgée maintenant de cinq ans et de conserver la troisième pièce à usage de bureau comme le faisait Monsieur Foissac.

Il est également décidé qu'il conservera le mobilier et notamment le joli bureau Louis Quinze avec deux fauteuils Voltaire pour la réception d'éventuels visiteurs. Par ailleurs, la maison est équipée d'un poste de téléphone manuel mural, installé dans le vestibule du rez-de-chaussée et commun aux deux appartements. Il pourra être ainsi en cas de nécessité en lien direct avec l'inspecteur divisionnaire ainsi qu'avec la plupart des services de l'État et de même dans le principe, il pourra être appelé par tout un chacun à son domicile. En fait il ne recevra que très peu d'appels, le nombre d'abonnés au téléphone étant très faible. Seuls quelques particuliers fortunés et quelques grosses entreprises possèdent déjà le téléphone. En revanche, on communique plus facilement par télégrammes dont les entreprises même modestes se sont équipées pour leurs démarches commerciales.

A l'arrière de la maison, ils découvrent une tonnelle qui ouvre sur un beau jardin arboré et ils pensent tout de suite à la balançoire qu'ils pourraient accrocher à la branche basse du vieil ormeau qui garnit une grande partie de l'espace et propose une ombre rafraichissante. Par cette belle journée d'été, ils restent manger sous la tonnelle le bon repas préparé par Madame Foissac. Les deux hommes en profitent pour parler travail et échanger sur les activités du département et les principales difficultés qui peuvent se présenter. Foissac, qui est là depuis quelques années, lui parle des premiers inspecteurs chargés dans le Tarn de l'application de la loi de 1841 et notamment d'Anacharsis Combes, un ancien élève de l'école de Sorèze, qui exerça les fonctions d'inspecteur du travail dans le canton de Castres entre 1855 et 1858. Ce saint-simonien était ouvert à toutes les formes d'amélioration de la condition des plus défavorisés et notamment à l'interdiction du travail des enfants de manière à favoriser leur instruction.

Pendant ce temps, Madame Foissac initie Madame Cavaillé aux commodités de la ville de Castres, une ville en plein développement. La préoccupation principale de Germaine maintenant qu'ils ont un logement, c'est de trouver une domestique qui la décharge de la plupart des tâches ménagères ainsi que de la surveillance constante de Madeleine. Avec la titularisation de Jean, elle aspire en effet à mener une vie plus bourgeoise. Madame Foissac lui donne les coordonnées de l'une de ses amies, qui à coup sûr sera de bon conseil pour lui recommander une personne dévouée. Elle lui parle aussi de l'école du quartier à laquelle va devoir entrer prochainement Madeleine. Elle lui recommande de ne pas manquer la foire du 28 août prochain qui constitue ici un événement très important. On y vient de tout le sud du département et les camelots de toute la région se retrouvent à Castres ce jour-là. Madame Cavaillé se sent rassurée car elle a pris goût à la vie urbaine lors des années passées à Toulouse et elle n'a pas très bien vécu le temps passé à Rodez, petite ville rurale au climat rigoureux. Ici, le climat est plus doux et la ville paraît en effervescence avec tous ces nouveaux magasins qui s'ouvrent dans le centre-ville. Le petit tour du centre-ville ainsi que le goûter gourmand qu'elles vont prendre ensemble à la terrasse d'un café sur la place Nationale leur font penser que décidément c'est la Belle Époque.

Jean et Germaine se sont connus à Toulouse où Jean est venu faire ses études de lettres. Germaine suivait les cours du lycée de jeunes filles de Saint-Sernin tout près de la maison de ses parents au 24, rue d'Embarthe, dans le quartier Arnaud-Bernard. Son père avait une petite entreprise de maçonnerie à Touget, pas très loin de Gimont, dans le Gers et avait fait de bonnes affaires. Vers la cinquantaine, il était venu s'installer à Toulouse et dans cette grande ville où les travaux de maçonnerie ne manquaient pas, il avait vu son entreprise prospérer, ce qui avait permis à sa famille de s'élever dans la hiérarchie sociale. Après avoir suivi l'école primaire avec succès, Germaine était entrée au cours complémentaire poussée par son oncle Jean-Guillaume, l'instituteur de la famille. Il lui avait donné, toute petite, le goût de la lecture et lors de son arrivée à Toulouse, elle avait été admise au lycée de jeunes filles de Saint-Sernin.

Jean et Germaine se sont rencontrés à la terrasse d'un café et tout de suite ça a été le coup de foudre, ils sont tombés immédiatement amoureux l'un de l'autre et un an plus tard, le 16 avril 1895, ils se sont mariés. Les parents de Germaine ont souhaité que soit établi un contrat de mariage et celui-ci a été passé le 9 avril devant Maitre Saint Martin Valogne, notaire à Toulouse.

Les deux sœurs ainées de Germaine, Marie-louise et Marie-Marthe, ainsi que son jeune frère Moïse Joseph étaient présents au mariage bien sûr, ainsi que l'oncle Jean-Guillaume.

Jean dont les parents étaient cultivateurs dans une petite ferme de Lacourt -Saint-Pierre près de Montauban, est lui fils unique. A huit ans, sa maman lui avait révélé un secret de famille. Deux ans avant sa propre naissance, un frère aîné était né qu'ils avaient également prénommé Jean. Malheureusement, il était décédé à l'âge de trois mois, victime du croup. Alors depuis, il a le sentiment de porter en lui le destin de ce frère qu'il ne connaitra jamais. Cela lui a donné très tôt le sens des responsabilités et la volonté de réussir. Pour son mariage, ses amis, Léon Duthil, étudiant avec lui et Joseph Laborie déjà professeur sont là pour faire la fête avec les jeunes mariés.

Madeleine est née quinze mois plus tard et Germaine âgée de dix-neuf ans à peine n'a pas bien vécu cette maternité survenue vraisemblablement trop rapidement à son goût. Jean de son côté est un papa « gâteau » qui adore sa petite Madeleine et celle-ci le lui rend bien.

Aujourd'hui à Castres, en traversant le pont Neuf puis la place Nationale, Jean répète dans sa tête son propos de présentation devant le sous-préfet. En effet, il ne doit pas manquer cette première rencontre car il sait que l'exercice de sa future fonction ne sera pas facile et le sous-préfet sera son seul interlocuteur local, sur qui il devra pouvoir compter mais auquel il devra aussi régulièrement rendre des comptes.

Arrivé sur les Lices, il découvre l'immeuble assez cossu de la sous-préfecture et à neuf heures précises, il s'annonce auprès de la secrétaire de Monsieur le sous-préfet. Celle-ci l'invite à s'asseoir dans le petit vestibule qui sert de salle d'attente aux visiteurs. Au bout de dix minutes, le sous-préfet le reçoit et lui souhaite la bienvenue. Son accueil chaleureux le réconforte ; il le perçoit d'amblée comme un homme affable, mais qui sait ce qu'il veut ou plutôt ce qu'il ne veut pas, à savoir que les représentants de l'Etat créent des difficultés au bon fonctionnement de la vie locale susceptibles de provoquer des troubles à l'ordre public. Ils doivent au contraire se montrer en tous points exemplaires et conforter l'enracinement progressif de la République, ce qui ne va pas complètement de soi, dans ce pays castrais, très majoritairement catholique et encore bien nostalgique du roi ou de l'empereur. N'envoie-t-il pas régulièrement un membre de la famille Reille, descendant d'un maréchal d'Empire, comme représentant à la Chambre des députés !

Jean Cavaillé se présente : originaire de Lacourt-Saint-Pierre, proche de Montauban dans le Tarn-et-Garonne, trente ans, marié, père d'une petite fille de 5 ans. Après des études secondaires réussies au lycée de garçons de Montauban, baptisé du nom de Ingres depuis 1885, il a suivi un parcours universitaire brillant qui l'a conduit à une licence ès-lettres de la faculté des Lettres de Toulouse. Il est ensuite devenu professeur de Lettres au lycée de garçons situé sur le parvis des Jacobins à Toulouse tout près de la place du Capitole, établissement qui prendra plus tard le nom de Pierre-de-Fermat. Après six années de professorat, durant lesquelles il a pris beaucoup de plaisir à former ses élèves, il a considéré l'univers du lycée comme trop étroit et il a imaginé devenir inspecteur du travail. En août 1900, il a passé avec succès le concours national d'inspecteur du travail, auquel il a été admis septième sur dix et a été nommé inspecteur-stagiaire à Rodez en début d'année.

En retour, le sous-préfet lui présente l'arrondissement de Castres, laissant le soin à Monsieur le préfet du Tarn, auprès duquel il devra rapidement aller se présenter de lui décrire le département dans sa globalité. Ici à Castres, un pôle de constructions mécaniques s'est peu à peu constitué avec des entreprises importantes, la fonderie Gillet, mais aussi les constructions de chaudières à vapeur Cornac et les constructions de pompes Schabaver. Pour autant historiquement, dans cet arrondissement de Castres, le textile règne en maître avec de nombreuses petites unités de filature et de tissage et des ateliers de bonneterie. Il lui parle ensuite de Mazamet, petite ville distante d'une quinzaine de kilomètres, blottie au pied de la montagne Noire, où depuis une cinquantaine d'années une activité prospère s'est développée, le délainage, et cela en fait la première ville industrielle du département. Les Mazamétains ont ouvert des comptoirs auprès des abattoirs dans les pays du Sud qui possèdent de grands troupeaux de moutons, l'Argentine, l'Uruguay, l'Afrique du sud, l'Australie, la Nouvelle-Zélande et font venir par bateaux les peaux de moutons morts. Ces peaux sont traitées en vue de récupérer la laine, qui vient compléter sur le marché européen la laine de tonte. Bien sûr, on trouve ici comme ailleurs, des activités artisanales, des activités de construction et toutes sortes de petits commerces.

Jean Cavaillé indique au sous-préfet que ses six premiers mois d'activité en Aveyron lui ont permis de découvrir son nouveau métier et l'ont conforté dans l'intérêt qu'il porte à ses nouvelles missions et notamment l'application de la réglementation sur la protection des enfants et des jeunes travailleurs et plus généralement sur les aspects d'hygiène et de sécurité au travail. Il fait part au sous-préfet de la hâte qui est la sienne de découvrir les nouvelles activités de l'arrondissement, auxquelles à vrai dire il ne connait pas grand-chose, mais cela ne lui crée pas de souci particulier.

A l'issue de ce petit tour d'horizon, les deux hommes conviennent de se rencontrer régulièrement et le sous-préfet conclut leur entretien en lui recommandant de ne pas hésiter à lui faire remonter toutes les informations peuvant présenter un intérêt et à lui faire part de toutes difficultés auxquelles il pourrait être confronté.

En regagnant son domicile, qui constitue également son bureau, Jean Cavaillé se réjouit du bon climat qui a présidé à ce premier entretien, mais il se dit que maintenant c'est à lui de jouer, c'est à lui d'apprendre son nouveau métier et de mériter la confiance de tous.

Dans les jours qui suivent, il se consacre essentiellement à remettre en ordre les dossiers que lui a laissés son prédécesseur Jean-Henri Foissac et à aller se présenter aux autorités locales, politiques, économiques ou syndicales. Il classe les différents dossiers dans la grande armoire qu'il a achetée d'occasion pour compléter la pièce du rez-de-chaussée qui va devenir son bureau. Il distingue les dossiers des établissements déjà visités, les procédures en cours, notamment les procès-verbaux et les mises en demeure. Il établit un classement particulier pour la réglementation qu'il est chargé de faire appliquer et la documentation sur certaines industries. Enfin il crée un classement à part pour tout ce qui relève des statistiques à tenir et du suivi administratif de son activité : tournée de visites, état de frais pour remboursement.

Pour se déplacer, il opte pour la marche à pied dans le centre-ville de Castres. Quant aux principales villes du département il s'y rendra par le train. De Castres en train on peut aller facilement dans toutes les directions du département, vers Albi le chef-lieu bien sûr et plus loin Carmaux au nord, mais aussi vers Lavaur et Toulouse à l'ouest, vers Labruguière, Mazamet et la vallée de Thoré à l'est, vers Soual et Revel au sud-ouest. A partir des principales gares, quand il doit se rendre dans les lieux éloignés, où se trouvent le plus souvent les établissements qui n'ont jamais été visités, il emprunte des voitures hippomobiles. Ces voitures sont tenues par des indépendants et rapidement dans chaque ville, il aura ses habitudes et son voiturier quasi attitré. Il se liera même d'amitié avec certains voituriers qui accepteront de l'attendre le temps de son contrôle car ils savent qu'il est de bonne compagnie et qu'ils seront toujours correctement rétribués. Les remboursements de frais de tournées ne sont pas extraordinaires pour les inspecteurs départementaux, moins bien dotés que les divisionnaires : ils sont remboursés de huit centimes le kilomètre pour les chemins de fer seulement sur un billet de deuxième classe et sur les courtes distances cela ne couvre pas l'intégralité du prix du billet. Pour les transports par voie de terre, ils sont remboursés à hauteur de

50 centimes du kilomètre et ce tarif plus généreux lui permet de couvrir l'intégralité de ses frais. Il n'empêche qu'il reste beaucoup de déplacements à pied, mais cela lui convient fort bien, car il aime bien marcher. L'exercice physique ne fait pas peur à ce fils de paysan, habitué aux travaux des champs dans son enfance. Enfin cela l'aidera à mener une vie saine et équilibrée, dans ce beau département rural, particulièrement verdoyant, fait de monts, de coteaux et de plaines.

Dans les archives du service, il retrouve quelques dossiers intéressants, dont la lecture lui permet de mieux connaître la réalité de sa section d'inspection, ainsi que les risques professionnels liés à l'exercice de certains métiers.

Ainsi, l'accident du travail mortel, survenu en juillet 1891, dont a été victime le jeune Jean Adrien Rouquié, âgé de treize ans, ouvrier dans le délainage du Moulin-Lautier à Saint Amans-Valthoré. Le rapport du sous-préfet à la demande de Monsieur Le Roy, inspecteur divisionnaire de la neuvième circonscription, basé à Toulouse, mentionne : « En sabrant une peau de mouton, son bras droit fût pris dans une petite sabreuse qui lui déchira les chairs. Il fût bien soigné par les religieuses de l'hôpital de Mazamet. Mais peu de temps après, le tétanos se déclara et occasionna le décès du jeune Rouquié ».

De même, l'accident du travail mortel survenu le 20 juin 1896, lors de travaux de démolition au château du Marquis de Solages, le propriétaire des mines de Carmaux : « Un bloc s'est détaché et Monsieur Henri Aguier, manœuvre, âgé de trente ans, a eu le crâne broyé ».

Ou encore, cet accident du travail, survenu le 24 décembre 1896 à la fonderie Gillet, avenue de Roquecourbe à Castres. « Monsieur Gaston Corbieu, vingt-neuf ans, ouvrier ajusteur, a été blessé à la tête par un éclat de la meule à émeri qui s'est partagée. La meule tournait à huit cents tours/minute et il a lâché la pince qui tenait la pièce. Un morceau de la meule est allé frapper contre la poutre du toit et est ensuite tombé sur la tête de la victime qui est décédée dans la nuit suivante ».

Il retrouve enfin un procès-verbal dressé le 7 janvier et clôturé le 10 janvier de l'année en cours, par son prédécesseur, Monsieur Foissac, pour défaut de déclaration d'un accident de travail. En effet, l'ouvrier Joseph Rey avait fait l'objet d'une morsure de cheval le 18 novembre 1900, chez Bibal et Saulière, le maréchal-ferrant de la place Soult à Castres. Cet accident survenu à l'occasion du travail et ayant occasionné une incapacité de travail de quarante jours, ainsi qu'il appert de la déclaration non contestée faite à la mairie par le blessé lui-même, n'avait pas été déclaré par les patrons contrairement aux prescriptions de l'article 11 de la loi du 9 avril 1898. En outre ladite loi n'était pas affichée dans l'atelier, contrairement aux prescriptions de son article 31.

Dix jours après son arrivée, il a rendez-vous avec le préfet Ferdinand Phelut, à Albi. Ce mardi matin, il fait très beau, un peu froid certes, mais c'est une belle journée d'automne qui s'annonce, comme on en connaît dans le sud de la France à cette période. Il a choisi d'aller à Albi en train et de rejoindre la gare à pied depuis son domicile. La gare est un peu loin mais cette marche matinale lui fera le plus grand bien. Tout au long du trajet, il découvre ces collines tarnaises qui ont déjà pris leurs couleurs d'automne et il est vite conquis par la beauté de ces paysages. Arrivé à la gare d'Albi, il remonte à pied jusqu'au centre-ville. Il passe devant la statue de La Pérouse et ses ancres marines, puis emprunte l'esplanade du Vigan et la rue Timbal qui le conduit jusqu'à la préfecture du Tarn. Le Préfet qui l'accueille vers les dix heures, lui souhaite la bienvenue dans le Tarn et lui demande si son installation et celle de sa famille se sont bien passées. Le préfet Phelut, ancien sous-préfet d'Autun, est en poste dans le Tarn depuis bientôt deux ans et il connaît déjà bien son monde dans ce département marqué par des clivages géographiques, politiques, économiques et sociaux particulièrement forts. Le préfet lui rappelle combien l'affaire Dreyfus toute récente a ravivé tous les antagonismes anciens entre les républicains progressistes et les conservateurs cléricaux et même si la tension est un peu retombée. Il craint que la mise en œuvre de la récente loi du 1° juillet 1901 relative au contrat d'association soit l'occasion de nouveaux affrontements violents.

En effet, cette loi s'attaque aux congrégations religieuses et le clan des catholiques très puissant dans le sud du département et dans la montagne, autour de la famille Reille, a clairement manifesté son hostilité à cette remise en cause. En lui disant cela, le préfet Phelut ne se doute pas combien la question de la séparation des Églises et de l'État va façonner le paysage politique et social de la décennie à venir dans l'ensemble du pays et dans le Tarn en particulier. En effet, deux des principaux protagonistes de ce débat national sont des gens du cru. En premier lieu, Émile Combes, le président du Conseil de juin 1902 à janvier 1905 qui conçoit une version très radicale du projet de loi, est originaire de Roquecourbe. Il a fait ses études au petit séminaire de Castres et jusqu'au grand séminaire d'Albi et a failli être ordonné prêtre, avant de se détourner de la foi catholique jusqu'à devenir un anticlérical résolu. Même s'il vit depuis longtemps en Charente-Maritime, sa personne divise profondément les Tarnais, auprès desquels le « petit père Combes » est soit adulé, soit haï.

Et puis, il y a Jean Jaurès né à Castres et élu à nouveau député de Carmaux lors des élections législatives de 1902 qui envoient à la Chambre des députés un Bloc des gauches avec une forte majorité, qui va soutenir le cabinet Combes, lequel va durer pendant 2 ans et demi, performance rare au cours de la Troisième République. Le point de vue de Jaurès est plus équilibré et il contribuera largement avec Aristide Briand à trouver les compromis nécessaires dans la loi de 1905 et les mesures d'application qui suivront, notamment lors de la mise œuvre de l'Inventaire en 1906.

Pour compléter son propos le préfet lui décrit l'ensemble des acteurs politiques du département et notamment la famille Reille, les sénateurs, Édouard Barbey le mazamétain et Adrien Gay de

Savary l'albigeois. Parmi les industriels, le préfet lui parle du marquis Jérôme de Solages, président de la Compagnie des mines de Carmaux, par ailleurs député. Jean Cavaillé lui précise qu'il n'a pas vocation à intervenir au sein des Houillères, celles-ci relevant de la compétence de l'ingénieur des mines. Le préfet évoque également les Aciéries du Saut du Tarn à Saint Juèry en précisant que la famille Espinasse attend beaucoup de la mise en service de la centrale hydroélectrique qui dote maintenant l'usine d'une force motrice nouvelle qui va renforcer la compétitivité du site. Près de 1000 ouvriers sont occupés à la fabrication des aciers et des outils Talabot, notamment des faux et des limes. Il lui parle enfin des chapelleries d'Albi installées sur la quartier de la Madeleine et de la renommée nationale du chapeau de feutre albigeois. Toutefois cette activité paraît très fragile et est à surveiller avec attention.

Dans le contexte de cette époque, le propos conclusif du préfet Phelut à Jean Cavaillé est clair :

— « Il vous appartient de mener à bien votre mission, et notamment la mise en application des nouvelles lois sociales adoptées par le cabinet Millerand, en inscrivant votre action au quotidien dans les orientations politiques impulsées par le gouvernement et en considérant toujours les conséquences de votre action sur l'ordre public, dont je suis le garant ».

Au demeurant, le préfet précise à Jean Cavaillé qu'il n'est pas du tout spécialiste de ce nouveau domaine juridique que constitue le droit du travail naissant et que sur ces aspects il lui accorde une grande confiance et lui demandera même, chaque fois que cela sera nécessaire, d'être son conseiller.

Jean Cavaillé remercie vivement le préfet et l'assure de son entière loyauté. Il rappelle simplement que la loi lui confie des pouvoirs propres qu'il souhaite pouvoir librement exercer.

Avant de prendre congé, le préfet lui présente son secrétaire général Monsieur Chevillou, qui lui remet copie du procès-verbal d'installation qu'il a préparé. L'établissement de ce document par la préfecture est en effet obligatoire lors de toute nouvelle affectation d'un inspecteur dans un territoire donné. La quatrième section confiée à Jean Cavaillé comprend l'ensemble du département du Tarn et la commune des Verreries-de- Moussans située dans l'Hérault. C'est la première fois que le département du Tarn dispose d'un inspecteur départemental du travail pour lui tout seul, alors que jusqu'à présent, il le partageait avec le Tarn-et-Garonne.

Pour terminer le préfet l'assure de son soutien et de celui des sous-préfets de Castres, de Gaillac et de Lavaur, notamment sur les aspects matériels. Mais surtout qu'il n'hésite pas lui, l'ancien professeur de lettres qui ne doit pas manquer de « facilité de plume », à lui transmettre ainsi qu'aux sous-préfets concernés, tous rapports ou correspondances qu'il jugera utile et ce indépendamment du rapport administratif annuel qu'il doit nécessairement produire.

Jean Cavaillé remercie le préfet pour son accueil et vers onze trente il prend congé. Avant de rejoindre la gare à pied, il descend la rue Mariès pour jeter un coup d'œil à la cathédrale Sainte-Cécile, majestueux vaisseau de briques rouges qui domine et écrase la ville de sa masse imposante. Il n'a que peu de temps pour manger au buffet de la gare et prendre le train de midi quinze qui doit l'amener à Gaillac, où il doit rencontrer le sous-préfet Claeys à quatorze heures. Il doit ensuite reprendre le train de seize heures pour aller jusqu'à Saint-Sulpice-la-Pointe pour un changement de train qui le mènera à Lavaur pour un dernier rendez -vous avec le sous-préfet Monsieur De Langantier, à dix-huit heures. Les deux sous-préfets lui présentent leur arrondissement qui sont tous deux très ruraux avec peu d'établissements industriels. Le gaillacois est marqué par le travail de la vigne qui a beaucoup souffert de la crise récente du phylloxéra arrivé ici en 1879 et qui occasionna la perte des trois quart du vignoble. Pourtant aux dires du sous-préfet, le vignoble est en train de se reconstituer grâce au greffage des cépages locaux sur des plants américains utilisés comme porte-greffe. L'arrondissement de Lavaur lui se caractérise par une riche polyculture avec de belles terres à céréales. L'essentiel de la vie économique réside ici dans des activités artisanales de travail du bois et de tonnellerie notamment ainsi que de constructions de bâtiments. Le sous-préfet insiste bien entendu sur la particularité de la ville de Graulhet qui est la seule à présenter une véritable industrie. Depuis longtemps déjà cette bourgade a développé des activités artisanales autour du travail du cuir, le tannage et la cordonnerie notamment. Au cours des dernières décennies, elle s'est spécialisée dans la mégisserie et elle est devenue la capitale du travail de la basane, cuir essentiellement utilisée pour la doublure des chaussures. Cette activité occupe un tiers des huit mille personnes que compte la cité. Le sous-préfet évoque la dizaine de grèves importantes dans les années 1880 qui ont permis à la Chambre syndicale des mégissiers d'obtenir d'importants acquis sociaux. Il explique au nouvel inspecteur du travail comment le raccordement récent au réseau ferroviaire national intervenu en 1895 constitue un atout essentiel au développement de l'industrie graulhétoise. Jean Cavaillé rappellent aux deux sous-préfets les objectifs les plus importants des nouvelles lois du travail. Ceux-ci l'assurent de leur soutien et lui souhaitent bonne chance dans ses nouvelles attributions.

Il est fort tard, vers vingt-deux heures quand il rentre chez lui, harassé par une longue journée de travail qui lui a permis toutefois de bien connaître le corps préfectoral avec lequel il devra toujours travailler, souvent composer mais aussi parfois se confronter pour garder la marge de manœuvre nécessaire à l'exercice de sa mission.

Enfin, pour compléter ces prises de contact, il prend rendez-vous pour le lundi suivant avec le procureur de la République du tribunal d'instance de Castres, C'est le jour où il n'y a pas d'audiences et le procureur le reçoit vers les onze heures. Celui-ci lui déclare tout l'intérêt qu'il porte à ce nouveau droit des travailleurs mais il reconnaît qu'il n'est pas encore très familier avec cette matière et qu'il aura bien volontiers besoin de ses éclairages notamment au cours de certaines audiences sur des dossiers complexes. En retour,

Jean Cavaillé l'assure de son total soutien et lui indique qu'à partir de la petite expérience qu'il a acquise dans l'Aveyron, il ne verbalisera pas toutes les infractions qu'il constatera mais réservera plutôt les procédures pénales aux situations totalement inadmissibles qui mettent gravement en cause la sécurité des travailleurs et notamment les femmes et les enfants. Il fera de même pour les employeurs qui méconnaîtront les observations et plus encore les mises en demeure qu'il sera amené à prononcer, car dans ces situations c'est la légitimité et l'efficacité de l'inspection du travail, cette nouvelle institution issue de la loi du 2 novembre 1892, qui sont mises en cause. Il fait part au procureur de sa conviction que l'essentiel de son travail réside dans l'information, l'explication des nouvelles lois, en un mot dans la prévention plutôt que dans la répression. Le procureur lui présente l'organisation de la juridiction avec le tribunal de simple police et le tribunal correctionnel et lui remet la liste des juges de paix avec lesquels il est amené à travailler. Pour terminer il lui recommande vivement de lui signaler au plus vite toutes les situations de violences ou d'outrages dont il pourrait faire l'objet. Il l'invite également à aller rencontrer rapidement son homologue auprès du tribunal d'instance d'Albi, ce que Jean Cavaillé fera lors de sa première tournée sur Albi. Fort de ce soutien, il rentre chez lui avec le sentiment qu'il va pouvoir correctement travailler dans ses nouvelles fonctions, même s'il considère que c'est à l'expérience de situations délicates qu'il pourra véritablement juger de la sincérité du soutien des uns et des autres.

Il lui appartient maintenant de démarrer concrètement ses activités de contrôle. Pour cela, il établit un tableau prévisionnel de tournées qui vont l'amener à découvrir petit à petit toutes ces villes et bourgades du département qu'il ne connaît pas encore, et bien sûr nombre d'entreprises petites et grandes exerçant des activités ma foi fort variées. Il mettra à profit certains déplacements pour faire la connaissance de personnalités notamment les élus, ainsi que les représentant patronaux et ouvriers qu'il se doit de connaître.

Chapitre 2
A la découverte des entreprises castraises

Comme le lui a particulièrement recommandé Monsieur Le Roy, l'inspecteur divisionnaire, Jean Cavaillé prend bien soin d'établir les itinéraires de tournées et de les lui envoyer au préalable. Cette formalité a été instituée afin de permettre aux inspecteurs divisionnaires de jouer un rôle de superviseur sur l'ensemble des inspecteurs du travail. L'administration centrale tient en effet à avoir une totale maitrise sur l'ensemble des agissements des membres de cette nouvelle institution de contrôle acceptée du bout des lèvres par les milieux patronaux et leurs représentants politiques, y compris dans les rangs républicains. Elle n'accepte pas des comportements déviants qui mettraient en cause le bien-fondé de la nouvelle mission de service public assignée à l'inspection du travail et remettrait en cause un équilibre très fragile. Ainsi donc l'inspecteur divisionnaire grâce à la connaissance qu'il a des tournées des inspecteurs peut aller faire une sorte de contre-visite afin de vérifier la pertinence des observations formulées par l'inspecteur départemental. Il peut aussi se joindre à l'inspecteur lors d'un contrôle pour tout à la fois vérifier son niveau de savoir-faire ou compléter sa formation. L'inspecteur divisionnaire peut aussi être amené à vérifier la présence effective de l'inspecteur du travail à son domicile pour les jours où il n'a pas prévu de tournée extérieure. Mais les divisionnaires ne sont pas que des censeurs. Premiers agents de l'État au sein de l'inspection du travail depuis la loi de 1874, ce sont eux qui ont forgé l'identité du corps des inspecteurs du travail en affirmant des valeurs et des références communes et une compétence, tant juridique que technique, reconnue. Cette identité s'est structurée à partir de la loi de 1892 grâce à l'indépendance des inspecteurs à l'égard des notables et à la mise en œuvre d'un service homogène et centralisé. Le divisionnaire Le Roy en est le parfait exemple, très exigeant mais aussi très à l'écoute et de précieux conseil, et d'un soutien indéfectible quand la situation l'exige.

Jean Cavaillé pour sa part est un homme sérieux, respectueux des instructions qu'il reçoit et il a choisi ce nouveau métier par conviction. Il n'est pas là pour tricher ou pour assouvir un objectif personnel mais pour s'investir totalement dans sa nouvelle mission qui vise à rendre effective sur le terrain l'application des lois nouvelles du travail. Mais il sait pertinemment d'où l'on part et ce qu'il en est de l'application réelle de la législation du travail dans les entreprises. De son point de vue, il poursuit un objectif de long terme tant les problèmes de tous ordres sont nombreux au sein des entreprises.

Pour l'organisation générale de son activité, il prévoit de sortir quatre jours par semaine, les lundi, mardi, jeudi et vendredi et de conserver deux jours pour le travail administratif à son bureau les mercredi et samedi. Ce sont en effet les deux jours de marchés à Castres et cela facilite la venue de salariés à la permanence qu'il tiendra à son domicile les mercredi et samedi matin. A vrai dire, très peu de personnes fréquentent ce nouveau service, auquel on ne fait pas totalement confiance. La plupart des plaintes dont sont saisies les inspecteurs du travail transitent par les organisations syndicales car les travailleurs ont trop peur des représailles patronales. Une circulaire en date du 19 janvier 1900, vient d'ailleurs de rappeler aux inspecteurs et aux secrétaires des syndicats professionnels ouvriers et des bourses de travail, la nécessité pour les inspecteurs de nouer des relations régulières afin de recueillir un certain nombre d'informations ou de dénonciations de faits contrevenant aux lois du travail. Jean Cavaillé prévoit également de découcher chaque fois qu'il organise une tournée dans le nord du département, ceci afin de limiter au maximum les temps de déplacement et d'optimiser ainsi ses activités de contrôle.

La petite expérience qu'il a acquise au cours des neuf mois passés dans l'Aveyron, lui a permis de structurer petit à petit la manière de conduire une visite de contrôle au sein d'un établissement industriel. Ainsi commence-t-il toujours par demander au chef d'entreprise de lui décrire son activité et de lui préciser quelle est la conjoncture du moment. Cela a pour effet de rassurer les dirigeants, surtout ceux qui ont une image très négative sur ce nouveau service de contrôle qui de leur point de vue vient les empêcher de travailler comme ils l'entendent. Toutefois s'il sent qu'il peut rencontrer de gros problèmes notamment en ce qui concerne l'emploi illégal de mineurs, il démarre tout de suite par la visite des ateliers car sinon les enfants se seront volatilisés, renvoyés chez eux par une porte dérobée ou cachés dans un coin de l'entreprise à l'écart des ateliers, comme cela a été le cas dans le petit atelier de bonneterie Verdier à Aiguefonde où un jour, il a vu des formes bouger sous un drap, qui se sont révélées être des enfants de moins de 12 ans.

L'essentiel du contrôle porte sur deux lois relativement récentes : celle du 2 novembre 1892 relative aux travail des femmes et des enfants dans les établissements industriels qui a mis en place un certain nombre de dispositions nouvelles plus protectrices que la loi de 1874 ; et celle du 12 juin 1893 relative à l'hygiène et à la sécurité des travailleurs, hommes et femmes, dans ces mêmes établissements industriels.

La première chose à contrôler est l'âge d'admission des enfants, fixé à treize ans avec une dérogation possible à douze ans pour ceux titulaires du certificat d'études primaires et munis d'un certificat d'aptitude physique délivré par des médecins scolaires ou des médecins désignés à cet effet par le préfet. Pour tous les enfants de moins de dix-huit ans, les employeurs doivent tenir un registre reprenant toutes les mentions qui figurent sur le livret que les maires doivent délivrer gratuitement aux parents et notamment les nom, prénom, date et lieu de naissance, domicile, ainsi que la possession du certificat d'études pour ceux de moins de treize ans. Certains maires ne remplissent pas correctement cette obligation de délivrance des livrets et il convient de le leur rappeler.

Ensuite il faut s'intéresser aux horaires de travail. En effet, dès le décret-loi du 9 septembre 1848, la journée de l'ouvrier a été limitée à douze heures de travail effectif, mais cette disposition faute d'un véritable contrôle n'a jamais été respectée. La loi du 2 novembre 1892 a réduit cette durée maximale de la journée de travail à onze heures pour les femmes et les enfants et à dix heures pour les enfants de moins de seize ans. Pour autant une loi toute récente du 30 mars 1900, portée par Alexandre Millerand, prévoit que cette durée maximale va être réduite à dix heures trente au 30 mars 1902, dans les usines et manufactures où travaillent des femmes, puis à dix heures au 30 mars 1904. La durée du travail est donc un sujet d'actualité et constitue un enjeu important pour le nouveau service de l'inspection du travail. Jean Cavaillé ne se fait aucune illusion, il n'a pas les moyens de vérifier à lui tout seul le respect absolu de ces nouvelles normes. Non, il sait que cela prendra du temps et pour lui la priorité c'est de faire respecter l'affichage des horaires de travail. Ainsi chacun peut savoir les horaires qui doivent être respectés et s'il y a des abus ceux-ci peuvent être dénoncés et des contrôles ciblés peuvent alors être organisés. Les horaires affichés doivent mentionner les heures de début et de fin du travail, ainsi que les heures et durée des repos ; une copie de ces horaires doit être adressée à l'inspecteur du travail et un duplicata déposé en mairie. La loi organise ainsi une certaine transparence et il appartient ensuite aux travailleurs de faire respecter leurs droits. Il connait la difficulté que cela représente pour les salariés mais il pense que cela va dans le bon sens, en tous cas, lui fera tout ce qui est en son pouvoir en relation avec les organisations syndicales existantes pour que ces nouvelles normes soient respectées.

Avec la durée du travail, il doit s'attacher à vérifier également l'interdiction du travail de nuit de neuf heures du soir à cinq heures du matin pour les femmes et les enfants en tenant compte des dérogations admises. De même il doit vérifier le respect du repos hebdomadaire avec l'interdiction d'employer les femmes et les enfants plus de six jours par semaine, ainsi que celui des jours de fêtes reconnues par la loi, au nombre de huit à cette époque. Et ce même pour la remise en ordre des ateliers, de manière à couper court à cet usage répandu de convoquer les salariés le dimanche matin pour procéder au nettoyage et au rangement. Une affiche doit indiquer le jour adopté pour le repos hebdomadaire et sur ce point aussi il apportera un soin particulier.

Enfin, il doit veiller attentivement aux conditions de travail et s'assurer que tous les salariés, y compris les hommes adultes, bénéficient des dispositions introduites dans la réglementation par la loi du 12 juin 1893 ; et veiller pour les femmes et les enfants au respect par les employeurs du décret du 13 mai 1893 relatif aux travaux dangereux, insalubres, excédant les forces ou contraires à la moralité. Ainsi les établissements industriels doivent être tenus dans un état constant de propreté, convenablement éclairés et ventilés. Les appareils mécaniques, les roues, les courroies, les engrenages et tout autre organe pouvant offrir une cause de danger, doivent être séparés de l'ouvrier de telle manière que l'approche n'en soit possible que pour les besoins du service. Les trappes, les puits et ouvertures de descente doivent être clôturées. Les nouveaux décrets prévoient aussi des modalités en ce qui concerne les eaux potables, les fosses d'aisance, l'évacuation des poussières et des vapeurs, ainsi que les précautions à prendre en cas d'incendie.

Par ailleurs, il est interdit d'employer les femmes et les enfants au graissage, au nettoyage, à la visite ou à la réparation des machines ou mécanismes en marche. De même il est interdit de les employer dans des ateliers où se trouvent des machines actionnées à la main ou par un moteur électrique, dont les parties dangereuses ne sont point couvertes de couvre-engrenages, garde-mains et autres organes protecteurs. Les enfants de moins de dix-huit ans ne peuvent être employés à faire tourner des appareils en sautillant sur une pédale ou à faire tourner des roues horizontales ; s'ils ont plus de seize ans, ils peuvent en revanche actionner des roues verticales pendant une durée d'une demi- journée au plus, divisée par un repos d'au moins une demi-heure. Enfin les enfants de moins de seize ans sont interdits au travail des scies circulaires, des scies à ruban, des cisailles et autres lames tranchantes métalliques. Les filles de moins de seize ans ne peuvent pas être employées au travail de machines à coudre mues par des pédales.

Dans certaines industries des dispositions spécifiques ont été édictées, ainsi dans les verreries pour le soufflage du verre, dans la sidérurgie pour le travail de laminage ou d'étirage, ou dans le bâtiment pour les travaux exécutés à l'aide d'échafaudages volants. Des tableaux fixent un certain nombre de travaux particuliers interdits ou autorisés sous certaines conditions spécifiques.

Enfin, la réglementation prévoit la limitation des ports de charges : quinze kilos pour les garçons de moins de dix-huit ans, dix kilos pour les garçons de moins de quatorze ans, dix kilos pour les filles de moins de dix-huit ans et cinq kilos pour les filles de moins de quatorze ans. De même il est interdit pour les enfants de trainer ou de pousser des charges correspondant à des efforts plus grands que ceux prévus pour le port de charges. Sur ce point, la loi du 2 novembre 1892 instituant par ailleurs un corps unique et national de l'inspection du travail, a prévu une prérogative spécifique pour les inspecteurs, celle de pouvoir requérir un examen médical pour tous les enfants de moins de seize ans, à l'effet de constater si le travail dont ils sont chargés excède leurs forces ; l'inspecteur est en droit d'exiger leur renvoi sur avis conforme du médecin et après examen contradictoire si les parents le réclament.

Un dernier point appelle un contrôle particulier de l'inspecteur du travail, c'est celui de la déclaration des accidents du travail créée par l'article 15 de la loi du 2 novembre 1892 et complétée par la loi du 9 avril 1898 sur la responsabilité des accidents dont les ouvriers sont victimes dans leur travail et qui instaure le premier régime d'indemnisation. Tout accident ayant occasionné une blessure doit faire l'objet d'une déclaration par le chef d'entreprise, dans un délai de quarante-huit heures au maire de la commune. Le décret du 21 avril 1893 a précisé la forme exacte du procès-verbal de déclaration à adresser au maire. Cette déclaration doit mentionner les circonstances de l'accident ainsi que le nom et l'adresse des témoins. Le patron doit joindre à cette déclaration un certificat du médecin indiquant l'état de santé du blessé, les suites probables et l'époque à laquelle il sera possible d'en connaître le résultat définitif. La Commission supérieure du travail a toutefois précisé que seuls les accidents ayant occasionné une incapacité de travail de trois jours minimum devait faire l'objet d'une déclaration. Le maire doit délivrer un récépissé au déposant et envoyer immédiatement l'avis de déclaration à l'inspecteur départemental. Jean Cavaillé sait pertinemment que ces dispositions sont loin d'être respectées et il va devoir insister tant auprès des chefs d'entreprises que des maires pour obtenir un meilleur respect de celles-ci. Pour le service il est en effet très important de connaître les accidents survenus car cela permet de diligenter de enquêtes détaillées sur certains accidents graves et de produire des statistiques sur le nombre et la gravité des accidents du travail déclarés dans chaque secteur d'activité. Cette veille est indispensable à une meilleure connaissance de ces phénomènes d'accidents en pleine évolution en raison des progrès techniques importants enregistrés dans l'industrie et est à la base des propositions que chaque inspecteur du travail peut faire pour renforcer et améliorer la réglementation en vigueur.

Voici résumés les points de portée générale sur lesquels Jean Cavaillé a décidé de faire porter son activité de contrôle. Il sait bien par ailleurs qu'il a beaucoup de choses à découvrir pour cerner les principales caractéristiques de la réalité du travail dans les établissements industriels du département du Tarn, qui présente des spécificités fortes et donc pour lui un intérêt accru.

Parmi ses premières visites, Jean Cavaillé a décidé d'aller contrôler la fonderie Gillet à Castres, située rue de la Fonderie, derrière l'avenue de Roquecourbe. Il s'y rend à pied, un matin, par la place Carnot et le pont Miredames. Il est accueilli par l'un des fils de Joseph Gillet, le créateur de la fonderie en 1848, qui lui explique que la famille Gillet possédait une fonderie à Albi depuis le dix-septième siècle et que son père est venu à Castres il y a maintenant plus de cinquante ans. Au départ l'entreprise produisait des pièces pour le matériel agricole, ainsi que pour l'industrie textile puis progressivement en fonction de la demande, elle s'est spécialisée dans les pompes et les éléments de mobilier urbain, bancs publics, lampadaires, réverbères, plaques d'égout, plaques de signalisation, ... Le procédé utilisé est celui de la fonte de deuxième fusion qui s'est développé dans tout le pays en raison de la demande croissante de pièces pour l'industrie en fort développement.

L'inspecteur Cavaillé entreprend la visite des ateliers qui comprennent une grande halle en charpente métallique bien éclairée par de grandes verrières, au milieu de laquelle trône un cubilot. Plusieurs zones sont délimitées dans le hall, la zone de stockage de la fonte brute et du sable, la zone de moulage, la zone d'ébarbage, et enfin celle des pièces moulées. Au moment où il traverse l'atelier, les ouvriers s'apprêtent à réaliser une coulée et il décide de patienter pour se rendre compte de la façon dont ils procèdent. En attendant, il fait le tour des ateliers annexes et notamment de la forge. C'est là qu'est installée la meule à l'origine de l'accident mortel survenu cinq ans auparavant et il constate que celle-ci est entièrement capotée et que l'on a tiré les enseignements du drame passé. A côté se trouve l'atelier de confection des moules avec un certain nombre de machines à bois. Il considère que la scie à ruban est insuffisamment protégée notamment le volant supérieur et il demande à Monsieur Gillet de prendre note du renforcement nécessaire de la protection.

Quand il revient dans le grand hall, le coulage a commencé : on fait couler la fonte en fusion, du cubilot dans un grand bac d'acier aménagé sur un chariot à roulettes puis on déplace le chariot jusqu'aux différents moules installés dans le hall et on renverse le bac pour assurer le remplissage des moules. La manœuvre est difficile et dangereuse avec un risque majeur de brûlure par les éclats possibles de fonte en fusion et par les efforts à fournir pour déplacer le chariot. Jean Cavaillé rappelle l'interdiction d'occuper des enfants à ces travaux et insiste sur la formation des ouvriers à la manœuvre qui doit être bien coordonnée ; il insiste sur la nécessité pour les ouvriers de porter des tabliers de cuir et surtout de conserver le harnachement imposé, même en période estivale quand la température extérieure est importante. Il s'assure de la possibilité pour les ouvriers de disposer d'eau potable à volonté. Enfin il assiste à l'ébarbage des pièces coulées la veille et là il se rend compte de l'extrême dégagement de poussières que cela engendre. Pour limiter les effets néfastes, la zone d'ébarbage a été installée à ciel ouvert dans une cour aménagée au milieu des ateliers. C'est un moindre mal mais on ne sait pas faire mieux. La visite des ateliers se termine par le magasin des pièces confectionnées et là l'inspecteur apprécie la qualité des produits fabriqués notamment les pompes des fontaines publiques.

Enfin, il fait le tour des vestiaires et du réfectoire et le moins que l'on puisse dire est qu'ils sont mal tenus. Il en fait la remarque à Monsieur Gillet qui met cela sur le compte du manque d'hygiène des ouvriers et notamment ceux venant de la campagne aux alentours de Castres.

Après avoir procédé au contrôle de tous les affichages et des registres obligatoires, il consigne sur le registre de l'inspection du travail les observations qu'il a été amené à faire et notamment la protection du volant de la scie circulaire qu'il assortit d'une mise en demeure avec un délai de réalisation de deux mois. Il prend congé de Monsieur Gillet et le remercie pour l'ensemble des informations qu'il a bien voulu lui donner.

La semaine suivante, il décide d'aller visiter l'entreprise textile Guibal-Anne Veaute qu'on lui a décrite comme la manufacture historique du textile castrais...

Le pays castrais était depuis le quatorzième siècle spécialisé dans le travail de la laine et ses productions avaient une certaine renommée. Au début du dix-neuvième siècle, l'arrivée du machinisme va profondément bouleverser cette activité artisanale qui s'exerçait pour l'essentiel à domicile et voir l'installation de quelques grosses unités de production.

Le genre d'étoffes fabriquées va aussi évoluer. Pour sortir de la crise qui suivit la révolution de 1830, les industriels castrais sortirent sur le marché les « serges », draperies faites de filoselle à la trame et de laine à la chaine. Vers 1850, la filoselle fut remplacée par du coton et cette nouvelle étoffe la « péruvienne » sera produite jusqu'à la fin du siècle. De même vers 1860 certains industriels commencèrent à mélanger à la laine naturelle qu'ils utilisaient pour leurs tissus une certaine quantité de laine « renaissance », obtenue par l'effilochage de vieux chiffons. Ce nouveau procédé permet de fabriquer des tissus bon marché et de belle apparence.

De la même façon, les outils de fabrication se perfectionnent rapidement. Les métiers en bois ont été remplacés par des métiers à tisser métalliques mus par des pédales, à la mise en œuvre particulièrement pénible. L'installation de chaudières à vapeur remplaçant la force hydraulique a révolutionné le fonctionnement et la productivité des machines. Vers 1880, les premiers moteurs équipent les métiers à tisser. Dans les filatures de nouvelles machines apparaissent avec les « Mulls Jennys » à deux cent broches qui remplacent les métiers « Jeannette » en bois à quarante broches, eux-mêmes détrônés par les « Self Acting » renvideurs. Les « apprêts » aussi évoluent fortement, avec l'introduction de tondeuses longitudinales, de garnisseuses, de rameuses à chaud qui viennent remplacer les vieux foulons.

Pour autant la fin du siècle n'est pas une période prospère et globalement l'industrie textile du sud du Tarn souffre de la concurrence anglaise et du textile peigné qui s'est fortement développé et concentré dans le nord autour de Roubaix-Tourcoing.

L'entreprise Guibal est installée en bordure de la Durenque. Elle occupe de grands bâtiments avec toiture en sheds et exerce une activité intégrée de filature, de tissage et d'apprêts. Le directeur qui le reçoit lui fait un bref historique de la famille Guibal et du rôle essentiel de pionnière qu'a joué au cours du dix-huitième siècle Anne Veaute. Jean Cavaillé entreprend de faire la visite des ateliers et rapidement il se rend compte de l'importance de la main d'œuvre féminine et des jeunes travailleurs de treize, quatorze ans. Il se promet de porter un soin particulier à l'examen des livrets, la visite terminée. Il demande au directeur technique à qui le directeur a laissé le soin de l'accompagner dans les ateliers, de lui expliquer en détail les procédés de fabrication car c'est la première fois qu'il visite une entreprise textile. Le directeur technique lui explique comment les laines sont lavées, filées, tissées et enfin comment les tissus sont teintés. Tout cela lui paraît un peu compliqué mais il retient de cette première visite un certain nombre d'observations sur des aspects de conditions de travail qu'il se devra d'approfondir dans les semaines et les mois à venir. La visite commence par la chaufferie surmontée par une grande cheminée qui permet de localiser facilement l'usine au sein de la ville. Une machine à vapeur alimentée au charbon fournit l'énergie nécessaire à tous les ateliers. Un jeu de pistons et de bielles entraine deux gros volants et à partir de là, un système de courroies plates sur poulies transmet le mouvement à un arbre qui traverse tout l'atelier. Sur cet arbre, des poulies et courroies plates renvoient le mouvement sur chaque machine sur lesquelles des volants, pignons, ou chaines entraînent la rotation de tambours, de cylindres, de rouleaux, et pièces mécaniques diverses.

En visitant la filature, il est particulièrement impressionné par les assortiments de cardes, et l'ensemble des risques mécaniques qu'ils présentent. Le tambour principal et les différents cylindres qui tournent autour, sont tous entraînés par des courroies ou des chaines sans protection. On lui explique que l'accessibilité à tous ces organes en mouvement est indispensable au réglage et au bon fonctionnement des machines. Il existe bien quelques dispositifs de protection mais cela lui paraît très sommaire. De même, il remarque combien ces machines produisent de poussières et il imagine ce que cela peut donner en période estivale. A l'atelier de tissage, il examine pour l'essentiel les métiers à tisser et c'est principalement le risque représenté par les navettes volantes sur lesquelles sont fixées les canettes porteuses du fil de chaine qui l'interroge. La vitesse et la force de propulsion des navettes l'impressionne et il imagine les dégâts que cela peut faire si la navette sort de sa trajectoire. A la fin de la visite, il remercie vivement son interlocuteur pour la qualité des explications données et de retour dans les bureaux il indique clairement au directeur qu'il a beaucoup appris. En matière d'observations il reprend simplement celles de son prédécesseur sur l'insuffisance de l'entretien des vestiaires des hommes notamment. Pour le reste et notamment les risques observés dans les ateliers, il indique au directeur qu'il attend d'avoir visité plusieurs entreprises textiles pour fixer à chacun les règles essentielles à respecter pour assurer la sécurité des travailleurs telle que la nouvelle réglementation du travail l'exige.

Chapitre 3
Premiers contacts avec le délainage mazamétain

Début novembre 1901, il décide de se rendre à Mazamet pour à la fois rencontrer le sénateur Édouard Barbey, le maire de la ville Albert Rouvière et un représentant de la chambre de Commerce et d'Industrie.

Il ne fait pas très bon ce matin, un vent d'ouest charrie de gros nuages et une grosse averse lui tombe dessus. Heureusement, il n'a pas oublié son parapluie et cela lui évite d'être complétement trempé en arrivant à la gare. Une demi-heure plus tard, environ, après plusieurs arrêts dont un à Labruguière, le train arrive en gare de Mazamet et dieu soit loué, la pluie a cessé. Il décide de se rendre à pied jusqu'au café du Grand Balcon, établissement fréquenté le plus souvent par les industriels, où il a rendez-vous avec le sénateur à dix heures. En longeant les Promenades, il aperçoit le chantier de construction de la future succursale de la Banque de France à sa droite, dont le préfet lui a parlé. Il remonte la grand' rue et arrive sur le Cours, bordé de cafés et barré au fond par l'église Saint-Sauveur. Une grande agitation règne dans ce café qui fonctionne en fait comme un cercle entre industriels et commerçants de la laine. On discute beaucoup entre gens endimanchés et manifestement on parle affaires.

Édouard Barbey le reçoit fort amicalement dans un petit salon que le café met à disposition de ses clients. En se présentant, il lui rappelle qu'il a été par deux fois et pour de longues périodes maire de Mazamet, ainsi que conseiller général avant de devenir sénateur du Tarn. Il a bien sûr été trois fois ministre de la Marine et a été longtemps politiquement en lutte ici à Mazamet avec le clan de la famille Reille, clérical et conservateur. Mais c'est surtout en tant que fils d'un industriel filateur ayant participé un temps à la gestion de l'entreprise familiale, qu'il s'adresse à Jean Cavaillé et il lui fait rapidement l'historique du passé industriel de la ville de Mazamet et de sa région.

Il lui rappelle que la vocation lainière ancienne de la région mazamétaine s'est traduite par la création d'ateliers au début du siècle précédent autour de quelques familles pionnières, le plus souvent protestantes dont celle de Pierre-Elie Houlès. Elles surent organiser la production, maîtriser la mécanisation et surtout répondre à de nouveaux marchés en produisant au-delà des draps traditionnels, des tissus « nouveautés » pour s'adapter régulièrement aux caprices de la mode. Certes la commande passée en 1831 par le Maréchal Soult pour la fourniture à l'armée de draps de troupe avait donné un coup de pouce important aux productions locales mais c'est d'abord la capacité à s'adapter à des productions changeantes qui a fait la force des industriel mazamétains.

Pour autant depuis une vingtaine d'années cette activité textile traditionnelle est en crise, largement concurrencée par le textile peigné du nord de la France et par les productions anglaises, ce qui a amené beaucoup d'industriels à se reconvertir progressivement dans l'activité de délainage des peaux de moutons. Cette activité nouvelle est née aux alentours de 1850 à l'initiative de quelques pionniers qui sont allés rechercher des peaux de moutons morts en Amérique du sud dans un premier temps puis en Australie et enfin en Afrique du Sud, en fait dans tous les pays détenteurs de grands élevages ovins. Ce développement fut favorisé par la baisse importante des droits à l'importation de la laine sous le second Empire.

Il décrit rapidement à Jean Cavaillé en quoi consiste cette activité et surtout le poids économique qu'elle représente aujourd'hui, à savoir une cinquantaine de délainage proprement dits, auxquels il faut ajouter autant d'unités de lavage et de magasins de laine, qui occupent au total plus de trois mille ouvriers dont près de la moitié sont des femmes. Le sénateur explique à l'inspecteur du travail l'importance des magasins qui permettent le traitement final de la laine avant expédition, mais aussi son stockage. Le poids de la laine mazamétaine dans le marché mondial est très faible et le cours de la laine très fluctuant se décide ailleurs, en Angleterre pour l'essentiel. Aussi il faut pouvoir vendre au bon moment, c'est à dire au moment où les cours sont au plus haut et pour cela il faut avoir la capacité de stocker et la trésorerie nécessaire. La laine est donc un produit spéculatif et au-delà de l'activité industrielle proprement dite, certaines maisons ont réussi de jolis coups financiers et se sont enrichies rapidement et fortement. Cela leur donne la possibilité d'acheter des peaux brutes dont elles confient le travail de délainage à des industriels de plus petite taille, des façonniers qui eux ne possèdent pas la capacité financière pour financer les stocks nécessaires. Pour autant ce qui vient de se passer au cours de l'année 1900 doit conduire à la plus grande vigilance. En effet après avoir connu un niveau très élevé en 1899, le cours de la laine s'est effondré dans les premiers mois de 1900 et les industriels qui avaient acheté beaucoup de peaux brutes subirent de lourdes pertes, atténuées cependant par le maintien des prix des cuirots. En tonnage, l'activité au cours de l'année 1900 s'est réduite d'un tiers. Fort heureusement l'année 1901 a été bien meilleure, les cours se sont redressés et on a retrouvé rapidement le niveau d'activité de 1899. Il conclut son propos en considérant que la situation de la place de Mazamet en matière de délainage est bien installée mais fragile car des éléments extérieurs peuvent venir la dégrader rapidement.

Pour une présentation plus complète de l'industrie mazamétaine, le sénateur lui rappelle ensuite que le textile avec ses filatures, tissages et apprêts, compte une douzaine d'établissements importants qui emploient autour de deux mille cinq cents personnes. A cela il faut ajouter quelques mégisseries qui traitent les cuirs fournis par les délainages et emploient près de trois cents personnes ; mais surtout un millier d'emplois dans toutes les activités de services liés principalement à l'industrie du délainage et du textile, tels que les transports, les activités artisanales et notamment la maintenance mécanique ; et enfin le bâtiment en fort développement, lié à la construction d'usines nouvelles ou à la transformation d'anciennes usines textile en délainages et aussi à la construction de grandes maisons bourgeoises au bénéfice des familles nouvellement enrichies. Il lui explique enfin l'importance de la succursale de La Banque de France qui constitue en montant de dépôts la deuxième place après celle de Toulouse pour toute la région du midi toulousain. Ainsi l'ensemble du secteur bancaire est surreprésenté à Mazamet.

Jean Cavaillé le remercie beaucoup pour ce tour d'horizon qui lui permet de mieux situer le poids de cette petite ville de Mazamet au sein du département et à son tour il lui fait part des objectifs que lui a fixés l'inspecteur divisionnaire et notamment celui visant à contrôler pour la première fois un nombre important d'établissements.

Pour terminer l'entretien, Jean Cavaillé lui demande quels sont les problèmes qui de son point de vue peuvent venir perturber cette forte dynamique de développement de l'économie locale. Édouard Barbey lui répond que certains patrons ont grandi trop vite et ont perdu de vue le sens des réalités et du partage de la richesse accumulée ; il craint qu'avec l'organisation des ouvriers en syndicats auxquels le délainage n'échappera pas, on aille vers des conflits de plus en plus violents. Les ouvriers de Mazamet, catholiques pour la plupart, sont des gens raisonnables, dévoués et travailleurs mais à un moment donné la prospérité de la place et la richesse insolente de certains devraient être mieux partagées. Enfin il lui fait part de son inquiétude au sujet de cette maladie qui survient régulièrement dans les délainages et que localement, ici à Mazamet, on appelle « le mal charbon ».

Jean Cavaillé lui indique qu'il va très prochainement visiter plusieurs délainages et qu'il sera attentif à cette question que lui ont déjà signalée son prédécesseur ainsi que l'inspecteur divisionnaire Monsieur Le Roy.

L'entretien se termine ainsi et avant d'aller déjeuner, Jean Cavaillé a le temps d'aller flâner dans le centre-ville de Mazamet sur les bords de l'Arnette, dont les eaux sales et nauséabondes lui paraissent particulièrement abondantes en cette période de l'année. Cette odeur si particulière le saisira lors de chacune de ses venues à Mazamet et principalement quand il se rendra dans la « Gorge », en remontant la « route des Usines ». Il comprendra rapidement que les gens d'ici sont totalement insensibles à cette odeur qui fait partie intégrante de leur environnement.

A quatorze heures, il doit rencontrer Monsieur le maire Albert Rouvière. Ils se sont donné rendez-vous devant la maison de la Condition publique. Monsieur le maire est accompagné pour la circonstance par le président de la chambre de Commerce, qui a été à l'origine de cette institution. Une fois les présentations faites, Monsieur le maire explique à Jean Cavaillé la genèse de ce projet et le pourquoi de la création de cet établissement public, que rapidement, localement, on appellera « le Conditionnement ». La chambre de Commerce a porté le projet et assure depuis bientôt deux ans le fonctionnement de la structure, mais c'est la ville qui a financé l'achat des terrains, proches de la gare de marchandise et la construction des bâtiments réalisés en 1899. Le président lui explique que la laine absorbe facilement l'humidité et comme elle se vend au poids, il pouvait y avoir de fortes différences entre le poids facturé au départ et le poids constaté à l'arrivée chez le client, ce qui ne manquait pas de générer des litiges importants entre les industriels mazamétains et les acheteurs répartis dans le monde entier. Il lui précise que certains industriels indélicats et peu scrupuleux mouillaient leur laine avant de l'expédier et ruinaient ainsi la réputation de la place et la confiance accordée par les clients.

Le rôle de la Condition publique est de déterminer le poids normal de la laine en la desséchant complètement pour obtenir un poids absolu auquel on conviendra d'ajouter une certaine quantité d'humidité. Ainsi on obtient un poids conventionnel qui est le même pour une même quantité de laine de même qualité. Ce procédé a été calqué sur celui adopté par le conditionnement de Roubaix-Tourcoing et ainsi la place de Mazamet s'est donné l'outil qui lui assure la sécurité indispensable pour développer ses transactions. La question de savoir si cet établissement était soumis à l'application de la loi du 2 novembre 1892 se posait depuis son ouverture et il y sera répondu positivement quelques semaines plus tard par les services du ministère du Commerce et de l'industrie. Toutefois comme c'était le cas pour le délainage des peaux de moutons, l'inspecteur départemental et l'inspecteur divisionnaire ont fait la proposition que cet établissement puisse bénéficier de la possibilité de dérogation prévue à l'article 5 du décret du 15 juillet 1893, à savoir que l'obligation de repos hebdomadaire et les restrictions relatives à la durée du travail puissent être temporairement levées par l'inspecteur divisionnaire, pour les enfants de moins de dix-huit ans et pour les femmes de tout âge.

Les trois hommes font le tour du bâtiment et des installations et avant de se séparer, le fils de Charles Sabatié, dont le père a été l'un des tous premiers industriels à avoir monté un délainage à Mazamet, qui les a rejoints, invite Jean Cavaillé à venir visiter son usine installée sur les bords du Linoubre à proximité de son confluent avec l'Arnette. Celui-ci lui promet de répondre à son invitation rapidement mais sa visite se fera sans prévenir à l'avance de façon à respecter cette règle habituelle des contrôles de l'inspection du travail et le traitement égalitaire de toutes entreprises en la matière. Le représentant de la Compagnie Charles Sabatié lui répond que cela ne le gêne en rien car si c'était le cas il n'aurait pas formulé d'invitation et de toute façon il n'a rien à cacher. Jean Cavaillé note pour la première fois ce franc-parler qui est une des caractéristiques des Mazamétains quelles que soient leurs fonctions.

Avant de reprendre le train pour Castres, l'inspecteur du travail en profite pour aller faire un saut sur le chantier de construction de la future succursale de la Banque de France. Et là, ce qu'il voit ne lui convient pas du tout : le bâtiment est en phase finale de construction et les charpentiers sont en train d'installer les poutres en bois qui vont soutenir la volige. Plusieurs ouvriers travaillent à plus de dix mètres de haut sans aucune protection aussi bien sur l'extérieur du bâtiment que sur l'intérieur. Il interpelle le chef de chantier, se présente à lui et lui fait les observations nécessaires. Celui-ci convient que la sécurité serait meilleure si on avait conservé l'échafaudage en bois que le maçon avait installé à l'extérieur mais celui-ci a été démonté la semaine précédente et lui n'a pas les moyens d'en monter un nouveau. Il promet à l'inspecteur de prendre grand soin de ses ouvriers en montant des passerelles de travail à l'intérieur du bâtiment au dernier niveau de construction et en leur interdisant de prendre appui sur le sommet du mur de construction. Jean Cavaillé lui remet un registre d'inspection du travail sur lequel il formule par écrit les observations qu'il vient de lui notifier verbalement.

Ainsi s'achève pour lui sa première journée sur Mazamet, ville la plus industrielle du département. Lors de ce premier contact il a trouvé cette cité, où il aura l'occasion de revenir à maintes reprises, particulièrement attachante. Mais ça, il ne le sait pas encore.

Durant ces premiers mois, les Cavaillé ont progressivement pris leurs nouvelles habitudes de vie à Castres. Madeleine, leur petite fille venait d'avoir cinq ans durant l'été et dès leur arrivée sa mère Germaine l'a inscrite au cours préparatoire de l'école du quartier. Jusqu'aux vacances de Noël, elle ne fréquente l'école que le matin mais devant son enthousiasme pour aller à l'école, il fut décidé qu'à partir du nouvel an elle irait toute la journée. Sa mère trouve dans la fréquentation de l'école l'occasion de nouer des contacts avec d'autres mamans dont certaines comme elle, nouvellement arrivées à Castres. Ainsi on commence à se parler puis on s'invite à des goûters à la maison et on finit par devenir amies. Au bout de six mois, Germaine se rend régulièrement au marché avec deux amies et de temps en temps elles font ensemble les boutiques de nouveautés. Il faut dire que l'aide que lui apporte la domestique qu'elle a recruté, la soulage fortement et lui laisse de bons moments de détente. Jean pour sa part consacre son temps libre, essentiellement le dimanche, à sa famille et à la lecture. Si le temps le permet, ils partent en promenade faire une petite sortie et c'est ainsi qu'ils découvrent les contreforts du Sidobre en montant à la grotte Saint-Dominique et parfois jusqu'à Lafontasse.

La plupart de ses journées de contrôle, il les consacre à visiter des établissements de petite taille qui sont bien évidemment les plus nombreux. Il peut s'agir indépendamment du textile qui régne en maître ici, d'ateliers de travail du bois tels que scieries, menuiseries ou charronnages ; d'ateliers de travail des métaux tels que forges, maréchaleries, serrureries ou production et entretien mécaniques ; d'ateliers de taille et de polissage de pierres dans le Sidobre ; de petites imprimeries en ville. Et bien sûr de nombreux petits commerces d'alimentations, de boulangeries, de pâtisseries, de boucheries-charcuteries, de cafés, restaurants et hôtels, de coiffeurs et barbiers mais aussi de fleuristes, de commerces d'habillement, de chapelleries, des merceries, de petits ateliers de confection et de couture, de bijouteries, … auxquels il faut ajouter tous les chantiers de construction et ils sont nombreux à cette époque.

Pour l'organisation des plans de tournées, qu'il est tenu d'adresser au préalable à l'inspecteur divisionnaire, il s'est fixé une règle simple. Il lui faut passer partout de manière à bien faire savoir que la nouvelle législation du travail avait vocation à s'appliquer en tous lieux. Aussi il a classé les trente-six cantons du Tarn en trois catégories, en fonction de leur démographie : les plus peuplés, les moins peuplés et les intermédiaires, et à partir de là il programme le nombre de jours de contrôle qu'il consacre à chacun. Quand il part loin ou dans les endroits les plus reculés du département, il découche et passe deux ou trois journées sur un ou deux cantons et lors de ses premiers passages, il cherche toujours à rencontrer les élus locaux, maires des chefs-lieux de cantons ou conseillers généraux, mais sans prendre rendez-vous, car il s'est vite rendu compte que cela ébruitait les dates de ses contrôles.

En décembre 1901, il décide de faire sa première visite de délainage et il choisit d'aller contrôler le délainage de Linoubre, un des premiers installés sur Mazamet vers 1870 par Charles Sabatié, le père du patron actuel. Il prend le premier train en gare de Castres à six heures quinze et arrive à Mazamet vers sept heures. Il est heureux de constater que des voitures tirées par des chevaux sont là en attente devant la gare prêts à transporter des passagers. Le cocher lui indique qu'il faut une petite demi-heure pour monter jusqu'à l'usine. En ville ils croisent ou doublent des attelages d'un ou deux chevaux qui transportent des balles de peaux de laine brutes vers les usines de délainage, de même que des courtiers qui portent leurs échantillons de laine à la Poste ou vers des magasins de laine.

Il emprunte pour la première fois la route des usines et il est surpris de voir la forte concentration de ces dernières repérables par leur haute cheminée. Il passe devant l'imposant délainage de Saint-Sauveur détenu par la famille Cormouls-Houlès qui occupe une place à part dans cette ville et il se promet d'y venir rapidement. Passé le pont de Laquière, la voiture tourne à droite sur un chemin pas très large qui refranchit l'Arnette et s'engage vers l'étroite vallée du Linoubre. Il passe devant l'usine des Ajustants et entend le bruit des foulons qui lavent la laine. Il découvre alors l'imposante usine du délainage de Linoubre qui s'élève sur trois étages, coincée dans ce canyon barré au fond par une cascade de près de quatre-vingt mètres de haut. Le décor est superbe mais il n'est pas là pour faire du tourisme. Il est reçu par le directeur de l'usine qui fait appeler le contremaître auquel il va le confier pour lui faire visiter le délainage. Auparavant il lui indique que le niveau d'activité est important et que la crise vécue l'an passé paraît dorénavant bien lointaine. Il lui décrit les différentes phases de la production qu'il va découvrir en emboitant le pas au contremaître.

Ils commencent la visite par le magasin des peaux brutes ou justement des ouvriers sont en train de décharger des balles d'un chariot tiré par deux chevaux ; ces balles sont très lourdes, près de trois cents kilos et il faut s'y mettre à deux ou trois pour pouvoir les manutentionner. Les « marragos », on appelle ainsi les ouvriers à tout faire des délainages, aident le cocher-transporteur au déchargement, munis de gros crochets en acier qu'ils enfoncent dans les balles de peaux pour avoir une prise optimale. Les balles sont déposées une à une sur des diables et emmenées ainsi à l'intérieur du magasin.

Un peu plus loin, d'autres marragos sont en train de couper les feuillards métalliques pour ouvrir les balles et classer les peaux, les « méjaner », selon la finesse et la longueur de la laine. La longueur varie avec la race de l'animal et la longueur change suivant l'époque à laquelle le mouton est mort. Ils jettent ensuite les peaux dans de grands bassins de ciment dans lesquels accède, en courant continu, l'eau abondante du Linoubre. Les peaux ainsi trempées vont ramollir et permettre un lavage ultérieur plus aisé.

A proximité des bassins se trouvent l'atelier de sabrage. Pour l'essentiel, cette opération consiste à enlever toutes les impuretés, paille, chardons, fumier, terre qui peuvent adhérer à la laine ; le sabrage s'opère mécaniquement et ici comme dans la plupart des délainages maintenant, on a adopté des sabreuses anglaises. Il s'agit de deux imposantes machines servies chacune par un ouvrier que l'on nomme « sabreur », qui prend les peaux une à une et les engage sur une table où la peau est entraînée par des rouleaux jusqu'au contact de deux cylindres d'alimentation superposés qui la saisissent et la présentent à la compression entre les lames mouvantes d'un tambour et une bande de caoutchouc montée sur un tablier rendu mobile autour d'un axe. L'écartement entre les lames et la bande de caoutchouc peut être réglé au moyen d'une vis de serrage en fonction de l'épaisseur de la peau. La laine ainsi battue par les lames est débarrassée des matières étrangères qui la souillaient ; elle est en même temps rincée énergiquement par un jet d'eau projeté avec force par une lance à l'aplomb du tambour. Le sabrage est une sorte de lavage, dit lavage à dos qui enlève les matières solubles à l'eau mêlées à la laine tel que terre, graisse, etc...

Le sabreur placé sur une petite estrade en bois qui le surélève et l'isole du sol où l'eau ruisselle sans relâche et en abondance appuie sur une pédale à sa portée qui lui permet de faire passer la courroie de commande soit sur une poulie folle soit sur deux poulies fixes et par ce mécanisme, le mouvement de rotation des cylindres d'alimentation s'opère dans les deux sens, et la peau est au gré du sabreur, attirée ou refoulée. Ainsi en fonction de l'état de salissure de la peau, le sabreur peut faire un ou plusieurs passages de la peau entre les lames du tambour.

Il remarque que les quatre sabreurs, sont en fait deux par machine à s'aider et à se relayer pour la manutention des peaux et l'alimentation de la sabreuse. Ils portent de grands tabliers depuis la taille jusqu'aux sabots qui les protègent en partie des projections d'eau souillée. Avant de les sabrer, les hommes doivent « lever » les peaux des bassins et les empiler dans des wagonnets en bois munies de roulettes en fer et de même après le passage à la sabreuse, ils les remettent dans ces wagonnets. Ce poste de travail est difficile car les peaux à sec peuvent selon leur dimension être pesantes, et une fois détrempées leur manutention tout au long de la journée de travail devient particulièrement éprouvante, le tout dans des conditions de salubrité et d'ambiance thermique surtout en hiver totalement défavorables. Seuls des hommes adultes et robustes occupent ce type de poste qui en raison de ces contraintes, est le poste ouvrier le mieux payé de l'usine.

Une fois les peaux sabrées, elles sont empilées sur des wagonnets que des marragos emportent pour les remettre à l'eau dans des bassins de retrempage, de manière à assouplir le cuir et l'imbiber d'eau uniformément, ce qui facilitera ultérieurement le pelage.

Les peaux sabrées sont ensuite prises en main par les « étuveurs ou les pendeurs ». Leur premier travail consiste à lever les peaux de ces bassins, à les empiler sur des wagonnets et à les amener à l'aide du monte-charge qui dessert tous les étages de l'usine, jusqu'aux sous-sols où sont installées les étuves. Celles-là sont en fait des chambres de fermentation hermétiquement quasi-fermées, de vingt-cinq à cinquante mètres carrés et d'environ deux mètres de haut. A l'intérieur, les étuves sont équipées de barres disposées parallèlement, sur lesquelles les peaux bien étalées sont suspendues.

Le contremaître lui explique que pour séparer facilement la laine du cuir, il est nécessaire au préalable de produire un relâchement du tissu épidermique ; pour cela on a recours à « l'échauffe » qui est une fermentation naturelle qui dilate les pores et par une action bactérienne détruit la racine du poil et ainsi l'adhérence de la laine au cuir. La température à l'intérieur des étuves est invariablement de dix-huit à vingt degrés, produite par la fermentation des peaux, car ces étuves en dépit de leur nom ne sont nullement chauffées. En voyant les étuveurs en action, il mesure combien leur travail est pénible car la manutention des peaux trempées s'opère dans un espace confiné entraînant des postures de travail exigeantes. On y trouve souvent des hommes de petite taille compte tenu de la dimension des étuves. Mais ici ce sont deux jeunes garçons qui « pendent » les peaux et il lui faudra vérifier leur âge tout à l'heure au bureau.

Le contremaître lui précise que pour lui, qui a en charge la direction de l'ensemble des opérations, l'étuvage est l'opération la plus délicate du délainage et exige prudence et perspicacité. En effet il lui faut saisir le moment précis où la laine peut être enlevée sans effort. A ce moment la peau pèle, et le travail ultérieur des peleurs sera facilité. Normalement en tenant compte de la qualité des peaux, des conditions de froid ou de chaud, de la température de l'eau, il peut régler la fermentation pour que les peaux soient prêtes pour le pelage dans un délai donné. Mais l'échauffe peut être retardée ou accélérée sous l'action intempestive de causes extérieures et une surveillance des plus vigilantes doit être de mise, ce qui explique que la plupart des contremaîtres habitent à proximité immédiate des délainages où ils occupent des sortes de logements de fonction, de manière à pouvoir intervenir à tout moment. En effet la durée de fermentation peut varier du simple au triple, selon les variations de l'état hygrométrique et thermométrique de l'étuve, état qui dépend au plus haut degré des perturbations atmosphériques. Un relèvement de température, un coup de vent d'autan si présent dans la région, un orage ou un simple coup de tonnerre, peuvent précipiter l'échauffe et alors il faut la réguler en urgence.

Du sous-sol, ils empruntent un grand escalier de bois qui les conduit jusqu'au premier étage où est installé le pelage. Là, dans un grand hall sont installés en ligne les bancs de pelage. Une trentaine de peleurs dont une dizaine de femmes étendent les peaux sur des chevalets en forme arrondie, les maintiennent contre le chevalet avec leur abdomen et à l'aide de couteaux légèrement cintrés, munis de manches à chaque extrémité et dont la lame est pourvue de petites dents recourbées à angle droit, ils enlèvent la laine du cuir. Quand la peau pèle, la laine saisie par les dents se détache sans peine du cuir, sous une simple pression de l'ouvrier. Aujourd'hui c'est le cas et les peleurs et peleuses, travaillent à une bonne cadence et semble-t-il dans la bonne humeur. Les hommes sont en bras de chemise et un bruit court dans l'atelier « Es l'inspector dal trabalh, n'aura de causas a dire ! c'est l'inspecteur du travail, il en aura des choses à dire ! ». Pourtant selon le contremaitre, il n'en va pas toujours ainsi et certains jours le travail est plus pénible. Un premier classement de la laine s'opère au cours du pelage et les ouvriers séparent dans des casiers distincts disposés devant eux, la bonne laine, des parties terreuses, roussies ou souillées. Pour ces morceaux de laine souillée souvent plus compliqués à séparer du cuir, ils disposent tous d'un grand ciseau spécial, que l'on appelle ici « les forces », posé sur le tas de laine qui s'accumule sur le fond du chevalet. Ici les peleurs sont plus au sec et l'hiver l'atelier est chauffé, pour autant, ce qui surprend Jean Cavaillé, c'est la posture de travail. A chaque peau, les peleurs doivent se courber et s'allonger sur leurs chevalets pour pousser en avant la laine et se redresser ensuite. Il comprend mieux les interrogations de l'inspecteur divisionnaire sur les effets relatifs à la maternité des jeunes femmes exerçant ce métier et il se promet de compléter les investigations de ses collègues à ce sujet.

Après le pelage, chacune des parties de la peau, la laine d'un côté et le cuir ou cuirot de l'autre, va suivre une voie et un traitement différent. Les cuirots humides sont pendus dans des étendoirs spéciaux à l'air libre installés au deuxième étage du bâtiment. Les cuirs une fois secs sont classés par « un classeur de cuir » selon leur qualité en fonction de leurs dimension, taille, épaisseur, défauts ce qui va déterminer leur valeur. Le contremaître lui précise que l'essentiel des clients se situent sur Graulhet où sont installées quatre-vingts usines de mégisserie.

La laine humide pour sa part est d'abord égouttée puis séchée. L'égouttage s'effectue ici au compresseur qui comprend deux rouleaux entre lesquels la laine est engagée et fortement pressée. La laine est ensuite portée dans des calorifères et disposée sur une toile métallique qui en forme le plancher. La couche de laine est séchée au contact de tuyaux à ailettes remplis de vapeur. Ce sont les marragos qui sont chargés de ses manutentions et du bon fonctionnement des calorifères.

La laine séchée sera ensuite transportée dans de grands « bourras » jusqu'au magasin de laine situé en ville où elle sera dégraissée dans de grands bacs au carbonate de soude, rincée à grande eau dans des laveuses, égouttée et séchée à nouveau avant d'être triée et mise en balles à la presse.

Ces balles avant d'être expédiées chez les clients, les peigneurs de Roubaix-Tourcoing au nord de la France ou à Bradford en Angleterre, passeront par le conditionnement qui garantira leur qualité.

La visite se termine par les vestiaires et le réfectoire qui ne sont pas dans un grand état de propreté mais sont à l'image de l'usine, le délainage est une activité très salissante avec des graisses, du suif, des couennes qui traînent partout. Il insiste sur la nécessité d'un nettoyage régulier et efficace mais sans se faire trop d'illusions sur l'effet qu'aura sa recommandation.

Malgré le temps froid de ce jour, qui a rendu sa visite parfois ingrate, Jean Cavaillé est satisfait de sa matinée et de l'ensemble des informations que lui a fourni le contremaître, qu'il remercie vivement.

Il revient dans les bureaux où il retrouve une chaleur bienfaitrice et s'intéresse aux effectifs notamment les jeunes étuveurs pour lesquels il vérifie l'âge sur le registre et leurs livrets. Il constate qu'ils ont tous deux plus de seize ans. En première analyse, il conseille au directeur de ne pas affecter à ce travail des enfants de moins de seize ans car on pourrait considérer que les taches exigées excèdent leurs forces. Le directeur lui explique qu'il y a deux régimes de travail : les marragos et le personnel du magasin de laine ont des horaires fixes de dix heures par jour et respectent donc déjà la loi du 30 mars 1900 réduisant à dix heures trente la durée journalière de travail pour les femmes et les jeunes travailleurs. Ces salariés sont payés à la journée selon un tarif fixé par le syndicat des négociants en laine et cuirs sur la place de Mazamet. Pour les sabreurs, étuveurs et peleurs ou peleuses les choses sont différentes : ils sont payés « aux pièces » en fonction du nombre et de la qualité des peaux travaillées dans la journée. L'horaire affiché n'est qu'indicatif notamment pour les heures de sortie. L'embauche se fait invariablement à quatre heures du matin pour les hommes et à cinq heures pour les femmes et les jeunes travailleurs ; quant à la débauche, elle s'effectue une fois que le travail est fini. Comme il a pu le constater lors de sa visite, on ne peut pas arrêter le l'activité à une heure donnée, on est obligé de finir le travail du nombre de peaux mises à l'eau ou sorties des étuves le jour donné, sans cela les peaux non traitées seraient perdues. Alors la durée du travail varie d'un jour à l'autre selon le nombre de peaux travaillées, leur qualité et la facilité ou pas à les peler. Pour autant dans la réalité les ouvriers aux pièces ne font guère en moyenne que huit heures de travail et parfois moins pour un salaire plutôt confortable pour des ouvriers. Le directeur lui explique que les effectifs à la tâche sont généralement surdimensionnés de manière à pouvoir faire face aux à-coups de travail liés aux aléas de la fermentation et que dans des cas exceptionnels certes il faut pouvoir faire deux journées en une.

Jean Cavaillé aura l'occasion de vérifier que cette organisation spécifique est une réalité dans la plupart des délainages et elle permet de faire face aux exigences d'un travail particulier dans le respect de la réglementation. Les entretiens avec son prédécesseur et l'inspecteur divisionnaire lui confirmeront que l'organisation très anarchique de la durée du travail, qui présidait dans cette profession avant la loi de novembre 1892, avec des temps de travail qui dans certaines circonstances pouvaient aller jusqu'à des journées de vingt heures, s'est progressivement structurée et régulée, grâce à l'action d'explication modérée mais énergique du service et ce pour le plus grand bien des travailleurs et sans dommages pour les industriels.

Sur le plan sécurité, il insiste après ce qu'il a vu sur la nécessité de veiller, à la sécurité des machines principalement celle des sabreuses même si les sabreuses anglaises paraissent plus sûres en raison de l'éloignement des cylindres d'entrainement, aux risques de circulation compte tenu de l'état des sols très glissants qu'il convient de nettoyer et d'entretenir très régulièrement et enfin aux dangers liés aux diverses manutentions lourdes des peaux brutes en particulier. Il consigne tout cela sur le registre de l'inspection du travail.

Sur le plan de l'hygiène, ils évoquent en présence du contremaître les problème du « mal des peleurs » qui survient surtout l'été. Il s'agit d'une lésion particulière qui siège à l'extrémité des doigts ; la peau s'amincit, des petits trous se forment par lesquels apparaissent des gouttelettes de sang. Il en résulte des souffrances intolérables, la peau des doigts, durcie, raidie est d'une sensibilité extrême. Heureusement, le travail cessant, la cicatrisation est rapide et la guérison intervient dans l'affaire de trois ou quatre jours.

Enfin, ils évoquent le risque d'infection charbonneuse, « le mal charbon » comme on l'appelle ici, dont le délainage de Linoubre a connu quelques cas au cours des vingt dernières années, dont un mortel. Le directeur pense que la gravité de certains cas est dûe au fait que les ouvriers ne disent rien, ne vont pas chez le médecin et font confiance à un guérisseur local dont le traitement ne présente de son point de vue aucune garantie. Par ailleurs, il est important selon lui de bien connaître la provenance des peaux et la façon dont elles sont traitées en Amérique du Sud. Il précise à l'inspecteur du travail qu'à chaque fois qu'ils ont eu un problème, ils se sont rendu compte que cela concernait des lots de peaux provenant d'éleveurs peu scrupuleux et peu soucieux d'écarter des peaux de bêtes malades, avec lesquels leur acheteur en Argentine a dû rompre toutes relations commerciales. Jean Cavaillé leur indique qu'il va suivre avec attention ce problème et pour sa part il insiste sur le respect des règles d'hygiène élémentaires. A ce sujet, il considère que l'on ne devrait pas voir d'ouvriers s'alimenter dans les ateliers comme il a pu le constater prècédemment, en dehors du réfectoire, qu'il juge par ailleurs insuffisamment bien tenu d'un point de vue propreté.

En conclusion, il remercie vivement ses interlocuteurs et le contremaitre en particulier car il considère qu'il a énormément appris sur cette activité très spécifique qu'il découvrait lors de cette matinée.

Une voiture à cheval est appelée et il peut ainsi redescendre en ville pour prendre son repas de midi. En quittant cette usine, Jean Cavaillé ne se doute pas de la place que va prendre l'infection charbonneuse dans sa jeune carrière d'inspecteur du travail.

Il consacre son après-midi à la visite de petits commerces ou d'activités artisanales dans le centre-ville de Mazamet. Il est plus de dix-neuf heures, quand il pousse la porte de sa maison, avenue du Sidobre à Castres et quand son épouse vient à sa rencontre pour l'embrasser, elle a un mouvement de recul, surprise par l'odeur forte qui imprégne son costume.

Elle décide sur le champ que ce dernier après nettoyage, sera réservé aux jours de visite des délainages ou des mégisseries.

Le mois de décembre avance et Noël approche à grands pas. Le temps a changé et s'est mis à la pluie et au froid. Le vent du nord, la bise, souffle et de Castres on aperçoit la neige qui est déjà tombée sur les hauteurs de la montagne Noire, vers le pic de Nore.

Pour se chauffer les Cavaillé se font livrer du charbon qu'ils brûlent dans un poêle qui chauffe presque toute la maison. Ils aiment bien aussi faire une petite flambée le soir dans la jolie cheminée qui trône au salon et ce feu de bois crée une atmosphère feutrée et reposante qu'ils apprécient beaucoup. Alors tous les samedis matin, Germaine attend le passage d'un jeune marchand de bois qui accompagne sa grand-mère venue avec une charrette tirée par un mulet depuis le village des Escoussens vendre ses fagots de bois à Castres. Elle lui prend régulièrement deux petits fagots pour un sou chacun.

Dans les journaux, on parle de Fréderic Passy qui vient d'obtenir le prix Nobel de la paix, conjointement au suisse Henri Dunant, fondateur de la Croix-Rouge. Jean Cavaillé se souvient que Passy, pacifiste et féministe avant l'heure avait été l'auteur d'une loi sur les accidents du travail. Le 11 décembre, Alexandre Millerand, le ministre du Commerce vient d'inaugurer les travaux de la commission de codification des lois ouvrières, qu'il a créée par arrêté du 27 novembre 1901. Cette démarche doit permettre de mettre de l'ordre et de la clarté entre les différentes lois du travail et de supprimer les éventuelles contradictions et cela lui paraît aller dans le bon sens.

Pour sa part, il poursuit ses activités de contrôle localement et en concertation avec son prédécesseur Foissac, il a rédigé le rapport annuel d'activité. Celui-ci lui a adressé les éléments statistiques de son activité et quelques éléments qualitatifs. Ils ont convenu que Jean ferait le cumul des données statistiques et la synthèse des activités de contrôle pour le département du Tarn ; et transmettrait le projet de rapport d'activité au sous-préfet de Castres, chargé par le préfet d'assurer la supervision préfectorale. Le sous-préfet lui a fixé un rendez-vous pour faire examiner ensemble le projet et faire un petit point d'étape. Il faut dire que Jean Cavaillé n'est pas du genre à solliciter fréquemment les services du sous-préfet. Il se contente de transmettre les informations qu'il juge importantes et de répondre aux sollicitations de celui-ci qui d'ailleurs sont plutôt rares. Mais il voit bien qu'à travers ce rendez-vous le sous-préfet comme l'ensemble du corps préfectoral en général entend garder la main sur les activités des inspecteurs du travail, dont ils jalousent quelque peu les pouvoirs spécifiques. Dans le même temps, il réfléchit et trace son plan de travail et de contrôle pour l'année 1902 en se fixant un certain nombre de priorités chiffrées et thématiques.

Durant cette période, son épouse Germaine pense aux réjouissances des fêtes de fin d'année. Noël se passera à trois à Castres et à l'occasion de quelques jours de congés en toute fin d'année, il est prévu de se rendre à Montauban, où les parents de Jean se sont installés à l'âge de la retraite. Madeleine pour sa part sait que le père Noël va bientôt passer et elle l'attend avec une grande impatience.

Chapitre 4
1902 - 1904, la durée journalière de travail baisse

Les Cavaillé sont maintenant bien installés à Castres et ils s'y trouvent heureux. En effet la vie ici est moins trépidante qu'à Toulouse et pour autant on n'y ressent pas l'éloignement et l'atmosphère tranquille, presque apathique qui régnait à Rodez. Grâce au train, ils peuvent aller facilement retrouver la famille de Germaine et les amis enseignants qu'ils ont laissés sur Toulouse et en retour ceux-ci viennent les visiter régulièrement à Castres. Il s'ensuit de belles promenades dans le Sidobre voisin que les toulousains découvrent avec étonnement, ainsi que de longues et passionnées discussions sur ce nouveau métier que Jean vient d'embrasser.

Sur le plan professionnel, Jean est plus en plus assuré. Il s'est totalement engagé dans son nouveau métier et cela lui procure quotidiennement de grandes satisfactions. Sa formation et sa grande culture littéraire lui servent beaucoup dans tout ce qui relève du relationnel et le métier d'inspecteur du travail est beaucoup fait de cela. De même, il se rend vite compte du plaisir qu'il prend à aborder les sujets qu'il ne connaît pas vraiment, comme la technique, la médecine, ou d'autres.

Pour Jean, comme pour tous ses collègues inspecteurs du travail la grande affaire de cette période 1902-1904, c'est bien entendu la réduction au 30 mars 1902 puis au 30 mars 1904 de la durée journalière de travail à dix heures trente dans un premier temps, puis à dix heures. Cette réduction est applicable à tous les personnels dans les locaux où travaillent des femmes et des jeunes travailleurs de moins de dix-huit ans, qui sont appelés « ateliers à personnel mixte ». Il va s'attacher lors de toutes ses visites d'entreprises, petites ou grandes, à contrôler cet aspect de la réglementation du travail, car au-delà de la durée du travail proprement dite, c'est l'autorité de la nouvelle institution qu'il représente qui est en jeu. Ce sujet sera pour lui une préoccupation constante et va lui prendre un temps conséquent. Il arrivera ainsi à aplanir les nombreuses difficultés auxquelles il sera confronté et à faire passer dans les faits cette réduction du temps de travail.

Pour autant certains employeurs tenteront par tous les moyens de se soustraire aux nouvelles règles du jeu.

Dès l'année 1901, les services d'inspection du travail ont réalisé un gros travail d'information auprès des employeurs et de leurs représentants pour faire connaître le détail des nouvelles dispositions légales. Début 1902, une circulaire de l'inspecteur divisionnaire Leroy, a été adressée à tous les industriels chez lesquels la durée journalière de travail devait être réduite, les avisant ainsi des modalités de la réduction et les invitant à adresser à l' inspecteur départemental de leur section, le nouvel horaire de travail qu'ils devaient par ailleurs afficher dans leurs locaux. Cette circulaire rappelait l'usage possible de dérogations prévues dans les quarante-deux industries inscrites à l'article 5 du décret du 15 juillet 1893.

Les difficultés auxquelles il va être confronté sont pour l'essentiel de deux ordres. D'un côté, certains industriels vont chercher à profiter des failles juridiques du nouveau dispositif légal et réglementaire et de l'interprétation restrictive que vont en donner les tribunaux. De l'autre, certains vont procéder au renvoi des femmes et plus encore des jeunes enfants pour se soustraire à la réduction du temps de travail. En fait c'est le dispositif d'apprentissage et donc la formation des futurs ouvriers qui va le plus pâtir de cette situation, car si certains employeurs conservent les jeunes travailleurs proches des dix huit ans, en revanche ils se gardent bien d'en embaucher de nouveaux.

Ainsi pour contourner l'obligation de réduire les horaires, certains patrons jouent sur l'interprétation des termes « employés dans les mêmes locaux ». Pour cela, ils réorganisent leurs ateliers en installant toutes les femmes et les jeunes travailleurs dans des locaux particuliers au sein desquels la durée de travail va être réduite ; et ils vont conserver leurs anciens horaires dans les autres locaux où sont concentrés les hommes adultes. Dans une entreprise textile, il a même vu un employeur faire passer pendant deux mois dans un autre atelier « à personnel mixte » toutes les femmes et les enfants et confier le travail aux seuls hommes pour pouvoir réaliser un commande urgente dans les temps. Par ailleurs, un arrêt de la Cour de cassation du 30 novembre 1901 confirme l'absence d'obligation pour les employeurs de fixer les horaires de travail des ouvriers adultes dans les établissements à personnel mixte, ce qui crée pour les inspecteurs du travail une impossibilité d'assurer le contrôle de la durée journalière de travail.

Une autre difficulté provient du sens donné aux termes « travail général de l'établissement » employé par le décret du 28 mars 1902. Dans une filature de la vallée du Thoré le temps de travail était organisée en double équipe, de cinq heures du matin à vingt-et-une heures du soir. L'industriel alléguait que ce temps constituait le « travail général de l'établissement » et il émettait la prétention de conserver le conducteur de la chaufferie, une heure et demi au-delà de cette limite. La bonne foi dont semblait faire preuve l'industriel a conduit Jean à ne pas verbaliser mais il a exigé et obtenu l'emploi immédiat de deux chauffeurs au lieu d'un.

A Mazamet où les usines textiles marchent jour et nuit, l'équipe de nuit n'est composée que d'hommes adultes et la demi-heure perdue par chaque équipe mixte de jour est reportée sur celle de nuit qui fait alors onze heures et demi et ainsi rien n'a été modifié dans la durée de marche des machines.

Sur Castres, l'organisation du travail avec deux équipes mixtes travaillant de cinq heures du matin à neuf heures du soir paraît s'être généralisée. Six établissements y ont recours pendant l'année 1904, avec deux équipes ayant une durée de travail égale coupée par une heure de repos ; ou une équipe principale qui travaille de cinq heures du matin à seize heures avec une heure de repos et une équipe supplémentaire qui entre à seize heures et sort à vingt-et-une heure sans repos. Avec un tel dispositif l'usine fonctionne une heure de plus, ce qui est plus avantageux pour l'industriel, en revanche le recrutement pour cette deuxième équipe est plus difficile.

Dans les filatures, il est parfois impossible d'augmenter le matériel ou de mettre en place une deuxième équipe. Alors, il lui a fallu être ferme afin que des solutions soient trouvées grâce notamment à la modernisation de l'outil de travail avec des machines plus performantes en remplacement de matériels plus anciens et démodés. Ainsi en filature, des métiers continus ont remplacé des métiers renvideurs de moindre production. Au tissage, des métiers à tisser plus performants munis d'un dispositif permettant le remplacement automatique de la navette ont été introduits entrainant une réduction substantielle du personnel.

Dans les briqueteries également des difficultés sont apparues, certaines prétextant de leur arrêt en période hivernale pour vouloir rattraper les heures perdues à la saison chaude.

Le phénomène des renvois de personnel a peu affecté les industries grosses consommatrices de personnel féminin ou de jeunes travailleurs. En effet le gain salarial est tel que les industriels acceptent sans trop de difficultés de réduire le temps de travail. En revanche, il observe des renvois nombreux dans les établissements où les effectifs de femmes et de jeunes travailleurs sont faibles et dans les industries qui ne bénéficient pas de possibilités de dérogations leur permettant de faire face à un accroissement temporaire d'activité. Les corps de métiers où il enregistre le plus de renvois sont les charrons, les maréchaux-ferrants, les menuisiers, les charpentiers, les serruriers, les mécaniciens, les tonneliers, ... bref tous les petits métiers artisanaux qui embauchent des jeunes et le plus souvent sous le statut d'apprentis. Souvent, c'est après son passage et les rappels de la nouvelle loi qu'il a pu formuler que ces renvois sont mis en œuvre par les petits patrons. Cela le désole fortement car pour lui, perdre des apprentis c'est perdre de futurs ouvriers qualifiés et bien formés dont l'économie locale et le pays auront bien besoin à l'avenir. Il observe même parfois que dans certains bourgades où il est passé cela fait tache d'huile, y compris dans des entreprises qu'il n'a pas contrôlées.

Le secrétaire des syndicats ouvriers de Graulhet qu'il rencontre lors d'un déplacement sur place, lui confie :

— « En somme, c'est nous les travailleurs qui souffrons de cette situation parce que nos enfants sont exclus de l'atelier au moment où ils pourraient et devraient apprendre un métier ; l'enfant de l'ouvrier grâce à une loi mal faite, va donc n'avoir pour lui que l'école de la rue, c'est à dire l'école du vice ! ».

Alors fin 1902, dans son rapport d'activité annuel à l'Inspecteur divisionnaire, il n'hésite pas à réclamer l'abaissement de la durée journalière de travail pour tous, y compris les hommes adultes, à dix heures pour mettre fin à cette dualité de régime de droit entre catégories de travailleurs, qui porte préjudice aux femmes, aux jeunes travailleurs et surtout aux apprentis. Il préconise l'exemple de ce qui se fait en Allemagne.

Enfin, ce qui l'inquiète également, c'est la tendance dans certaines industries à passer au paiement à la tâche au lieu de la journée et alors ce sont les ouvriers eux-mêmes qui deviennent les adversaires les plus intéressés à la réduction de la durée du travail.

Le respect du repos hebdomadaire lui pose aussi quelques problèmes et il a même dû relever certaines infractions par procès-verbal dans un délainage, dans trois mégisseries et dans une filature de laine.

Chez un apprêteur de Castres, il a été amené à accorder l'autorisation de faire travailler quinze femmes de nuit pendant une durée d'un mois, suite à un accident survenu à un moteur. Cette tolérance n'a en fait été utilisée que pendant quinze jours, le travail ayant été organisé en deux équipes, l'une de jour et l'autre de nuit pour une durée de dix heures entrecoupée d'un repos d'une heure.

Lors d'un contrôle de nuit dans une bonneterie du coté de Roquecourbe, le patron alerté par son contremaitre a bien essayé de l'empêcher de rentrer dans les locaux prétextant qu'il n'y avait que des hommes qui travaillaient à l'intérieur. Mais il a fini par admettre que si cela était le cas il n'avait aucune raison de faire ainsi obstacle à son action de contrôle. La suite a montré qu'il y avait bien quelques femmes au sein de l'atelier et il a relevé l'infraction par procès-verbal.

Parfois, il profite de la présence de l'inspecteur divisionnaire, qui vient lui rendre visite de temps à autre, pour organiser des contre-visites dans des entreprises qu'il a déjà verbalisées. Ainsi le 12 novembre 1902, ils se rendent tous les deux le soir chez Martinel Frères dont la filature se trouve au Pont-de-l'Oule, en amont de Mazamet, dans la gorge de l'Arnette. Deux ouvrières, Émilie Albert et Émilie Carayol étaient occupées à la conduite des cardes, lors de l'arrivée des inspecteurs à dix heures et demi du soir, ce qui est contraire à l'interdiction du travail de nuit pour les femmes, prescrite par l'article 4 de la loi du 2 novembre 1892. Au moment où Jean Cavaillé sonne à la porte, le contremaître avant d'ouvrir, fait fuir les deux ouvrières par un signal que les deux inspecteurs ont clairement entendu. Arrivées devant la porte à l'arrière de l'atelier, les deux ouvrières tombent nez à nez avec l'inspecteur divisionnaire Le Roy, qui leur fait rebrousser chemin et les ramène dans la salle des cardes. Jean verbalise l'employeur pour tentative d'obstacle mis à l'accomplissement des devoirs d'un inspecteur du travail. Il relève l'infraction au travail de nuit en état de récidive, suite à un premier contrôle effectué le 21 juin, qui avait entraîné une première condamnation en simple police le 5 aout dernier. Il ajoute les infractions pour défaut d'affichage des horaires de travail, de la loi de 1892 ainsi que du règlement d'administration publique du 13 mai 1893, des nom et adresse de l'inspecteur du travail de la circonscription. Quand ils rentrent passer la nuit à leur hôtel à Mazamet, le dernier train pour Castres étant parti depuis longtemps, ils sont bien contents du joli coup qu'ils viennent d'accomplir, car ils sont sûrs que l'information va faire rapidement le tour de la place.

Parfois la dérogation sollicitée par un employeur n'est pas justifiée et alors il est obligé pour éviter une violation de la loi, d'envoyer un télégramme à l'industriel pour l'informer que la facilité souhaitée n'est pas possible. Ces avis devenant fréquents, la question des remboursements de ces frais de télégrammes aux inspecteurs est posée. Heureusement les nouvelles formules de frais de tournées mises en place en 1904 comprennent le remboursement des « dépenses diverses » qui vont pouvoir servir à assurer le remboursement des avances consenties par les inspecteurs sur les frais de télégrammes.

Au final, Jean est globalement satisfait car cette première véritable réduction de la durée journalière de travail est rentrée dans les faits, un mouvement irréversible semble avoir été enclenché et il est heureux d'y avoir participé.

Durant cette période, Jean a poursuivi sa connaissance du tissu industriel tarnais. Sur Castres, il a contrôlé les six établissements de fonderie et constructions mécaniques, dont le plus important les pompes Schabaver, mais aussi les constructions de machines à vapeur Cornac et la quarantaine de manufacturiers du textile, dont Batut-Laval, Lecamus, Nauzières, Maraval, Viala, Lasbordes... Mais à Castres comme ailleurs, les petits établissements sont de loin les plus nombreux. Ainsi la ville compte cinq usines pour l'industrie des bois ouvrés, dont la maison Laran la plus importante, une dizaine de patrons maçons ou charpentiers, une dizaine de mécaniciens ou serruriers, six ébénistes ou menuisiers, trois maisons de quincaillerie auxquelles il convient d'ajouter un grand et un petit bazar. L'alimentation publique est pourvue par une centaine d'épiciers, une soixantaine de boulangers, une dizaine de bouchers et autant de marchands de vin. L'industrie de l'habillement est exercée par dix-huit marchands et douze maisons qui font commerce de nouveautés et de toiles. Enfin la ville est dotée d'environ soixante-dix cafés dont six sur la place Nationale et treize sur la place du Mail, ainsi que d'une quinzaine d'hôtels-restaurants.

Il s'est rendu également sur de nombreux chantiers du bâtiment car c'est le groupe des terrassements et constructions qui statistiquement présente le plus d'accidents du travail. C'est sur les chantiers du Tarn qu'ils ont été les plus fréquents et les plus sérieux.

Le 8 septembre 1902, il assiste à la sous-préfecture à la cérémonie de départ du sous-préfet Eyguière, en présence du préfet qui rend à ce dernier un vibrant hommage pour l'action accomplie dans son arrondissement castrais. C'est avec un peu de regret que Jean voit partir un homme avec lequel il s'entendait bien, mais il se dit que c'est le lot de chaque fonctionnaire d'apprendre à travailler avec des personnes différentes. Le lendemain soir, il assiste à la prise de fonction du sous-préfet Lapaine qui débute par une réception dans le salon d'honneur de la sous-préfecture à laquelle il a été cordialement invité ainsi que son épouse. Ces réceptions sont pour lui l'ocassion de rencontrer quelques notables du cru, des élus et quelques industriels importants et il en profite toujours pour faire avancer quelques dossiers. Mais il sait trop bien que beaucoup viennent ici pour se montrer et se faire valoir. Alors même s'il a la capacité de briller en société, il ne recherche pas spécialement ces moments qui lui paraissent très superficiels. Germaine pour sa part aime bien ces réceptions mondaines et ces discussions de salon où elle fait régulièrement des connaissances qui parfois deviennent des amies.

Chapitre 5
Les premiers cas d'infection charbonneuse

A peine quatre mois après son arrivée à Castres, deux cas d'infection charbonneuse se déclarent dans le délainage des peaux de moutons sur Mazamet. Le premier, en janvier 1902, concerne un jeune marragos de trente-deux ans, infecté par un bouton charbonneux à la joue droite. Le second survient début février, et cette fois-ci, c'est un sabreur qui est touché par une pustule maligne à la joue. Si le premier guérit rapidement, il n'en est pas de même pour le second qui décède cinq jours après l'apparition des premiers symptômes.

La difficulté pour Jean Cavaillé, c'est qu'il a appris tout cela, quinze jours après les faits et c'est le second cas qui a été porté à sa connaissance en premier, compte tenu du caractère tragique de l'issue de l'infection, dont la presse locale s'est fait l'écho.

C'est donc avec retard qu'il va procéder à ses premières enquêtes sur le mal charbon, mais il va y porter un soin tout particulier, compte tenu qu'il s'agit là du tout premier cas mortel qu'il a à connaître.

Il se rend au délainage du « Peigne d'Or » dans « la Gorge » comme l'on dit à Mazamet, usine où s'est déclaré le premier cas de charbon. Il est reçu par le patron, Monsieur Balfet, qui lui explique comment les choses se sont passées. A la mi-janvier, Joseph M. qui occupe un poste de marragos a remarqué un petit bouton sur sa joue droite. Ce bouton a grossi et deux ou trois jours après, c'est une vésicule qui est apparue. Il en a parlé au contremaitre qui lui a conseillé d'aller rapidement consulter son médecin, ou d'aller voir Monsieur Barraillé, un guérisseur local connu pour soigner le mal charbon. En fait, il est allé voir le guérisseur qui l'a soigné et trois semaines après il a repris son travail, totalement guéri. Le salarié étant présent l'inspecteur demande à le rencontrer. Le patron l'envoie chercher et met son bureau à sa disposition. Lors de cet entretien, le salarié lui indique qu'au début il ne s'est rendu compte de rien et ce n'est que deux ou trois jours plus tard qu'il s'est aperçu qu'il avait un bouton sur la joue. Celui-ci a commencé à l'irriter et il s'est gratté de plus en plus. Cela l'inquiétait et il en a parlé au contremaitre qui l'a envoyé chez le guérisseur Barraillé. Celui-ci lui a posé un pansement sur la joue et pensant qu'il s'agissait bien du mal charbon lui a dit qu'il reviendrait le voir tous les jours. Deux jours plus tard, il a eu de la fièvre et a dû rester alité. Il se sentait fatigué et n'avait plus d'appétit. La vésicule s'est crevée et est devenue noire. C'est alors que le guérisseur lui a brulé l'escarre noire qu'il avait sur la joue à l'aide d'un appareil et lui a apposé des produits tout autour de la plaie avant d'envelopper le tout d'un gros pansement. Le guérisseur est revenu le lendemain lui refaire le pansement et trois jours après, la fièvre est tombée et petit à petit il a repris des forces, Joseph Barraillé lui ayant conseillé de prendre du quinquina pour se « requinquer ». Quinze jours après, il lui a enlevé le pansement et il a constaté que la plaie était bien cicatrisée même s'il conserverait longtemps la marque du mal charbon sur sa joue. Jean Cavaillé lui demande s'il peut expliquer pourquoi il a eu ce bouton charbonneux à la jouc droite et Joseph M. lui répond qu'en qualité de marragos, il est amené à réaliser toutes sortes de manutentions de peaux de moutons dans l'usine et que parfois il porte des petits ballots de peaux ou des cuirs sur l'épaule.

Jean Cavaillé le remercie beaucoup pour son témoignage et pour toutes les informations qu'il vient de lui donner.

Pour compléter son enquête, Jean Cavaillé demande à Monsieur Balfet, le patron de l'amener dans l'usine, voir le travail des marragos et là il constate en effet que ceux-ci manutentionnent certaines peaux à la main sans gants ou sur leurs épaules et que dans ces situations les peaux ou les cuirs sont en contact direct avec les mains, les avant-bras, le cou ou le visage. Enfin il demande au patron de l'amener au local de stockage des peaux brutes et de lui préciser quel type de peaux il travaillait en janvier et surtout quelle était l'origine de ces peaux.

Le patron lui indique que depuis début décembre, il délaine un lot de peaux qu'il a acheté directement par l'intermédiaire d'un négociant de ses amis installé à Buenos Aires en Argentine.

De retour au bureau, le patron lui montre les factures établies par l'abattoir argentin auprès duquel les peaux ont été achetées. Jean Cavaillé prend note de tout cela en se disant qu'il va devoir enquêter en détail sur tous ces réseaux commerciaux pour comprendre ce qui se passe. Avant de quitter les lieux, il mentionne son passage et l'objet de celui-ci sur le registre réservé à l'inspection du travail.

Le temps de midi, il se rend au centre-ville de Mazamet et s'en va manger dans un petit restaurant bien sympathique « chez Rosa » à proximité de la Placette où il déjeune avec des gens modestes, des paysans venus au marché du jeudi, des petits marchands de bois de chauffage qui proposent toutes les semaines aux riches mazamétains de quoi alimenter leurs cheminées ou poêles à bois.

Il a prévu de consacrer son après-midi au deuxième cas d'infection charbonneuse qui s'est malheureusement terminé par le décès de l'ouvrier concerné. André C. était sabreur au délainage Les Passes d'Henri Blanc, situé sur la rive gauche de l'Arnette juste avant le délainage de l'Eclause. Le patron explique à l'inspecteur du travail qu'il n'est que façonnier qu'il délaine des peaux qui ne lui appartiennent pas. En fait il est approvisionné, « chargé » comme l'on dit dans le textile, par son voisin Armand Guilhou. L'ouvrier décédé était sabreur et avait environ quarante ans. En fait on ne connaissait pas son âge précis car ses parents originaires du plateau du Sambrès avait omis de le déclarer à sa naissance. Un lundi, il est arrivé à l'usine avec un gros bouton sur la joue. Ses camarades de travail s'inquiétèrent pour lui, mais lui prétendait que ce n'était rien, qu'il ne voulait pas se faire soigner, prétextant que cela coûtait trop cher et que les médecins étaient réservés aux gens riches. Seulement son mal empira et la semaine suivante il n'est plus venu travailler ; quand on a eu de ses nouvelles, c'était pour apprendre son décès. Sa veuve qui habite le village d'Hautpoul est venue à l'usine porter le certificat de décès établi par le médecin et elle a demandé au patron si elle aurait droit à quelque chose. Celui-ci s'est seulement engagé à lui régler la dernière quinzaine de travail de son mari en lui promettant de se renseigner pour le reste. Jean Cavaillé lui fait le reproche de ne pas s'être préoccupé davantage du sort de son salarié, compte tenu du fait qu'il savait qu'il avait ce gros bouton sur la joue et que cela aurait dû l'alerter et lui faire penser au mal charbon. Peut-être que s'il avait insisté, celui-ci se serait fait soigner et serait toujours en vie. Le patron se dit navré de ce qui s'est passé mais il était sans nouvelles de son salarié et il n'a pas été en mesure de l'aider. Pour sa défense, il ajoute qu'à plusieurs reprises il a surpris ce salarié en train de se laver avec la toile grossière et rude dont on enveloppe les peaux de certaines provenances. Il lui en a fait plusieurs fois le remarque mais cela n'a rien changé à son comportement. Jean Cavaillé souhaite savoir la provenance des peaux travaillées en février et le patron lui indique que depuis début janvier il délaine des peaux françaises venues des Basses Pyrénées et mises à sa disposition par Monsieur Guilhou. Avant de quitter le délainage des Passes, il se fait remettre le registre de l'inspection du travail et il mentionne son passage avec réalisation d'une enquête sur un cas mortel d'infection charbonneuse.

Il décide alors de passer voir Armand Guilhou, au délainage voisin de l'Eclause. Celui-ci fait partie de ces rares patrons qui passe une grande partie de leur temps dans son usine. En effet quand l'inspecteur du travail arrive, il quitte sa veste de travail et ses sabots après avoir effectué un tour dans l'usine. Il ne paraît pas du tout ravi de voir l'inspecteur du travail venir enquêter chez lui sur un décès d'un salarié qui n'est pas le sien et il prétend n'avoir rien à voir dans cette affaire. Jean Cavaillé lui rappelle poliment qu'il a un pouvoir général d'enquête, qu'il est nouveau sur le secteur et qu'il ne connaît pas encore bien le métier du délainage. Son seul souci est de bien comprendre ce qui s'est passé. Il veut savoir précisément d'où venait les peaux travaillées par le délainage Blanc et cela le concerne nécessairement puisque c'est lui qui fournit les peaux à Monsieur Blanc.

Armand Guilhou en convient et accepte de donner le détail de la provenance des peaux. Il s'agit en fait d'un grossiste installé à Bayonne qui achète toutes sortes de peaux de bêtes dont des peaux de moutons au Pays Basque et au Béarn. Jean Cavaillé note soigneusement les coordonnées de ce fournisseur, pensant déjà qu'il va saisir son homologue de Pau pour obtenir plus de détails sur l'origine exacte de ces peaux susceptibles d'avoir été contaminées par le bacille du charbon. Jean Cavaillé lui demande la liste de tous les façonniers auprès desquels il a fourni des lots de peaux provenant du même fournisseur. En fait, ils sont au nombre de trois et Guilhou lui indique ne pas avoir été informé d'autres cas de mal charbon qui seraient apparus lors du traitement de ces peaux. L'inspecteur propose à Armand Guilhou d'informer ses façonniers sans tarder en leur demandant de prendre le maximum de précautions possibles lors du travail de ces lots. Afin de s'assurer qu'il en sera bien ainsi, il mentionne sa demande dans le registre de l'entreprise Guilhou.

Enfin, comme il a encore un peu de temps devant lui, il décide de monter par le petit sentier jusqu'au village d'Hautpoul tenter de rencontrer la veuve d'André C. Une voisine renseigne l'inspecteur sur le domicile et en effet la veuve est là, qui peut lui fournir quelques éléments d'informations supplémentaires. Elle lui explique que son mari était un homme un peu rustre et passablement borné, qu'il n'a pas voulu faire venir le médecin, ni aller voir Barraillé le guérisseur local. Il prétendait que ce n'était rien, que cela allait passer tout seul après quelques jours de fièvre.

Au lieu de cela les choses ont rapidement empiré, une grosse tâche est apparue sur sa joue et dans la nuit il a été pris de vomissements et de convulsions et a fini par perdre connaissance. Elle est allée réveiller un voisin qui a accepté de descendre en toute hâte jusqu'à Mazamet pour aller quérir un docteur mais quand à la pointe du jour, celui-ci est arrivé dans son cabriolet tiré par un cheval, son mari était décédé. Le médecin a établi le certificat de décès en précisant que celui-ci faisait suite à une infection charbonneuse contractée lors de son activité professionnelle au délainage car pour lui cela ne faisait aucun doute au vue des constatations effectuées, que son mari avait été victime du mal charbon. Il lui a conseillé de porter ce certificat au patron de son mari, ce qu'elle a fait. Jean Cavaillé lui dit s'interroger sur le fait de savoir si cette maladie pouvait être considérée comme un accident de travail. Si c'était le cas elle pourrait solliciter en qualité de conjoint survivant de la victime le bénéfice d'une rente viagère égale à 20% du salaire annuel de son mari, tel que cela est prévu par l'article 3 de la récente loi du 9 avril 1898. De même, elle pourrait bénéficier de la prise en charge des frais médicaux et des frais funéraires. En tout état de cause il lui dit qu'il va analyser tout cela dans le détail et qu'il la tiendra informée de ses droits par courrier.

Il fallut qu'il presse le pas pour redescendre jusqu'au moulin de l'Oule où l'attendait la voiture hyppomobile, qui l'amena à la gare de Mazamet et arriver juste avant le départ du dernier train pour Castres. En rentrant chez lui par cette fraîche soirée du mois de mars, il se dit qu'il allait devoir se documenter fortement pour bien comprendre ce mal encore mystérieux pour lui, auquel étaient confrontés les ouvriers du délainage mazamétain.

Le lendemain à son bureau, il met la première main à son rapport d'enquête en reprenant point par point tous les renseignements qu'il a pu collecter. Il prépare également un courrier pour l'inspecteur départemental des Basses Pyrénées, par lequel il lui transmet les éléments recueillis lors de son enquête et l'invite à poursuivre les investigations auprès du grossiste de Bayonne.

Un bref coup d'œil dans la documentation dont il dispose lui apprend qu'il n'a rien dans sa petite bibliothèque qui peut l'aider ni sur le plan médical, ni sur le plan technique. Il lui faudra donc profiter de son prochain déplacement sur Toulouse pour évoquer ce sujet avec l'inspecteur divisionnaire Le Roy et son prédécesseur Foissac. En attendant, il faut rester vigilant et en alerte sur ce dossier.

Plusieurs mois passent pendant lesquels aucun cas de charbon ne lui est signalé, quand tout à coup au mois de juillet une nouvelle série d'infections charbonneuses se déclare dans plusieurs délainages dont ceux des Cousteilles et d'Inkermann dans la gorge, ainsi que le délainage Elie Bessière à la Richarde et celui du Val Thoré à Saint-Amans. Quatre cas vont se déclarer en quinze jours touchant trois sabreurs de trente-trois, quarante-quatre et cinquante-cinq ans ainsi qu'une jeune peleuse de dix-sept ans. Malheureusement deux cas sur quatre sont mortels. A chaque fois, Jean Cavaillé va aller dans les usines concernées mener son enquête et pour les cas mortels, il ira rencontrer les familles. Il veut comprendre ce qui se passe, car trois décès en six mois, c'est pour lui totalement inacceptable. Dans trois cas sur quatre les peaux proviennent d'Amérique du Sud, et dans un cas de Hongrie.

Il retient plusieurs choses de cette de cette nouvelle série d'enquêtes. D'abord certains lots de peaux provenant d'Amérique du Sud et plus précisément d'Argentine, ne sont pas fiables et sont jugés dangereux par les ouvriers qu'il a interrogés. Un patron façonnier lui révèle même qu'il existe des peaux dénommées « morines » ou « morteilles » qui sont d'origine épidémique. En effet des épizooties régulières parmi lesquelles la fièvre charbonneuse est la plus fréquente, causent de grands ravages dans les troupeaux des pays du sud. Les bêtes trouvées mortes sont dépouillées sur place par les bergers et leurs peaux sont livrées au commerce. Elles sont parfois mêlées frauduleusement aux peaux saines. Mais il existe une pratique courante et admise de récupération de ces peaux ; de tels lots sont catalogués officiellement « peaux épidémiques » et bien entendu leur prix est inférieur aux autres. La proportion de ces peaux « morines » est variable mais certaines années, elle a pu atteindre jusqu'à quarante pour cent de l'ensemble. Ces peaux achetées par certains chargeurs sont généralement confiées à des façonniers et exposent donc plus particulièrement leurs salariés.

Il observe ensuite que ce sont plutôt les sabreurs qui sont les victimes du mal charbon. Il attribue cela au fait qu'ils sont en amont du processus de délainage et donc les premiers à manipuler les peaux souillées et infectées. Le poste de sabrage génère beaucoup de projections d'eau chargée de beaucoup d'impuretés, de terre, de végétaux, de sang et de corne, qui peuvent être à l'origine d'infection charbonneuse. Ces projections vont au contact des mains, des avant-bras, du cou et du visage des sabreurs, qui deviennent le siège des boutons qui se transforment ensuite en pustules malignes. En quelque sorte le travail de sabrage assure une protection pour toutes les autres activités en aval même si celles-ci ne sont pas totalement exemptes de risque, puisqu'une peleuse fait partie des quatre personnes contaminées.

Enfin, il a observé que l'un des salariés décédé n'a pas consulté de médecin alors que les trois autres ont recouru aux soins du guérisseur local, Monsieur Barraillé, qui pratique une méthode de soins « empiriques » consistant à brûler la pustule maligne et à soigner la plaie avec un cataplasme à base de plantes. Pour deux cas cela a conduit à la guérison mais malheureusement le troisième cas a été fatal. L'épouse de la victime ne met pas en cause la qualité des soins de « l'empirique », mais pense que son mari a trop tardé à aller le consulter. A l'issue de cette nouvelle série d'enquête, l'inspecteur est bien obligé d'admettre que ce Monsieur Barraillé occupe une place centrale dans le traitement médical du mal charbon sur Mazamet, alors qu'à l'inverse la médecine officielle ne semble jouer qu'un rôle mineur. Quoi qu'il en soit, il est bien décidé à en savoir plus sur ce guérisseur local, qui paraît avoir la confiance d'une grande partie des ouvriers qu'il a questionnés. Décidément ces ouvriers délaineurs, rudes à la tâche et pour beaucoup issus des hameaux de la montagne Noire sont des gens bien attachants mais aux mentalités particulières, qu'il va devoir décrypter s'il veut agir efficacement.

Durant l'été, il a reçu la réponse de son homologue des Basses Pyrénées qui lui dit être allé à Bayonne rencontrer le grossiste chiffonnier qui recueille toutes sortes de peaux d'animaux que lui livrent des indépendants, qui en assurent le ramassage des peaux dans les campagnes. Pour les peaux de moutons, le circuit de collecte est plus structuré et il s'en charge lui-même auprès des éleveurs. Pour autant, il lui arrive de compléter certains lots avec des peaux collectées auprès de tout petits éleveurs et dans ce cas, on n'est pas bien sûr que les règlements sanitaires qui prescrivent l'enfouissement des animaux charbonneux soient strictement observés. L'éleveur doit normalement taillader la peau, c'est à dire la rendre hors d'usage avant de l'enfouir. Il lui signale par ailleurs que l'inspecteur divisionnaire de Bordeaux vient de recevoir un rapport sur deux cas de pustule maligne établi par le docteur Ferré, professeur à la Faculté de médecine de Bordeaux, survenus dans des tanneries travaillant des peaux de moutons en provenance des Basses Pyrénées. En conclusion, il a invité le grossiste bayonnais à ne plus commercialiser des peaux de moutons dont il ne peut pas garantir le respect des règlements sanitaires.

En janvier 1903, alors qu'une nouvelle flambée de cas de charbon vient de débuter sur Mazamet, il reçoit le numéro de novembre-décembre 1902 du Bulletin de l'Office du travail dans lequel il découvre un article de Monsieur Boulin, l'un des inspecteurs du travail du Rhône, qui traite de la septicémie charbonneuse professionnelle. Cet article va beaucoup l'éclairer et lui faire gagner un temps précieux dans ses recherches, lui permettant ainsi de mieux appréhender l'infection charbonneuse dans le travail des peaux de laines et du cuir. Certes l'article ne parle pas de l'activité de délainage telle qu'elle est pratiquée à Mazamet, mais il lui apporte d'emblée une connaissance de l'histoire de cette maladie, de sa nature, des différentes professions exposées au charbon, des statistiques tenues ailleurs et de l'intérêt de mettre en place un tel suivi. Il parle aussi des mesures de prophylaxie mises en œuvre dans certains pays et des premières réglementations mises en place en Grande-Bretagne et en Allemagne. Par ailleurs, cet article contient de nombreuses références bibliographiques qui lui seront bien utiles pour approfondir ses connaissances dans les mois qui viennent. En conclusion cet article lui confère un premier niveau de culture et de connaissance du « Bacillus Anthracis » auquel il est bien décidé de faire la guerre. Un point particulier toutefois l'interroge, l'inspecteur Boulin parle toujours du charbon comme d'une maladie professionnelle. Or à ses yeux, certains critères de l'accident du travail paraissent présents.

D'une manière plus générale, il se fait la réflexion de l'intérêt considérable de la réalisation et de la diffusion de ces bulletins bimensuels au niveau national. Il les trouve bien faits car ils balayent les nouveaux textes, les circulaires, la jurisprudence, la situation économique et sociale et notamment les conflits de chaque département. Ils donnent des informations sur tout ce qui se passe en matière d'inspection du travail dans la plupart des pays développés. Ainsi malgré le petit nombre d'inspecteurs du travail, le plus souvent isolés chacun dans son département, ces bulletins créent du lien et développent une culture commune et dans son esprit, lui l'ancien professeur de Lettres qui aime bien écrire, il se promet d'apporter, quand il aura acquis une bonne maîtrise d'un sujet, sa pierre à l'édifice. Il est loin de se douter à ce moment-là qu'il va devenir quelques années plus tard le spécialiste, le référent national de l'infection charbonneuse.

C'est précisément à ce moment-là qu'il apprend que deux cas supplémentaires de mal charbon viennent d'apparaître au délainage du Colombier. Sans attendre, il se rend dans cette usine située sur le Thoré à mi-chemin entre Mazamet et Saint Amans Soult. Il est reçu par le patron Monsieur Brenac. Celui-ci lui explique que le premier cas est apparu quelques jours avant Noël et concerne un sabreur, Roger C. âgé de trente-cinq ans. Il y a quelques jours il avait ressenti des démangeaisons à l'avant-bras droit avant de voir apparaître un bouton qui s'était vite transformé en pustule maligne. C'est lui le patron qui a pris l'initiative d'amener le salarié consulter le docteur Paul Bonneville à Mazamet. Le docteur est ensuite revenu plusieurs fois au domicile du salarié à Saint-Amans-Valthoré et quand il l'a jugé opportun, il a procédé à la cautérisation de la pustule qui avait pris la couleur noire caractéristique du mal charbon. La fièvre est vite tombée et quelques jours plus tard, le salarié était guéri. Monsieur Brenac précise à Jean Cavaillé que depuis début décembre, il délaine des lots de peaux provenant de Hongrie. Il sait bien depuis l'été que ces peaux peuvent être charbonneuses et il avait recommandé beaucoup de vigilance à son contremaître. Pour autant, malgré le fait que son usine soit bien tenue et l'inspecteur du travail en convient, la nature du travail de sabrage est telle que les projections de toutes sortes sont inévitables. Il fournit à ses sabreurs des bottes de zinc et des vestes de travail mais malgré le froid et les gelées matinales, au bout de quelques heures de travail, certains travaillent en bras de chemises et de temps en temps se trempent les mains et les avant-bras dans un seau d'eau bouillante pour se réchauffer.

Le second cas de charbon qui vient tout juste de se déclarer début janvier, touche un jeune marragos de 21 ans, Robert W., qui réside au Pont-de-l'Arn. Lui aussi a constaté la présence d'un bouton à l'avant-bras. Le patron Brenac explique que quand cela est arrivé, on était passé au travail de peaux en provenance du Cap en Afrique du Sud et ces peaux sont considérées par la profession comme plus sûres. Mais pour lui ce sont les peaux de Hongrie qui étaient très sales, très poussiéreuses, chargées de terre et parfois d'excréments qui ont pu contaminer l'ensemble de l'usine, et il ne serait pas surpris que d'autres cas apparaissent. L'inspecteur partage son analyse et l'invite à redoubler de prudence en faisant nettoyer tous les ateliers, en prenant bien soin de brûler tous les débris et poussières récupérés dans les locaux secs, les magasins et le pelage notamment. Enfin il recommande de veiller à l'interdiction de consommer des aliments en dehors du réfectoire dont cette usine est l'une des premières à s'être dotée. Il consigne tout cela dans le registre de l'inspection du travail et avant de quitter l'établissement où le cabriolet qui l'a amené depuis la gare l'attend, il se fait remettre l'adresse exacte du salarié qu'il souhaite aller rencontrer.

Arrivé au Pont-de-l'Arn, il rejoint le domicile de celui-ci qui réside tout près de l'église. La maman de l'ouvrier le reçoit et le conduit auprès de son fils qui est alité dans sa chambre. Le salarié enlève le pansement que lui a posé le docteur Bonneville et montre son mal à Jean Cavaillé. C'est la première fois qu'il voit de visu une pustule maligne et il reconnaît la description que l'inspecteur Boulin emprunte au docteur Le Roy des Barres, grand spécialiste de cette maladie à l'hôpital Saint-Denis où consultent les ouvriers criniers et brossiers de cette ville, atteints par l'infection charbonneuse. Le jeune Robert W. présente sur son avant-bras droit une escarre noire au centre, de six ou sept millimètres de diamètre, entourée d'une couronne d'un rouge foncé, au sein de laquelle une série de vésicules d'inégale grandeur apparaissent. Le tout ressemble assez bien au chaton d'une bague, enchâssé dans un cercle de petites perles formant saillie. Au-delà de l'aréole vésiculaire, la peau présente une coloration rouge plus ou moins vive. La mère du jeune homme indique à l'inspecteur que le docteur vient tous les jours refaire le pansement de son fils et il a précisé qu'il procèderait prochainement à la cautérisation de la pustule. Elle indique à l'inspecteur que le patron lui a dit qu'il règlerait les honoraires du médecin. Après avoir réconforté le jeune salarié et lui avoir souhaité bon courage pour la suite, Jean Cavaillé prend congé en assurant la maman qu'il suivra attentivement l'évolution de la maladie de son fils et qu'il la tiendra informée de ses droits.

L'épidémie de charbon développée au sein du délainage du Colombier n'était pas terminée. En effet début février 1903 un nouveau cas survient et touche cette fois-ci un très jeune étendeur de seize ans, Édouard G. victime d'une pustule maligne à la pommette. Son travail consiste à pendre les cuirots et comporte la manutention de ceux-ci à l'épaule. Pour Jean Cavaillé il ne fait guère de doute que c'est le lot de peaux provenant de Hongrie, dont les cuirots n'avaient pas encore quitté l'usine, qui a infecté le jeune travailleur. Il constate là l'extrême résistance de la bactéridie charbonneuse sous la forme de spores, que l'on peut encore rencontrer dans les cuirs, après avoir subi tous les traitements amonts de délainage. Fort heureusement ce jeune garçon guérit rapidement grâce aux soins diligents prodigués par le docteur Bonneville.

Deux autres cas de mal charbon apparurent en 1903, l'un en mars et l'autre en mai concernant respectivement un sabreur et un classeur de cuirots, touchés l'un au poignet droit et l'autre à l'avant-bras. Les éléments qu'il recueille à cette occasion confortent sa motivation à creuser le sujet. Compte tenu de ce qu'il a observé, il prend l'initiative de réaliser une petite affiche à destination des ouvriers délaineurs qui délivre trois conseils :

1° En cas d'apparition de bouton douteux, consultez immédiatement un médecin

2° Veillez à adopter des règles d'hygiène stricte en vous lavant les mains, les bras et le visage après chaque journée de travail.

3° Évitez de manger ou de boire dans les ateliers

Il envoie son document au syndicat des patrons délaineurs et à chaque délainage en demandant à ce qu'il soit affiché, ce qui sera fait dans la plupart des cas. Il l'envoie aussi pour information au docteur Bonneville pour information du syndicat des médecins de la ville.

Par ailleurs, suite aux trois rapports d'enquête qu'il avait établis et que l'inspecteur divisionnaire avait fait remonter auprès de l'Office du travail, celui-ci lui indique que son travail a été remarqué par Arthur Fontaine, le directeur de l'Office du travail, et que celui-ci souhaite organiser une réunion à Paris sur la septicémie charbonneuse à laquelle il sera vraisemblablement convié.

Aucun autre cas de charbon ne lui fut signalé au cours de l'année 1903 et il commençait à s'en réjouir voyant là les premiers résultats des conseils de prévention qu'il avait été amenés à prodiguer.

Malheureusement le mal charbon n'avait pas fini de frapper les travailleurs du délainage mazamétain. Dès février 1904, deux nouveaux cas mortels sont à déplorer !

Chapitre 6

La naissance du mouvement syndical

Dans le Tarn, comme dans la plupart des départements français, en dehors des deux ou trois villes les plus importantes, on vit dans le monde rural profond. La plupart des ouvriers ou ouvrières sont issus du monde paysan et beaucoup ont encore une petite activité agricole de subsistance. Ce que l'on appellera plus tard la classe ouvrière est encore en formation. Le niveau des salaires pratiqués permet aux ouvriers de tout juste survivre. La plupart sont peu éduqués, mal logés, dormant à plusieurs dans la même pièce, sans eau ni électricité, et avec un niveau d'hygiène très précaire. Seule une toute petite partie de la population, la grande bourgeoisie, bénéficie de conditions de vie privilégiées et connaît dans un certain confort. Mais la période voit se dessiner de nombreux changements et une petite bourgeoisie faite d'artisans, de commerçants, de petits industriels, émerge. Ceux-ci s'organisent en syndicats professionnels. De leur côté les ouvriers font de même et on assiste à la création de syndicats ouvriers, autorisés depuis la loi Waldeck-Rousseau du 21 mars 1884.

Ainsi à Graulhet, dès 1881, les ouvriers de la mégisserie crée la chambre syndicale des mégissiers. Ils obtiennent différents acquis sociaux au prix d'une dizaine de mouvements de grèves importants menés dans les années quatre-vingt et quatre-vingt-dix.

A Mazamet également, dès 1886, un premier syndicat a été constitué réunissant des ouvriers des industries lainières et du bâtiment. Des grèves portant sur des revendications salariales éclatent en 1887 dans le textile d'abord. Des manifestations ont lieu en ville, où les manifestants chantent dans la Grand' Rue, « En travaillant nous voulons vivre, le tarif ou la mort ! ». Les vitres du Grand Balcon où les patrons ont l'habitude de se réunir sont brisées à coup de pierres. La grève s'étend au délainage en novembre et décembre et des heurts violents entre grévistes et non-grévistes ont lieu. Sur le moment, les patrons cèdent aux revendications salariales mais suite à cela, plusieurs gros industriels du textile abandonnent cette industrie en crise depuis une dizaine d'années pour se reconvertir dans le délainage qui apparaît beaucoup plus lucratif, mais qui emploie beaucoup moins de monde. Ils font porter la responsabilité de ces restructurations avec son cortège de fermetures et de pertes d'emplois, aux mouvements de grèves menés par les syndicats ouvriers, si bien que ceux-ci voient rapidement leurs effectifs baisser et finissent par disparaître en 1890, laissant place à une dizaine d'années de tranquillité sociale. Seul un syndicat des menuisiers est créé en 1894.

Pour autant après plus de dix ans, le feu couve sous la cendre et au cours de l'année 1903, Jean Cavaillé assiste et suit dans les articles de presse de « La Dépêche » et par les rapports de police que lui fait suivre le sous-préfet, à la naissance d'un authentique mouvement ouvrier.

A cette époque, les inspecteurs du travail n'interviennent pas dans les conflits en qualité de négociateurs. On considère en effet qu'ils ne peuvent pas tenir ce rôle dans la mesure où ils sont chargés d'une fonction de police administrative et judiciaire. La loi du 27 décembre 1892 a mis en place un système de conciliation et d'arbitrages des conflits collectifs du travail confié aux juges de paix, dispositif qui fonctionne tant bien que mal ; la procédure est facultative, et si tout le monde en est d'accord, le juge peut mettre en place un comité de conciliation dont il dirige les débats.

Parfois, cela marche et le juge de paix peut alors consigner dans un procès-verbal les conditions de la conciliation.

Ce sont les ouvriers de l'artisanat et du bâtiment qui s'organisent les premiers et lancent les premiers mouvements revendicatifs, suivis en cela par les ouvriers délaineurs qui dès lors assurent le leadership du mouvement.

Le syndicat des ouvriers participant à l'exploitation des peaux de moutons est créé le 24 mai 1903, avec dès le départ un effectif de deux cent cinquante membres. Son fondateur et secrétaire est Isidore Barthès, que son patron refuse de réembaucher avec quelques autres sabreurs syndiqués, suite à une courte période de chômage pour manque d'eau. Il s'ensuivit un conflit dur, qui est réglé lors d'une première commission paritaire entre le syndicat ouvrier et le syndicat patronal, le patron acceptant finalement la réintégration d'Isidore Barthès. En contrepartie, le syndicat ouvrier dans un accord du 10 aout 1903 s'engage à respecter un délai de quinze jours à partir du dépôt de revendications avant de se mettre en grève, cela afin de ne pas laisser de travail « en périment ». En effet l'arrêt brutal de l'activité pouvait entraîner la perte de toutes les peaux en cours de travail et cela pouvait occasionner de lourdes pertes financières pour les employeurs. Jean Cavaillé trouve cet accord intéressant et particulièrement intelligent, car il aménage une période durant laquelle une véritable discussion et négociation peut s'engager préalablement au démarrage d'un véritable conflit.

C'est ainsi qu'en novembre 1903, des revendications salariales sont déposées par le syndicat des ouvriers délaineurs dans le respect du délai de quinze jours. Elles portent sur l'instauration d'un tarif général, reprenant l'application de l'ancien tarif de 1887 appliqué encore pour les sabreurs au sein de l'usine Charles Sabatié, l'octroi d'une augmentation de 50 centimes pour ceux qui travaillent à la journée et sur la mise en place d'une règlementation sur le travail des peleurs. Le mouvement est largement suivi par des centaines de grévistes qui, après leur réunion journalière sortent en ville, faire « la promenade ». Ils organisent une surveillance stricte des usines et magasins en grève et placardent une affiche dans les rues de la ville pour prendre à témoin l'ensemble de la population. Devant une telle mobilisation, le patronat local doit céder et accepter la mise en place d'un tarif général, la hausse des salaires à la journée et le règlement pour les peleurs. Seule satisfaction pour les patrons, l'adoption de règles salariales identiques pour tous, qui mettent fin à des distorsions de coûts salariaux au sein de la profession, mais le syndicat patronal sort du conflit fortement affaibli. A l'inverse, cette victoire renforce le syndicat des ouvriers délaineurs et encourage les autres professions à s'organiser et à présenter leurs revendications.

Ainsi au 1° janvier 1904, le bassin industriel de Mazamet compte mille trois cents syndiqués, tous des hommes (les femmes seront admises à se syndiquer en 1908) et sur la lancée, les syndicats mazamétains créent une Fédération, dont les statuts sont approuvés le 18 février. Ceux-ci prévoient qu'en cas de grève, tout ouvrier d'une corporation quelconque qui ne verserait pas la cotisation supplémentaire fixée par le syndicat « sera expulsé de son atelier par ses camarades et son nom devra parvenir à tous les syndicats afin qu'il ne puisse occuper aucune place dans les corporations syndiquées ». De même, « Tout ouvrier d'une corporation quelconque qui ne sera pas syndiqué avant le 1° mai 1904 sera passible d'une amende ».

Mais très vite va apparaître une scission syndicale. Suite à l'échec d'une liste ouvrière et républicaine aux élections municipales de Mazamet en 1904, les ouvriers partisans de la république, considérant avoir été trahis par leurs camarades, créent des syndicats rouges dans toutes les corporations importantes, délaineurs, mégissiers, charretiers, ouvriers du textile, ouvriers du bâtiment, qui vont se regrouper en une Union de syndicats et s'affilier à la CGT, créée en 1895. Et c'est ainsi que par opposition, ceux de la Fédération des syndicats devinrent les « Jaunes », mais cela ne signifie pas du tout qu'ils étaient vendus au patronat, bien au contraire. Isidore Barthès le secrétaire de la Fédération est connu pour son soutien au baron Reille mais il sait parfaitement distinguer le politique et le social et se démarquer des idées conservatrices. Les deux leaders Isidore Barthès et Louis Barthès, quoique rivaux, savent se retrouver par exemple pour célébrer ensemble le 1er mai, qu'ils qualifient tous de « fête du prolétariat ». La promesse d'un local et d'une subvention permettant de créer une Bourse du travail à Mazamet, prise par la liste réactionnaire avant les élections de 1904, n'est tenue qu'à la veille des élections municipales de 1908 et pour les seuls syndicats relevant de la Fédération, tentant ainsi de semer un peu plus la division. Pour autant à ce moment-là, la Fédération et l'Union comptent respectivement mille trois cent soixante et quatre cent quatre membres, ce qui constitue une force incontournable, avec laquelle le patronat local va devoir compter.

A Albi également, les syndicats s'organisent et ils se regroupent en 1899 avec la création de la Bourse du travail, installée place de La Pérouse dans l'immeuble appelé « Les Bains de Verdusse », inaugurée par Jean Jaurès le 24 septembre.

A Castres, les syndicats se créent progressivement, celui des ouvriers du textile étant le fer de lance et c'est en 1904 que s'installe la Bourse du travail, à l'inauguration de laquelle Jean Cavaillé est invité.

Il suit attentivement tout ce mouvement et prend l'habitude d'aller rencontrer régulièrement les leaders syndicaux ouvriers, de la même manière qu'il rencontre les responsables des syndicats patronaux. Ainsi est-il amené à donner chaque année des conférences sur l'évolution de la réglementation du travail auprès des différentes bourses du travail existantes sur Albi, Castres ou Mazamet, de la même façon qu'il intervient devant les commissions départementales d'Albi et de Castres qui se réunissent régulièrement. En 1902, elles ont mis à l'ordre du jour l'étude de la loi du 2 novembre 1892. C'est l'inspecteur départemental du travail qui en fait la présentation commentée et anime la discussion sur les vœux présentés par les patrons et les ouvriers dont aucun du reste n'ont pu être adoptés faute de consensus. C'est encore lui qui établit les procès-verbaux des séances qu'il envoie régulièrement au préfet.

Chapitre 7

La tournée des entreprises tarnaises

Au cours de ces deux premières années d'activité, Jean Cavaillé s'attache à faire un tour quasi-complet des entreprises importantes du département du Tarn. Ainsi en 1902, il réalise mille cent soixante-quatorze visites et deux cent trente-deux contre-visites. On appelle contre-visites, des interventions ponctuelles sur un sujet précis de la réglementation du travail ou un nouveau passage dans une entreprise pour vérifier ce qui a été précédemment demandé, la réalisation de travaux de sécurité ayant fait l'objet d'une mise en demeure par exemple. En 1903, il va procéder à mille deux cent soixante-seize visites en mettant l'accent encore une fois sur les établissements n'ayant jamais été contrôlés. Il réalise dans le même temps cent cinquante-quatre contre-visites.

Un tel niveau d'activité même si le nombre de textes dont il faut vérifier l'application n'est pas encore trop important, exige, compte tenu du temps passé dans les déplacements, un engagement quotidien total. Mais Jean est encore jeune et plein d'entrain et surtout il a envie de connaître et d'apprendre, et c'est vrai qu'il apprend vite.

La tâche est immense alors il ne faut pas trop se disperser et vouloir tout régler d'un coup. Non, l'important pour lui c'est d'aller à l'essentiel, de bien percevoir dans un type d'activité ou une entreprise donnée, les points cruciaux sur lesquels le chef d'entreprise doit faire des efforts et de lui donner des consignes verbales ou formalisées, claires et précises sur ce qu'il souhaite voir évoluer. Bon nombre de situations qu'il observe dans les ateliers sont mauvaises, voire pour certaines déplorables mais c'est la réalité d'une époque où pendant des décennies chacun a pu faire ce qu'il voulait sans aucun contrôle ou avec des contrôles parfois complaisants. Beaucoup d'artisans sont de petites gens sans grands moyens et ils vivent souvent chichement de leur activité et de leur savoir-faire dans des conditions à peine plus favorables que celles de leurs salariés. Le plus souvent d'ailleurs, ils sont à l'écoute de ce que leur conseille et demande l'inspecteur du travail. Si peu que cela soit cohérent et empreint de bon sens, ils y adhèrent et font leur possible pour s'y conformer. Le principal obstacle reste les moyens financiers car certaines améliorations demanderaient un réaménagement complet des bâtiments et des ateliers. Alors on fait au mieux, on s'adapte, on améliore ce qui peut l'être, mais les conditions d'exploitation restent le plus souvent mauvaises.

Durant ces deux années, Jean Cavaillé va s'attacher à visiter toutes les entreprises importantes du département et évidemment dans celles-ci son niveau d'exigence sera plus élevé.

Dés 1902, il va s'intéresser au travail du cuir sur Graulhet. Son prédécesseur Foissac a attiré son attention sur le problème particulier des poussières émises par les doleuses. A l'issue d'une réunion de circonscription organisée en mars 1902 à Toulouse par l'Inspecteur divisionnaire, celui-ci prend à part Foissac et Cavaillé pour faire le point sur la question des doleuses. Foissac rappelle qu'au cours de ses différentes visites étalées dans le temps, il a mis en demeure les principales entreprises de mégisserie de Graulhet, d'installer un système d'aspiration afin de recueillir les nombreuses poussières émises lors de l'opération de dolage des cuirs. Cela consiste à amincir la peau afin d'obtenir la même épaisseur du cuir sur la totalité de la pièce. On réalise cette opération au moyen de grosses meules appelées « doleuses », qui abrasent le cuir et dégagent des poussières très fines qui saturent l'atmosphère du local où ces machines sont installées. Sur les quatre-vingts mégisseries que compte la ville de Graulhet qui est devenue en deux décennies la capitale de la « basane », cette peau de mouton principalement utilisée pour la doublure intérieure des chaussures, une quarantaine, les plus importantes, possèdent ces meuleuses-doleuses. Foissac précise que son action s'est heurtée à une forte résistance des premiers patrons mégissiers mis en demeure, qui ont refusé de mettre en place les aspirations nécessaires au prétexte que cela était demandé à certains et pas à d'autres, avec exécution à des dates différentes et que cela allait immanquablement créer une concurrence déloyale inacceptable entre mégissiers. Compte tenu de son départ prochain et de son remplacement par Cavaillé, n'ayant plus le temps pour mener à bonne fin ce dossier, il a fait le choix de surseoir à verbaliser les récalcitrants et a fait savoir au syndicat patronal des mégissiers et aux entreprises concernées qu'il laissait le soin à son successeur de poursuivre le traitement de ce dossier.

Ces explications étant données, Le Roy et Cavaillé conviennent de reprendre le dossier conjointement, l'implication personnelle du divisionnaire étant de nature à faire comprendre à la profession que la nouvelle administration du travail ne baissera pas pavillon sur le traitement de ces nuisances intolérables pour la sauvegarde de la santé des travailleurs. Ils décident de se retrouver courant juin ensemble à Graulhet, pour trois jours de visites continues qui seront précédées par un échange avec le syndicat patronal et par une rencontre avec Raymond Calvignac le secrétaire du syndicat ouvrier des moutonniers de Graulhet. A cette époque un Inspecteur divisionnaire réalise près de cinq cents contre-visites par an, soit seul pour vérifier le travail effectué par les Inspecteurs départementaux, soit en tandem avec eux pour les former ou les assister dans la gestion des dossiers difficiles. Ce qui fut dit, fut fait et par un beau matin de juin, ils se retrouvent à la gare de Graulhet, l'un venant de Toulouse par Lavaur, l'autre venant de Castres. Ils s'installent pour deux nuits à l'hôtel-restaurant Durand en face du bassin du Jourdain.

Le premier matin, ils ont rendez-vous avec le syndicat des patrons mégissiers et la discussion est rude mais franche. L'Inspecteur divisionnaire indique au président du syndicat patronal comprendre que dans un premier temps certains patrons aient pu se sentir lésés et considérer qu'il y avait deux poids, deux mesures, mais il précise que l'inspecteur Foissac était bien décidé à mettre en demeure toutes les entreprises concernées au fur et à mesure de ses contrôles. En tout état de cause, il considère que le problème des doleuses doit être réglé. Il présente alors la démarche qui va être mise en place avec son complet accord par l'inspecteur Cavaillé :

— « Toutes les entreprises que nous allons visiter durant ces trois jours et qui n'ont pas encore mis en place un système d'aspiration des poussières, seront mises en demeure de le faire et ce dans un délai de trois mois. Le délai sera le même pour toutes les entreprises et viendra à échéance à la même date. »

Le président du syndicat patronal comprend la démarche, même s'il considère que le coup va être rude pour certaines entreprises dont la situation financière est fragile. Il déclare apprécier que tout le monde soit traité à la même enseigne et il promet au divisionnaire de ne pas faire obstruction à la mise en œuvre de la mesure. Les mêmes explications furent données au syndicat ouvrier qui considère pour sa part que « l'attitude des patrons est indéfendable et purement démagogique. Elle reflète bien la mentalité des patrons mégissiers graulhétois qui n'ont aucune considération pour la santé de leurs salariés et tout progrès en la matière doit leur être arraché de haute lutte ».

C'est ainsi que pendant trois jours les deux inspecteurs font le tour d'une quarantaine de mégisseries installées tout le long du Dadou. A cette occasion, Jean Cavaillé découvre le travail en rivière avec le trempage, l'écharnage, puis le tannage qui présentent des conditions de travail particulièrement dures et malsaines. Les ouvriers manient des substances répugnantes, putrides qui dégagent une odeur nauséabonde. Il s'imagine ce que cela doit être en période hivernale avec l'eau froide, voire glacée. Les substances chimiques utilisées pour le nettoyage des peaux dégagent des émanations de chlorure, de sulfure, qui ne paraissent pas sans risque pour la santé des travailleurs. Il observe les risques mécaniques des écharneuses, des metteuses au vent, des tonneaux et autres machines à cylindres, qui lui paraissent bien mal traités dans certaines usines et il se promet d'étudier la question plus profondément. Le travail au sec est plus propre, même si là aussi des risques d'accidents graves aux mains et membres supérieurs existent sur les lisseuses, les ponceuses, les velouteuses, les palissons, ...

Enfin, il y a les meuleuses-doleuses avec leur production importante de poussières qui saturent totalement l'atmosphère des ateliers concernés. Ils préconisent de caréner le plus complètement possible les meules et d'installer au bas des carters, une buse d'aspiration. Un système de ventilation doit être à même d'évacuer les poussières ainsi captées vers l'extérieur de l'atelier. Le délai de trois mois accordé pour la réalisation de ces travaux est jugé par certains trop court, toutes les entreprises concernées s'adressant aux mêmes artisans mécaniciens capables de réaliser ce genre d'installation au même moment. Les inspecteurs ne se laissent pas infléchir compte tenu de la non-exécution d'une première mise en demeure et maintiennent le délai de trois mois. Et de fait à l'expiration du délai, un résultat satisfaisant est obtenu dans presque tous les établissements, à la satisfaction non seulement des ouvriers mais aussi des patrons.

Jean aura d'autres occasions de revenir à Graulhet au vu du premier aperçu qu'il a eu des conditions de travail dans les mégisseries mais aussi parce qu'on lui a dit que des cas de charbon professionnel s'étaient produits ici aussi.

Au printemps 1902, Jean Cavaillé se rend pour la première fois au village de Lacrouzette visiter les chantiers des carriers du Sidobre. Il se fait amener jusqu'au dôme du Pic des fourches où sont installés plus de cinquante artisans tailleurs de pierre qui occupent chacun trois ouvriers. Quelques uns, rares, ont une dizaine de salariés.

A son arrivée au rocher de la Baleine, il est étonné par le bruit, les « hans », que font les carriers qui tapent en cadence avec leur masse sur les coins pour dégager une tranche transportable de pierre des énormes rochers de granit. Un patron lui explique comment le travail s'organise, avec en premier lieu la taille du « bésal » à la pique. On commence par tailler deux sillons parallèles qui donnent la largeur, puis d'autres sillons en dessous jusqu'à ce que la pointe de la pique se coince. Ensuite on installe les coins et on frappe dessus à la masse. Quand le son devient plus grave, c'est que la fente est commencée, le granit va s'ouvrir. Ces blocs sont ensuite transportés dans l'atelier à ciel ouvert, où ils sont débités en dalles plus fines.

L'espace de travail a toujours la même disposition : entre le rocher exploité plus haut et le quai de chargement au bord du chemin, se trouve l'atelier qui comprend deux murs attenants et un pilier à l'opposé, avec la forge à l'angle des murs ou bien dans un abri indépendant, car il faut régulièrement réaffuter les outils si l'on veut travailler efficacement.

Les ouvrages fabriqués sont divers, des auges de bétail, des meules pour les moulins, des pierres pour les ponts et les barrages, des bordures de trottoirs, mais aussi des obélisques et des pierres tombales. Certaines pierres sont polies, à la main avec une sorte de grand fer, un rodoir en fonte, auquel deux hommes impriment un mouvement alternatif qui permet d'agréser la surface de la pierre.

L'inspecteur du travail est surtout attentif aux manutentions des blocs qui parfois lui dit-on entrainent des accidents graves parfois mortels. Il est impressionné par les techniques utilisées : en effet deux hommes avec un cric, une pince et trois rouleaux sont en capacité de déplacer un bloc d'une quinzaine de tonnes. Le cric sert à décoller le bloc pour engager les rouleaux, la pince permet de faire tourner les rouleaux percés en croix aux extrémités, qui sont parfois renforcées par un cerclage en fer. Quand un des rouleaux est libéré, il est ramené à l'avant et ainsi de suite. Tout est une question de coordination entre les hommes. Toutefois en fonction des situations, certaines manutentions restent extrêmement dangereuses et on n'est pas à l'abri d'une rupture de cordes ou qu'un homme lâche prise. Jean Cavaillé recommande à tous les maîtres-carriers d'être particulièrement attentifs et de rappeler à chacun avant chaque manutention délicate le rôle précis qu'il doit jouer.

Avant son départ, il assiste au chargement à l'aide d'un palan de blocs sur un chariot tiré par des vaches stériles réservées à cette besogne.

Quand il redescend sur Castres dans le véhicule hippomobile qui l'a attendu toute la journée, il se dit que ces gens de la montagne ont bien du mérite à gagner leur vie dans un travail aussi dur et pénible et il lui reste en tête l'idée de fourmis tirant ou poussant des charges dix fois supérieures à leur taille.

Durant ces deux premières années, Jean va aussi se rendre régulièrement sur Albi, la préfecture du Tarn. En général, quand il vient à Albi, il y passe trois jours du lundi au mercredi soir et il passe deux nuits à l'hôtel du Lion d'Or, rue de la Croix verte, tout près de la place du Vigan. C'est rien de dire que cette ville lui plait, en fait, il l'adore. Quel plaisir pour lui de se balader le soir surtout en été dans le vieil Albi et de déambuler tranquillement par les rues Tembal et Mariès, jusqu'à la cathédrale Sainte-Cécile. Il est véritablement fasciné par cet édifice qui ne ressemble à aucun autre. Quel contraste entre l'aspect extérieur de forteresse, fait pour impressionner et bien marquer l'autorité de l'évêque sur les populations locales après les errements du catharisme, et la finesse et la beauté des sculptures et des peintures intérieures. Et puis le palais de la Berbie, la collégiale Saint-Salvi et son cloître et tous ces hôtels particuliers et ces séchoirs au dernier étage des maisons, qui rappellent la richesse de la ville et de la région du temps de la « coque », du pastel.

Mais il n'est pas là pour faire du tourisme et ses fonctions accaparent l'essentiel de son temps.

La première entreprise qu'il a voulu connaître, c'est assez naturellement, les fonderies du Saut du Tarn à Saint-Juéry, la plus importante du département après les Houillères de Carmaux dont le contrôle exercé par l'ingénieur de mines lui échappe. Pour les ouvriers-paysans d'ici, le Saut du Tarn, c'est en occitan « La Fabrica », un univers nouveau porteur à la fois d'espoir mais aussi de souffrances, de peines et de nouvelles solidarités.

Il est reçu par le directeur de l'usine, Adolphe Espinasse qui lui présente son fils Eugène qui est destiné à lui succéder rapidement.

Après un rapide historique de l'entreprise au cours duquel il insiste particulièrement sur l'œuvre de Léon Talabot et de Charles Vissac, ses prédécesseurs, Adolphe Espinasse propose à Jean Cavaillé de faire le tour du site et de voir de visu les différentes installations afin de mieux comprendre le fonctionnement général de l'entreprise. Celui-ci lui indique ne pas avoir une grande expérience en ce qui concerne la sidérurgie, en fait il n'a visité que l'aciérie de Decazeville lors de son passage en Aveyron.

Il décide donc de consacrer la matinée à visiter le site et c'est Eugène Espinasse qui lui sert de guide. Ils commencent par visiter l'aciérie proprement dite et le haut-fourneau. Pour l'essentiel, on utilise ici le charbon de Carmaux comme combustible et le minerai extrait de la mine de fer d'Alban dont la société est propriétaire. Eugène Espinasse explique à l'inspecteur le principe de fonctionnement d'un haut-fourneau : la charge est introduite en partie haute au niveau du gueulard, le contact des gaz chauds dessèche le minerai ; celui-ci descend dans la zone de réduction, dans la cuve, où par suite de la température plus élevée et de la présence d'oxyde de carbone, il perd son oxygène, du fer se forme alors à l'état pâteux. Dans la zone de carburation, le ventre, le fer se combine au carbone du coke incandescent et de la fonte prend naissance. La haute température qui règne dans la zone de fusion, l'ouvrage, détermine la liquation de la fonte. Enfin dans la partie basse, le creuset, le métal se sépare du laitier par différence de densité. Au moment où les deux hommes passent, c'est l'heure de la coulée qui se répète toutes les quatre heures environ. Dans ces ateliers, il n'y a que des hommes et ils travaillent en deux postes de douze heures, chaque poste réalisant trois coulées. Cela fait une durée moyenne de quatre-vingt-quatre heures par semaine, comportant un poste de vingt-quatre heures continues tous les quinze jours lors de l'alternance matin-soir des deux équipes.

Les manutentions pour le chargement des matières ont été bien modernisées et s'effectuent maintenant au moyen de bennes sur rails qui sont acheminés par un monte-charge et une passerelle jusqu'au gueulard ; le chargement à la main des bennes nécessite toutefois du temps et de la main d'œuvre, une vingtaine de chargeurs et autant de rouleurs par poste.

L'écoulement du métal doit être précédé de l'enlèvement du tampon d'argile qui ferme le trou de coulée. Pour réaliser cette opération, un ouvrier, muni d'un long outil approprié dégarnit l'ouverture de manière à éviter sa détérioration. En réponse à Jean Cavaillé qui lui demande quels sont les risques encourus par les fondeurs, Eugène Espinasse répond :

— Parfois au cours de la coulée, il se produit des projections de scories ou de fonte dont l'importance dépend de la pression intérieure ou d'un écoulement trop rapide. Ces projections peuvent même arracher des briques lorsque la maçonnerie vieillit comme cela s'est produit une fois, alors on entretient celle-ci régulièrement. Les brûlures par contact sont généralement sans gravité quand elles sont dues au maniement d'outils, des produits ou du sable des halls. En revanche les accidents sont plus sérieux quand ils sont provoqués par les suies chaudes, qui pénètrent dans les chaussures et les plus graves résultent d'un contact avec la fonte liquide soit lors de chutes des ouvriers, soit quand par inadvertance ils mettent le pied sur la fonte insuffisamment solidifiée après la coulée.

Sur la demande de l'inspecteur, il précise que les projections peuvent atteindre plusieurs mètres de haut, de même qu'au contact de la fonte en fusion, l'eau se décompose et des mélanges détonants peuvent se produire soit à la sortie du trou de coulée, soit dans le canal de granulation lorsque la fonte atteint un niveau trop élevé dans le creuset et fuit par la tuyère à laitier, ce qui constitue un risque important pour les ouvriers. Il précise à l'inspecteur que trois ouvriers ont été grièvement brulés au cours des deux dernières années.

— On a aussi beaucoup d'accidents avec les monte-charges, et aussi lors de chutes d'objets divers et variés que le personnel manutentionne, ainsi que beaucoup de chutes de plein pied.

Jean constate en effet que pendant la coulée une animation intense règne dans l'atelier et il imagine que les différences de niveau des sols, les multiples outils utilisés par les ouvriers constituent autant d'obstacles isolés, d'autant que douze heures consécutives d'un travail particulièrement difficile, effectué au voisinage du feu, dans un tumulte assourdissant, constitue une besogne épuisante.

La production journalière tourne autour d'une centaine de tonnes de fonte coulée sous forme de gueuses ou acheminée vers l'atelier de laminage.

Par ailleurs d'autres salariés effectuent régulièrement l'évacuation des laitiers, qui constituent le principal sous-produit de la fabrication de la fonte. Eugenne Espinasse lui explique que le laitier pris à la sortie du four à l'état de fusion est refroidi lentement et se solidifie en une masse compacte que l'on concasse pour obtenir un excellent ballast de voie ferrée ou un macadam pour les routes. Ils poursuivent leurs visites par le hall de laminage et l'atelier de puddlage, équipé de cinq fours qui permettent d'affiner la fonte à l'aide de scories oxydantes. Le puddleur prépare la sole en la recouvrant de produits oxydants, puis met le four en chauffe jusqu'à leur fusion ; il charge ensuite les gueuses sur la couche d'oxydes et dès que la fonte commence à fondre, il laboure la fonte à l'aide d'un ringard recourbé à angle droit à son extrémité, outil que l'on appelle le crochet. En observant les puddleurs au travail, Jean se rend compte que ce poste de travail exige des efforts musculaires importants dans des conditions particulièrement pénibles du fait de la chaleur, mais aussi un tour de main spécifique. Il ne sera pas surpris d'apprendre que ce sont les puddleurs qui les premiers se sont mis en grève, il y a une dizaine d'années en 1892, suivis les années suivantes par ceux du laminoir et des limes.

Juste à côté, on passe dans l'atelier des fours Martin-Siemens. Le Saut du Tarn en possède deux qui permettent d'affiner la fonte brute avec moins d'effort que le puddlage, pour une qualité d'acier supérieure. Cela était nécessaire pour se lancer dans la production de grosses pièces industrielles comme des essieux pour locomotives ou wagons.

Mais il va bientôt être midi et nos deux protagonistes retournent aux bureaux de la direction. Là, le « père Espinasse » comme l'appellent une partie du personnel, invite Jean Cavaillé à aller manger dans un restaurant chic d'Albi. Celui-ci avec une pointe d'humour lui répond :

— Je vous remercie vivement pour votre invitation mais après Guesde, je ne voudrais pas que ce soit Jaurès qui à la Chambre, fustige à cause de moi, le comportement des inspecteurs du travail !

Alors il va déjeuner dans une petite auberge du centre-ville de Saint-Juéry. En fait, il aime bien ces moments où il se retrouve seul, moments qui lui permettent de réfléchir calmement à ce qu'il a vu, de faire le point et de se fixer quelques priorités à afficher aux patrons des entreprises qu'il contrôle.

De retour à l'usine, ils s'en vont visiter la forge et l'atelier des limes. A la forge, on fabrique de grosses pièces mais aussi des outils tranchants et principalement des faux, des faucilles, des pelles et des pioches. Les forgerons s'affairent autour des martinets et des marteaux pilons, présentant les pièces rougies par la forge pour un martelage précis, et petit à petit la pièce prend forme.

Avant de passer à l'atelier des limes, Eugène Espinasse veut montrer à l'inspecteur la nouvelle centrale hydroélectrique qui par son apport va, de son point de vue, changer en profondeur la façon de travailler dans tous les ateliers. L'eau du Tarn, qui chute d'une vingtaine de mètres au Saut de Sabo faisant tourner les roues à aube qui mettaient en mouvement toutes les machines de la forge, est maintenant canalisée et fait tourner une turbine qui produit de l'électricité. Jean est surpris par la propreté de la salle des machines qui paraissent briller littéralement. L'ingénieur explique à l'inspecteur que pour l'instant c'est principalement l'atelier des limes qui profite de cet apport de l'énergie électrique :

— Nous venons d'installer un nouveau parc de machines à tailler dans un nouvel atelier, qui fonctionnent grâce à l'énergie électrique. La production a ainsi fortement augmentée pour atteindre près de deux millions de limes par an. De même la qualité de la taille est nettement meilleure, ce qui nous assure une avance sur nos principaux concurrents. Par ailleurs, cela nous a permis de mettre fin à la taille à la main qui se faisait à domicile, qui devenait de plus en plus difficile à gérer et entraînait des écarts de qualité inacceptables pour nos clients. Cela a permis d'embaucher à l'usine une nouvelle génération de tailleurs qui alimentent et règlent les nouvelles machines à tailler les limes.

L'inspecteur est impressionné par la cadence à laquelle les ouvriers chargent et déchargent leurs machines, et l'ingénieur lui explique que le régime de rémunération aux pièces a permis d'augmenter sensiblement la productivité mais aussi les salaires.

Jean demande à l'ingénieur de lui expliquer comme fonctionne l'alimentation électrique et celui-ci lui décrit sommairement le schéma en place avec une machine dynamo génératrice accouplée à un moteur principal dans la centrale, et plusieurs machines dynamos réceptrices adaptées à chaque machine isolée. Ainsi à la place des arbres de couche, poulies et courroies de commande et de transmission, l'organe transmetteur se réduit au seul fil conducteur de l'électricité. Le jeu d'une manette suffit ainsi à ramener ou interrompre le courant sans besoin de débrayages ou d'engrenages superflus. Ce système permet de donner à chaque contremaître et à chaque conducteur de machine le moyen d'arrêter la machine dont il a la conduite par un simple interrupteur. Il s'agit là d'un incontestable progrès en matière de sécurité.

Lors de l'examen détaillé de ces nouvelles machines, Jean s'interroge sur les risques nouveaux et particuliers que peut engendrer l'utilisation de l'énergie électrique. L'ingénieur le rassure en lui affirmant que pour les ouvriers il n'y a pas de risque, seuls les techniciens de la centrale électrique interviennent sur la nouvelle installation. Jean considère toutefois que les nouvelles machines à tailler les limes ne sont pas suffisamment protégées, notamment toutes les courroies d'entraînement et les chaines métalliques situées sur le côté, car avec les moteurs électriques la puissance mise en œuvre paraît bien supérieure. Il demande à l'ingénieur de mettre en place un plan global de réalisation de toutes ces protections dans un délai de trois mois et lui indique qu'il consignera cela sous forme d'observations dans le registre de l'inspection du travail. Jean veut éviter ainsi de formaliser d'emblée une mise en demeure qui le ferait apparaître aux yeux du grand patronat tarnais et des autorités locales comme un inspecteur excessif. Compte tenu des engagements verbaux pris par le jeune Espinasse, il sait qu'il arrivera au même résultat et si cela n'était pas le cas, alors il n'hésiterait pas une seconde à dresser une mise en demeure en bonne et due forme. Pour terminer leur visite, ils passent dans les vestiaires-lavabos qui ont été réaménagés après les grèves de 1894. L'organisation lui paraît correcte mais l'état général des locaux est un peu défraichi. Le jeune ingénieur en convient et lui indique qu'il va réfléchir à faire repeindre tous ces locaux.

Jean consacrera le reste de l'après-midi à la vérification des différents registres, affiches et documents dont la tenue est obligatoire.

L'effectif total de l'ensemble de l'usine est maintenant de neuf cent soixante salariés et le directeur administratif lui indique que compte tenu des embauches prévues, l'on passera la barre des mille salariés avant la fin de l'année. Il s'intéresse plus particulièrement à l'âge des jeunes enfants qu'il a vu travailler dans l'entreprise. Le directeur administratif lui précise que depuis quelques années l'entreprise n'embauche que des jeunes de plus de 16 ans en veillant à ce qu'ils ne soient pas soumis à des travaux dangereux, insalubres ou excédant leurs forces ; après vérification l'inspecteur ne constate rien d'anormal, même si la formulation de certains articles réglementaires pose problème, car comment savoir par exemple que les machines ont toujours leurs parties dangereuses correctement protégées ? En fait, ce n'est qu'à l'occasion d'enquêtes suite à des accidents du travail que l'on peut vérifier cela et le cas échéant verbaliser le chef d'entreprise. Pour terminer Adolphe Espinasse l'informe à titre confidentiel qu'il vient de finaliser le rachat par le Saut du Tarn des Fonderies Gillet d'Albi. Il lui précise que cela concerne la fonderie de deuxième fusion et l'atelier de constructions métalliques d'Albi qui compléteront avantageusement les activités de Saint-Juéry, mais aussi la nouvelle centrale électrique des Avalats et ses droits d'eau qui permettront d'augmenter la puissance électrique globale du groupe.

Quand il rentre à son hôtel au centre-ville d'Albi, Jean est plutôt satisfait de sa journée. Il a beaucoup appris et par ailleurs il est globalement rassuré sur le respect de la réglementation du travail par les Aciéries du Saut du Tarn, qui pour lui en tant qu'entreprise la plus importante du département doit donner l'exemple. Il considère qu'à priori il peut faire confiance aux dirigeants qui connaissent bien leurs métiers et ont su tenir compte des mouvements de grève pour infléchir leurs positions, qui restent toutefois dures et exigeantes sur le respect des normes de production et de l'autorité patronale. Avant de se coucher, il va boire un verre et prendre le frais sur la terrasse du Pontier et il apprécie l'ambiance douce et tranquille qui règne en cette soirée de début d'été sur la place du Vigan.

Le lendemain matin, il a prévu d'aller visiter la Verrerie Ouvrière d'Albi. Cette entreprise a déjà un sacré renom, attaché bien entendu à la personne de Jean Jaurès qui en a été l'instigateur. Il y a sept ans en effet, en 1895 aux Verreries de Carmaux, intégrant l'ancienne Verrerie royale et la Verrerie Sainte-Clotilde, le patron Eugène Rességuier, un riche marchand de bouteilles toulousain, par ailleurs candidat républicain malheureux aux élections législatives de Toulouse, licencie Jean dit Marien Baudot, ouvrier syndiqué et élu socialiste, pour absences répétées et notamment pour avoir assisté à un congrès des Verriers à Marseille. En réaction une grève dure est engagée et par mesure de rétorsion, Rességuier ferme l'usine mettant ses douze cents salariés au chômage. Tout cela ressemble fort à ce qui s'est passé trois ans avant avec la tentative de licenciement par la Société des mines de Carmaux de Calvignac, élu maire socialiste de Carmaux. Les grévistes font appel à Jean Jaurès qui les soutient. Ils demandent une procédure d'arbitrage que le patron Rességuier refuse catégoriquement. Une lutte sans merci est engagée entre les courants socialistes et le patron républicain soutenu par le préfet Pierre Ernest Doux et à travers sa personne, le gouvernement. Dans un premier temps, les grévistes acceptent de reprendre le travail mais Rességuier saisit l'occasion pour faire le ménage et annonce par voie d'affiche qu'il choisira ceux des ouvriers qu'il reprendra lors de la réouverture de l'usine. La grève reprend et se durcit encore. Le 1er octobre, la verrerie de Carmaux redémarre son activité avec l'aide de salariés venus d'ailleurs, car beaucoup de salariés refusent de reprendre le travail. C'est dans le contexte de ce conflit, symbole de la lutte irréconciliable du patronat et du salariat, qu'est née l'idée de créer une verrerie autogérée. Une souscription nationale est lancée avec le soutien de Jaurès par la Dépêche de Toulouse et la Petite République. L'aide d'une généreuse rentière albigeoise permettra de payer le terrain. Le projet est lancé et un an plus tard en octobre 1896, la Verrerie Ouvrière d'Albi ouvre ses portes, avenue Dembourg, près de la gare ferroviaire de la Madeleine qui permet d'assurer l'approvisionnement en charbon.

C'est avec toutes ces idées en tête que Jean passe sous le portail métallique de l'entrée de l'usine. La verrerie a été construite sur un grand terrain desservi par une voie de chemin de fer, sur lequel sont stockées les différentes matières premières, le sable, le calcaire, et surtout du charbon pour alimenter les fours de fusion. On y trouve aussi des tas de paille que l'atelier des femmes utilise pour protéger les bonbonnes. Deux cheminées très hautes se dressent contre le bâtiment principal de la verrerie.

Le directeur qui le reçoit commence par lui rappeler l'origine du projet et lui précise que les deux cent quarante salariés du départ étaient les salariés syndiqués qui n'avaient pas été repris par Rességuier à l'issue du conflit 1895, ainsi que ceux qui, habitant sur Albi, ont fait le choix de se rapprocher de leur lieu de travail. Tous en revanche ont dû accepter d'importantes réductions de salaires afin d'assurer la réussite de la jeune entreprise. Les souscriptions qui furent organisées dans toute la France permirent de réunir le capital nécessaire à la création d'une société anonyme soit cinq mille actions de cent francs, dont les actionnaires ne peuvent être que des syndicats ou des coopératives. Les dons et collectes ont été transformés en actions dont les trois cinquièmes au bénéfice du syndicat des verriers d'Albi, mais celui-ci ne possède que dix mandats lors des assemblées générales. Quand l'inspecteur lui demande pourquoi ce projet a vu le jour à Albi et pas à Carmaux, il lui répond :

— Au départ la population de Carmaux souhaitait l'installation de l'usine dans sa ville mais le choix du comité d'organisation s'est finalement porté sur Albi, en raison principalement des facilités d'approvisionnement en matières premières, notamment du charbon fourni par la société des mines d'Albi, qui exploite les nouvelles mines de Cagnac, et qui a son siège et ses ateliers de criblage et de laverie à Pélissier. Un grand terrain était disponible ici à proximité de Pélissier et ce choix s'est imposé. Le sable vient du Tarn et le calcaire des coteaux voisins de la Drêche, ce qui nous permet des approvisionnements bon marché. La production a démarré modestement mais depuis trois ans maintenant elle augmente régulièrement et nous réalisons des bénéfices qui nous ont permis d'embaucher quelques salariés supplémentaires, d'augmenter les salaires et de poursuivre nos investissements. Bien entendu, aucun dividende n'a été distribué aux actionnaires.

Comme la veille, Jean découvre la réalité du travail dans une verrerie à bouteilles. Son principal souci est de comprendre l'organisation de la production et la réalité des conditions de travail des ouvriers verriers. Les fours de fusion du verre sont installés sous une grande halle, vaste et élevée dont les parois sont grandement ouvertes vers l'extérieur. Le directeur lui explique l'organisation traditionnelle et typique du travail dans les verreries où les bouteilles sont soufflées à la bouche. Les ouvriers travaillent sur une plateforme construite devant les fours à une hauteur adaptée à la longueur des cannes de soufflage et chaque membre de l'équipe composée de trois ouvriers occupe une « place » : « le gamin » qui cueille la matière, « le grand garçon » qui commence le soufflage et fait la paraison et enfin « le souffleur » qui finit le soufflage et modèle la bouteille. Les ouvriers ont des gestes courts et automatiques, ils vont et viennent dans un mouvement rapide et incessant. Le gamin est astreint à une mobilité sans répit, prend dans la casselle une canne à souffler refroidie, va jusqu'au four faire un premier cueillage du verre en fusion (à neuf cents degrés environ), à travers une petite porte ouvrant sur le four appelé « ouvreau », s'approche d'un baquet pour mouiller et refroidir la canne, retourne à l'ouvreau pour compléter le cueillage, revient encore au baquet d'eau et passe enfin la canne au grand garçon, puis recommence la même série de manœuvres. Cela fait un parcours d'environ une douzaine de mètres, accompli très rapidement et qu'il effectue par périodes très rapprochées de moins d'une minute. Le directeur précise qu'un gamin cueille en moyenne cinq cent cinquante bouteilles durant sa journée de travail. Compte tenu de la température de l'atmosphère ambiante entre quarante-cinq et soixante degrés, l'inspecteur imagine la pénibilité de ce travail. Le travail du grand garçon, (de seize à dix-huit ans) et du souffleur est plus statique mais nécessite après gonflement des joues une insufflation violente et prolongée, d'environ trente secondes, de manière à assurer une formation correcte de la bouteille dans le moule métallique prévu à cet effet. Le soufflage terminé, le moule s'ouvre et une fumée, provoquée par la brûlure de petits copeaux de bois glissée dans le moule pour que le verre n'adhère pas aux parois, se répand et monte comme un épais nuage, au moment même où l'ouvrier, essoufflé par un effort d'expiration, cherche à reprendre son haleine. Le souffleur est ainsi obligé d'inspirer un air chargé de fumée âcre, qui sèche le palais et la gorge et irrite les yeux.

Le directeur ne voulant pas que l'inspecteur du travail reste sur une mauvaise impression l'invite à voir les deux derniers fours les plus récents sur lesquels le soufflage des bouteilles se fait à l'aide d'une machine. Le mécanisme de la nouvelle fabrication est très simple : un premier ouvrier cueille au four une certaine quantité de verre en fusion et la dépose dans un moule placé au centre de la machine soufflante ; un deuxième ouvrier, assis devant l'appareil, surveille et dirige le moulage, ouvre ou ferme le robinet d'accès de l'air comprimé et, l'opération finie, dépose à son coté la bouteille qu'un gamin viendra prendre et porter au four à recuire. Pour Jean Cavaillé, il s'agit là en effet d'un progrès considérable car le soufflage à la bouche, en raison des conditions de température et du rayonnement intense de la matière en fusion est l'un des plus durs labeurs qu'il a été amené à observer.

Revenus au bureau du directeur, l'inspecteur vérifie les différents registres et affichages obligatoires. Quand ils évoquent les conditions de travail des verriers et notamment des enfants, le directeur lui signale que le conseil d'administration a décidé de ne pas embaucher d'enfants de moins de quatorze ans, considérant d'une part la pénibilité importante des tâches à effectuer et d'autre part la nécessité pour les enfants de se consacrer à l'éducation et à l'enseignement jusqu'à cet âge-là. Il lui fait part également des réticences des ouvriers à la généralisation du soufflage mécanique car ils craignent d'être moins bien payés et que cela supprime du personnel. Pour lui, on pourrait maintenir le même niveau de salaire si la productivité s'améliorait et on pourrait diminuer fortement l'absentéisme dû aux maladies que provoque le soufflage à la canne, tel l'asthme et l'emphysème compte tenu de l'effort pulmonaire exigé, ainsi que la transmission de maladies contagieuses par l'utilisation d'une même canne par plusieurs salariés, notamment la tuberculose et la syphilis.

Fort de ce qu'il a appris sur le travail au sein des verreries, Jean Cavaillé se dit qu'il mettra à profit son prochain séjour sur Albi pour aller visiter la Verrerie Sainte-Clotilde de Carmaux.

En attendant, il veut faire la connaissance d'un autre secteur d'activité, installé dans le quartier de la Madeleine, celui des chapelleries auquel il consacre son troisième jour de présence sur Albi. Ce secteur qui s'était fortement développé sous l'impulsion notamment de François Joseph Maraval et qui employait près de quinze cents salariés il y a une vingtaine d'années, est maintenant en forte crise. Il ne reste plus qu'une dizaine d'entreprises concentrées sur la quartier de la Madeleine qui occupent environ quatre cents salariés dont un tiers de femmes, assez régulièrement mises au chômage.

Ce matin-là, il va visiter la chapellerie des frères Vitrac et la chapellerie Michel.

Chez Vitrac, il découvre les différentes étapes de la fabrication d'un chapeau de feutre à partir de laine, qui est la principale spécialité albigeoise même si on fabrique ici tout type de chapeau. Quatre opérations sont nécessaires, à partir de la laine que l'on reçoit déjà cardée, le foulage qui consiste à transformer la laine en feutre, la mise en forme, la teinture et la garniture.

Il est surpris par la petite taille des ateliers et même si la production est mécanisée, il a le sentiment que celle-ci reste très artisanale. Les machines sont commandées par des courroies à partir d'arbres en mouvement traversant les ateliers. Pour le feutrage, les différentes opérations se font le plus souvent à la vapeur, ce qui rend les conditions de travail difficiles. La mise en forme ou appropriage se fait mécaniquement par des machines alimentées exclusivement par des hommes. Il est surpris du nombre d'opérations telles que le dressage, le brossage, le veloutage, le rognage nécessaires à la finalisation de la fabrication d'un chapeau. Enfin l'atelier de finition, garnissage, piquage, emballage est pour sa part exclusivement féminin.

Lors de la visite, il a noté la présence de quelques enfants qui lui paraissent très jeunes et il contrôle attentivement l'âge d'admission au travers des livrets. Il se rend compte que trois enfants de moins de treize ans sont domiciliées dans la commune voisine d'Arthès et il a des doutes sur la possession du certificat d'études primaires. Il se promet de passer à la mairie de cette commune pour vérifier les conditions de délivrance des livrets.

Il consacre son après-midi à contrôler trois autres petites chapellerie et cela le conforte dans l'idée que cette industrie est sur le déclin. Elle souffre terriblement de la concurrence d'autres productions françaises plus performantes. On lui dit que beaucoup de salariés, lassés par le chômage endémique qui règne maintenant dans les chapellerie albigeoises, quittent la ville, pour aller là où il y a du travail, à Quillan-Espéraza notamment, dans la haute vallée de l'Aude.

Il rentre en train dans la soirée à son domicile fort satisfait de ses pérégrinations albigeoises, qui lui ont fait découvrir l'industrie lourde avec ses équipements imposants. Il se dit que le département du Tarn si différent dans la structure de son industrie entre le nord et le sud, a bien de la chance de posséder ainsi une économie si dynamique et il ne regrette pas son affectation dans un territoire où certes il y a beaucoup à faire, mais aussi beaucoup à apprendre.

Lors d'un deuxième séjour en terre albigeoise, il se consacre à la visite de la verrerie de Carmaux et à celle de la Société des chaux d'Albi. Celle-ci possède en effet deux établissements au sud d'Albi, l'un à Ranteil sur la route de Castres et l'autre à Lavazière. Cette industrie s'est développée au cours des décennies précédentes, en raison de la présence d'importantes carrières de pierre à chaux à proximité, ainsi que de la facilité d'approvisionnement en charbon depuis Carmaux ou Cagnac-les-mines. Le directeur de l'usine qui le reçoit, lui fait visiter l'ensemble du site et surtout lui explique le procédé de fabrication qu'il découvre complètement. La pierre à chaux est extraite des carrières, puis additionnée d'argile, avant d'être concassée dans un broyeur. Le « cru » ainsi obtenu est ensuite cuit dans des fours. Les fours traditionnels sont chargés manuellement en mettant au fond du four une certaine épaisseur de combustible, puis des lits alternatifs de cru et de charbon d'épaisseurs variables, de telle sorte que la proportion de combustible relativement au cru aille en décroissant à mesure qu'on s'élève dans le four. Quand celui-ci est rempli, on bouche les portes de chargement et on met le feu au bas du four. La durée de cuisson peut varier de cinq à huit jours, selon les conditions atmosphériques. Parfois on rajoute du cru et du charbon, on referme les portes et on laisse la cuisson se terminer pendant quelques jours. Dès que la masse est suffisamment refroidie, on ouvre les orifices de vidange et on extrait les matières cuites. Ce procédé est long et demande beaucoup de main d'œuvre, amenée à assurer successivement le chargement et le déchargement des trois fours de la société. Le directeur lui fait part du projet de l'entreprise d'installer prochainement un four rotatif continu, composé d'un cylindre d'environ dix-huit mètres de longueur et un mètre quatre-vingts de diamètre, dont l'intérieur est garni de briques réfractaires ; l'inclinaison sur l'horizontale est d'environ quarante centimètres par mètre ; le roulement s'opère sur deux ou trois couronnes de galets et la vitesse de rotation est de un à deux tours par minute. Pour la cuisson, on emploie du charbon qu'il faut sécher et pulvériser très finement. Un dispositif permet grâce à un courant d'air violent de chasser ce charbon dans le four, où il produit une flamme longue d'une température très élevée. Le cru introduit dans le haut du four, perd son humidité et arrive complètement sec dans la zone de cuisson. Ce nouveau four devrait être opérationnel d'ici dix-huit mois et entraîner une sensible augmentation de la production nécessaire pour répondre à la demande qui ne cesse de progresser.

La dernière étape consiste à broyer les matières extraites des fours. Le ciment sortant des broyeurs passe dans un appareil appelé « tube finisseur ». C'est un tube de six à huit mètres de longueur tournant autour d'un axe placé horizontalement et contenant une quantité de galets de silex de la grosseur d'un œuf de poule. Ces galets, en frottant les uns sur les autres par suite de la rotation du tube, réduisent le grain en poussière fine. Jean est frappé par le niveau d'intensité sonore qui règne au plus près du tube finisseur. Le ciment réduit en poudre est ensuite envoyé dans de grandes cases ou silos, où il attend, en vrac, l'époque où il sera mis en sacs pour l'expédition.

A l'issue de la visite, Jean après avoir effectué le contrôle des documents administratifs revient sur le principal problème du point de vue de l'hygiène, qui lui paraît être celui des poussières minérales. Il considère que les mises en demeure prononcées par son prédécesseur Foissac, en application de l'article 6 paragraphe 3 du décret du 10 mars 1894, même si elles ont reçu exécution par l'équipement des divers appareils producteurs de poussières (broyeurs, meules, ...), d'enveloppes dans lesquelles la poussière est aspirée par des ventilateurs, ne sont plus suffisamment respectées aujourd'hui en raison d'un entretien insuffisant dans la durée. Il invite donc l'employeur par voie de simple observation à procéder à une vaste campagne de nettoyage et de remise en état de marche optimal de tous les dispositifs d'aspiration de poussières.

Un soir de début octobre 1903, alors qu'il rentre à pied de la gare jusque chez lui, il est témoin d'un gigantesque incendie qui embrasse le petit séminaire de Castres. Il reste là à regarder les pompiers impuissants tenter de limiter les conséquences de l'incendie mais une aile du bâtiment, la bibliothèque et une grande partie de la chapelle sont détruites. Cela lui gâche le plaisir qu'il avait de retrouver son épouse et sa petite Madeleine, que samedi il va pouvoir amener au cirque Barnum qui fait une halte dans la ville de Castres.

Après plus de deux ans de présence dans le département du Tarn, Jean a fait le tour de toutes les entreprises importantes et il considère qu'à défaut de maîtriser complètement son métier, il connaît maintenant sa section et les dossiers à approfondir.

Au cours du mois de juillet 1903, il a pris beaucoup de plaisir à suivre chaque jour dans la Dépêche, les exploits des forçats de la route, lors de la première édition du Tour de France, remportée par Maurice Garin. Pour Noël, son épouse a décidé pour lui faire plaisir de lui offrir un vélo, qu'il va utiliser, nonobstant les réserves émises par le ministère du Travail sur l'atteinte à la dignité de la fonction que constituerait l'usage de ce moyen de transport, chaque fois que les conditions météorologiques le lui permettront. Une paire de pinces autour des chevilles pour ne pas tacher le pantalon de son costume et le tour est joué. Combien de temps gagné à ne plus attendre les voitures à cheval et quel plaisir de profiter du beau temps tout en prenant le plus grand soin de sa condition physique !

Chapitre 8

Un premier travail « original » sur l'effilochage

Lors de la dernière réunion de circonscription qui réunissait tous les inspecteurs départementaux autour de l'inspecteur divisionnaire Le Roy à Toulouse début décembre 1902, celui-ci avait insisté sur la dernière recommandation que leur avait faite Arthur Fontaine. Le directeur de l'Office du travail souhaitait en effet que les inspecteurs départementaux ou divisionnaires produisent des travaux originaux sur un sujet donné pour lesquel par la pratique de terrain, ils ont pu acquérir une compétence particulière qui mériterait d'être portée à la connaissance de tous les collègues et au-delà de tous les acteurs de l'entreprise. Il les avait assurés qu'il publierait tous les travaux qui seraient validés par les divisionnaires dans le Bulletin de l'Inspection du travail qui paraissait tous les deux mois. Jusque-là, la seule communication réalisée par la neuvième circonscription basée à Toulouse au titre des travaux originaux des inspecteurs, émanait de l'inspecteur divisionnaire Le Roy lui-même et concernait le travail de la corne dans l'Ariège. En aparté, le divisionnaire Le Roy avait insisté auprès de Jean Cavaillé pour qu'il se lance le premier malgré le peu d'expérience de la fonction qu'il avait car il savait pouvoir compter sur ses qualités d'ancien professeur de lettres pour produire des écrits de qualité. Aussi il demande à

Jean Cavaillé de réfléchir et de lui proposer un sujet à développer dès qu'il en aura retenu un.

D'emblée, Jean avait pensé travailler sur le délainage des peaux de moutons tant cette activité lui paraissait spécifique et emblématique de sa section tarnaise mais à la réflexion il lui apparut rapidement qu'il lui fallait pour produire une note exhaustive et de qualité, recueillir encore beaucoup d'informations qu'il ne possédait pas. Au cours de l'année 1902, il avait en revanche visité cinq ou six usines d'effilochage et il avait notamment rencontré un effilocheur castrais particulièrement intéressant, qui au-delà de l'activité de sa propre entreprise lui avait fait une présentation générale du secteur qui pourrait l'aider grandement à élaborer un document du type de celui attendu par son divisionnaire. Au surplus à la différence du délainage qui ne profiterait à aucun autre inspecteur, l'ensemble de l'activité française étant regroupé sur le Tarn et à Mazamet en particulier, des effilochages existaient dans toutes les régions textile de France et sa présentation pourrait intéresser un certain nombre de collègues. Lors d'un échange au téléphone en février 1903, il fait part à Le Roy de son intention de préparer une note sur l'effilochage. Celui-ci trouvant cette idée intéressante le remercie et l'encourage à se mettre vite au travail.

Avant de commencer à écrire il programme une quinzaine de visites supplémentaires de manière à avoir visité la plupart des vingt-six établissements qui pratiquent l'effilochage, soit exclusivement, soit en amont d'une activité de filature. Ce programme de visites est facilité par le fait que la plupart des effilochages sont situées à Castres ou dans le pays castrais. Pour commencer, il revient voir le patron qu'il avait rencontré initialement pour lui faire part de son souhait d'écrire une note sur l'effilochage. Celui-ci lui remet des documents reprenant les informations techniques et économiques dont il lui avait fait part verbalement.

Après avoir fait le tour de ce secteur d'activité et recueillit la documentation nécessaire, il entreprend la rédaction de sa note. Il commence par un peu d’histoire et rappelle que l'idée d'extraire la laine contenue dans les chiffons pour la rendre à l'industrie est fort ancienne. Les maures d'Espagne pratiquaient ainsi pour fabriquer du papier tel que nous le rappelle le géographe arabe Edrisi vers la fin du onzième siécle. De même Pierre le Vénérable, abbé de Cluny, nous indique que les livres de son époque au début du 12° siècle sont faits de plantes d'Orient et « ex rusaris veterum pannorum » , soit « de débris de vieux linges ».

Ensuite, il précise que dans l'industrie textile les premières tentatives d'effilochage datent de 1813 dans le Yorkshire en Angleterre. Mais c'est l'épaillage par voie chimique qui constitue l'innovation technique décisive, qui vers 1875 va entraîner le développement de cette activité en France, principalement à Vienne en Isère et à Castres dans le Tarn.

L'effilochage comprend trois opérations principales, le délissage, l'épaillage et l'effilochage proprement dit.

Le délissage consiste à enlever les fils de coton provenant des coutures et des ourlets et il est réalisé par des ouvrières spécialisées.

L'épaillage chimique consiste à détruire par des acides portés à une température déterminée la cellulose que constitue les matières végétales (lin, coton, ...) sans altérer les matières animales. On rencontre deux types principaux d'épaillage, celui à l'humide effectué avec une solution diluée d'acide sulfurique et celui à sec effectué avec de l'acide chlorhydrique à l'état gazeux. C'est cette façon de faire qui a la faveur d'une majorité d'effilocheurs tarnais, même si un petit nombre tiennent le premier procédé pour supérieur. Avec l'épaillage au sec par l'acide chlorhydrique, l'action chimique et l'action calorifique sont simultanées et cela réduit la main d'œuvre à mobiliser.

Beaucoup d'entreprises effectuent encore cette opération de manière traditionnelle dans une étuve maçonnée dans laquelle on introduit les chiffons déposés sur une sorte de wagonnet. Un foyer placé au-dessous de l'étuve porte la température intérieure à cinquante degrés centigrades et fait évaporer l'acide. Au bout de douze heures, l'action combinée de la température et des vapeurs acides a carbonisé toutes les parties non laineuses des chiffons.

Les deux plus importants effilocheurs de l'arrondissement de Castres, dont la société Raucoulés à Massaguel, ont investi dans des carbonisateurs Schirp qui sont beaucoup plus performants, grâce à une manutention plus rapide et une conduite des opérations beaucoup mieux maitrisée. Au bout de quatre heures, le coton est totalement carbonisé.

Les chiffons sont ensuite passés au battoir, qui les débarrasse des matières pailleuses en les agitant très vivement. Celles-ci sont réduites en fines poussières, pour ne laisser que la laine.

Enfin, les chiffons sont lavés dans des bassins placés au niveau du sol ; un violent courant d'eau emporte les chiffons, les désacide et les dépouille des impuretés de toute sorte qu'ils contiennent encore.

C'est alors qu'intervient l'effilochage proprement dit au moyen d'effilocheuses dont il existe plusieurs types plus ou moins récents. Les chiffons sont placés sur une toile sans fin dont le mouvement les porte au contact de deux rouleaux dits « alimentaires » tournant en sens inverse, qui les happent et les présentent progressivement au tambour effilocheur. Les pointes qui constituent l'armature du tambour déchirent au passage les chiffons, les défilent littéralement et les réduisent en filaments floconneux. Dans les modèles d'effilocheuses les plus récents, les bouchons, c'est à dire les bouts de chiffons qui refusent de se déchirer sont triés par gravité à l'arrière de la machine dans un casier supérieur alors que la laine moins dense se dépose dans le casier inférieur.

Après la description des procédés techniques d'effilochage, la note de Jean Cavaillé aborde les aspects hygiène et sécurité présentés par cette activité. Sur le plan sécurité, il considère que la prévention des accidents causés par les mécanismes est facile à obtenir, en appliquant les prescriptions générales dont l'inspection du travail doit assurer l'exécution. La protection des organes de transmission, tels que les engrenages des alimentaires des effilocheuses, les poulies et courroies des laveuses, des battoirs, les cônes de friction des essoreuses, etc... lui paraît d'une nécessité tellement évidente et d'une réalisation tellement simple que dans la plupart des cas les exigences légales ont reçu satisfaction. Au demeurant peu d'accidents mécaniques sont enregistrés dans ce secteur.

Les problèmes majeurs des effilochages relèvent des conditions d'hygiène, et toutes les mesures énumérées par les articles de 1 à 9 du décret du 10 mars 1894, leur sont applicables. Ainsi dans ces établissements et notamment les dépôts de chiffons, il est indispensable d'imposer un état convenable de propreté, le nettoyage et la désinfection des sols, des murs et des plafonds, une aération suffisante, l'absence d'encombrement et l'interdiction de prendre les repas sur place. Le souci de l'hygiène n'a rien de superflu lorsqu'il s'applique à « la manipulation de matières grossières, sordides défroques à la provenance incertaine et aux contacts suspects ».

Pour autant, il considère que l'objectif le plus important est d'assainir l'air des ateliers car dit-il « l'air vicié est plus meurtrier que le glaive ». Il convient de protéger les travailleurs contre la double action des dégagements d'acides et de poussières. Certes, il n'y a pas de risque d'asphyxie complète, mais les vapeurs hydro chlorées sont irritantes et à l'état aigu provoquent des broncho-pneumonies qui peuvent être graves.

Il rappelle que le tableau C annexé au décret du 13 mai 1893 interdit le travail des enfants, des filles mineures et des femmes dans les ateliers d'effilochage où se dégagent des vapeurs d'acide chlorhydrique. Il observe que le carbonisage est toujours réalisé par des hommes, mais il s'interroge : ceux-ci ne devraient-ils pas être aussi protégés ?

Il fait état des calculs auxquels il s'est livré en s'appuyant sur des expériences réalisées en Allemagne et considère que dans l'étuve utilisée par le procédé de carbonisage traditionnel, les dégagements chlorhydriques

sont de l'ordre de un pour cent et en conclut que dans une proportion aussi faible il n'y a pas lieu de faire appliquer l'article 6 du décret du 10 mars 1894, qui prévoit la condensation des vapeurs incommodes et insalubres. Pour compléter sa démonstration, il fait état de l'expérience à laquelle il s'est livré au sein de l'effilochage Léo Rez à Castres : il a ainsi procédé à un prélèvement, à l'ouverture des portes de l'étuve au point de la plateforme le plus rapproché de l'étuve et le papier tournesol qu'il a utilisé n'a révélé que des traces d'acide presque imperceptibles. Avec les carbonisateurs Schirp, les conditions de salubrité sont irréprochables. L'enlèvement des vapeurs est permanent et complet grâce à un conduit relié à une aspiration, à l'arrière du tambour. Pas un atome d'acide ne se répand dans l'atelier lorsque l'on ouvre le tambour pour le défournement des matières, et les ouvriers ne sont nullement incommodés.

Les dégagements de poussières sont plus compliqués à traiter. En effet les chiffons bruts qui arrivent sous forme de balles contiennent des poussières de toute nature. Les chiffons blancs qui proviennent de linge de corps, parfois de personnes malades présentent par ailleurs une nocivité spéciale. On rencontre donc deux risques principaux, l'action mécanique des poussières qui peuvent entraîner des troubles digestifs et des affections pulmonaires et la propagation des germes infectieux. Comment donc sauvegarder la santé du personnel dans les effilochages ?

Il observe que les opérations de triage et de délissage qui sont réalisées à la main, ne soulèvent pour ainsi dire pas de poussières et l'installation d'une ventilation générale produirait des effets plutôt nuisibles. En revanche le simple contact des chiffons peut donner lieu à des phénomènes d'infection qui seront d'autant plus graves que l'organisme attaqué offrira moins de résistance. C'est pourquoi le décret du 13 mai 1893 a cru devoir soustraire à ce danger les enfants de moins de dix-huit ans, insuffisamment aguerris contre l'atteinte des virus. Il précise toutefois que la lettre ministérielle du 15 avril 1897 permet une dérogation à ce principe d'interdiction, en autorisant le travail des enfants pour le triage des chiffons humides, lessivés et dégraissés, c'est à dire dépouillés de leurs souillures.

Le battage des chiffons épaillés, en revanche donne naissance à des poussières abondantes dont la diffusion, en épais nuage, compromettrait gravement la salubrité de l'atelier. Les effilocheurs ont tenté de réaliser l'enlèvement des poussières en installant des ventilateurs qui saisissent la poussière à son point d'émission et l'entrainent dans un local spécialisé où elle se dépose. Cette élimination n'est pas toujours satisfaisante si la zone d'aspiration est trop réduite. Il a donc exigé de certaines entreprises par voie de mise en demeure que l'aspiration soit complète et s'effectue au-dessus et au-dessous du cylindre batteur. Ces travaux supplémentaires ont été acceptés par les industriels d'autant plus facilement que les déchets de carbonisage sont maintenant vendus comme engrais de très bonne qualité aux viticulteurs du midi et cela constitue une nouvelle source de revenus pour les effilocheurs. Une nouvelle preuve pour Jean Cavaillé que l'amélioration des conditions d'hygiène des salariés procure toujours des profits aux industriels.

Il évoque ensuite la circulaire du 6 aout 1902, invitant les inspecteurs du travail à mettre les effilocheurs en demeure d'évacuer les poussières produites par les machines à déchirer, à effilocher. En réalité, il n'a pas eu, pour sa part, à mettre en œuvre ces recommandations dans la mesure où dans le pays castrais la très grande majorité des effilocheurs pratiquent la qzsqztechnique à l'humide qui ne produit pas de poussières. Le travail des chiffons à l'humide c'est à dire lavés ou tout au moins abondamment mouillés, offre non seulement l'avantage de supprimer les poussières, mais il permet aussi de livrer des matières d'un plus bel aspect, et d'une valeur marchande tout à fait supérieure. A la différence des produits effilochés au sec qui ressemblent plus à de la bourre qu'à de la laine, les produits effilochés au mouillé offrent au contraire plus de souplesse et de tenue et sont plus filamenteux, plus laineux. Ils présentent des brins longs de plusieurs centimètres, qui s'étirent sans se casser et d'après certains fabricants, ils conservent, même après avoir été ouverts et démêlés par les cardes, un pouvoir feutrant très prisé en filature. Il termine sa présentation en considérant que : « la supériorité et le plus haut prix des produits effilochés à l'humide garantissent qu'à défaut d'un souci désintéressé pour l'hygiène ouvrière, les industriels en chiffons ne renonceront pas de sitôt à un procédé doublement apprécié ».

En revanche chez les deux seuls effilochages de chiffons de coton de sa section, le problème de la captation des poussières au fur et à mesure de leur production sur la machine à effilocher n'était pas bien résolu. En effet, les chiffons de coton sont effilochés après un simple lavage et le dégagement des poussières présente un danger intense du fait de leur impureté. Les dimensions des machines spéciales à cette industrie et la nécessité d'éviter qu'un mouvement d'air intempestif n'entraîne aussi la matière effilochée rend la captation des poussières très délicate.

En conclusion de sa note, Jean Cavaillé rappelle l'importance qu'occupent les laines effilochées dans l'économie du textile du sud du Tarn depuis une trentaine d'années. Elles constituent pour la plupart des filatures du Tarn, une matière première presque exclusive. Elles sont seulement mélangées avec du coton, ce qui leur donne plus de ressort, de souplesse, de finesse, ainsi qu'une vertu feutrante qui leur font défaut. Ces matières effilochées sont presque exclusivement consommées sur place et alimentent de nombreux tissages de la région. Elles entrent dans la composition de certaines étoffes d'habillement pour hommes et surtout pour femmes, les unes très communes comme le droguet, la péruvienne et d'autres, d'apparence plus riche comme certains genres de tissus « nouveautés », armatures fantaisie, écossais, ... que les industriels castrais abordent depuis quelques années non sans succès. Le caractère commun de tous ces tissus dans lesquels entre une proportion plus ou moins grande de laine renaissance est l'infériorité du prix de revient, soit entre cinq et six fois moins que la laine-mère. Pour autant l'âge d'or des laines « renaissance » lui paraît terminé car les débris de bonneterie grossière, tricotée par les paysannes pendant les longues veillées d'hiver qui donnaient au lancement de l'effilochage un produit de grande valeur, ont complétement disparu. La généralisation de l'emploi d'étoffes de qualité inférieure génèrent des chiffons qui une fois effilochés donnent à leur tour après épaillage jusqu'à quatre-vingt pour cent de déchet. Il est évident que la rémunération est moindre, à mesure que la quantité de laine extraite diminue. Pour Jean Cavaillé c'est en perfectionnant ces procédés, en adoptant des méthodes de production plus rationnelles et plus scientifiques que cette industrie assurera son avenir.

Pour terminer, il évoque ce que les industriels effilocheurs lui ont appris sur le fait que ce n'est pas sans quelque résistance que ce produit d'une industrie nouvelle parvint à se faire adopter. Une sorte de discrédit s'attachait à son origine : cette laine artificielle, qui pouvait remplacer la laine neuve, était considérée comme le résultat d'une véritable tricherie et son utilisation industrielle était considérée comme une fraude. Cette absurde prévention ne tarda pas heureusement à disparaître.

Il conclut en se livrant à un véritable plaidoyer pour la récupération et le recyclage des déchets : « Le brin de laine effiloché, cardé, filé, tissé, redeviendra chiffon et l'usure seule pourra mettre un terme à cette sorte de perpétuelle renaissance. Combien de fois le crochet du chiffonnier l'a-t-il cueilli parmi les épaves de la rue ? Combien de fois a-t-il recommencé ce cycle de transformations qui, de la hotte du chiffonnier l'a conduit au métier du tisserand ? ».

A l'évidence, il prend beaucoup de plaisir dans cet exercice d'écriture dans lequel ses qualités d'ancien professeur de Lettres trouvent à s'exprimer pleinement.

Son travail est salué par son inspecteur divisionnaire mais aussi par quelques collègues, qui lui envoient un petit mot pour le complimenter. Dans son for intérieur, il sait qu'il recommencera cet exercice à la première occasion.

Chapitre 9

La maladie charbonneuse devient un sujet national

Début 1904, deux nouveaux cas mortels de mal charbon éclatent dans la même entreprise, au délainage des Cousteilles des Frères Durand dans la « Gorge ». Les deux cas surviennent à huit jours d'intervalle et quand Jean Cavaillé est alerté les deux salariés sont déjà décédés. Il procède bien évidemment à une nouvelle enquête, d'où il ressort que l'un était sabreur, âgé de cinquante-huit ans victime d'une pustule maligne à la joue et l'autre marragos âgé de soixante-et-un ans, touché à la nuque. On lui confirme bien que ce dernier était amené à transporter régulièrement des peaux brutes et des ballots de laine sur l'épaule. Les patrons lui indiquent que les deux ouvriers ont consulté le guérisseur Barraillé mais aussi leurs médecins de famille. Dans les deux cas, rien n'a pu être fait en raison de la rapidité avec laquelle leur état de santé s'est dégradé. Il en conclut que ces deux ouvriers âgés et aux dires de leurs collègues usés par des années d'un travail pénible et harassant, ont bien moins résisté que des ouvriers jeunes ou dans la force de l'âge. Par ailleurs il pense qu'il y a une relation entre le siège de la pustule et sa gravité. Il observe que les cas de pustule aux poignets ou aux avant-bras paraissent plus faciles à soigner et à guérir. En revanche quand le foyer gangréneux siège à la tête, l'œdème et les phénomènes consécutifs d'infection générale paraissent plus redoutables. Les patrons l'informent qu'ils délainent habituellement des peaux d'Amérique du Sud achetées en Uruguay mais également depuis début décembre des peaux de Hongrie. Pour Jean, il ne fait guère de doute que ce sont ces dernières qui sont porteuses des spores charbonneuses qui dans le milieu du délainage retrouvent des conditions favorables pour se développer. Il propose aux Frères Durand d'arrêter définitivement le travail de ce lot et de procéder à sa destruction. La discussion est rude car ils ont encore un stock conséquent de balles à délainer et cela représente un important manque à gagner. Pour autant, ils finissent par accepter car ils savent que les salariés vont refuser de travailler ces peaux responsables de la mort de deux de leurs camarades. Par ailleurs, il exige que les locaux soient intégralement nettoyés avec une solution désinfectante et pour les locaux au sec qu'ils soient blanchis à la chaux avant toute poursuite d'activité. Il consigne tout cela dans le registre de l'inspection du travail sous forme d'observations. En effet, s'il avait notifié une mise en demeure telle que la loi le lui permettait, il aurait dû assortir celle-ci d'un délai d'un mois. A plusieurs reprises, il avait fait remonter auprès de l'administration centrale ce paradoxe. Dans les cas urgents comme celui-là et dans bien d'autres encore, le délai d'un mois est beaucoup trop long et il demandait à chaque fois la réduction de ce délai mais également que le décret sur l'hygiène permette d'exiger la désinfection des outils, machines et instruments de travail. Sur le terrain, c'était sa force de conviction et de dissuasion qui lui permettait de régler ce genre de difficultés et heureusement celle-ci était grande.

Le nouveau rapport d'enquête faisant état de deux décès supplémentaires qu'il adresse à l'inspecteur divisionnaire Le Roy, accélère à Paris la préoccupation des services centraux sur la prévention de l'infection charbonneuse. Il est ainsi décidé d'organiser au ministère du Commerce et de l'Industrie une réunion regroupant les inspecteurs départementaux principalement concernés, les inspecteurs divisionnaires de la première et de la neuvième circonscription et quelques médecins ou professeurs de médecine reconnus comme spécialistes de la septicémie charbonneuse.

C'est ainsi que Jean Cavaillé est amené à monter en train à Paris en compagnie de son inspecteur divisionnaire, ce qui l'arrange bien car, en ce qui le concerne, même s'il est déjà venu une fois à Paris, c'est la première fois qu'il se rend à une réunion au ministère.

Pour cette réunion, Arthur Fontaine, le directeur de l'Office du travail qui en est l'organisateur, a invité en sus des deux représentants de la neuvième circonscription, l'inspecteur Boulin, inspecteur départemental du Rhône, auteur d'un travail original très remarqué sur le charbon professionnel, mais aussi l'inspecteur départemental de la Drome et de l'Ardèche qui contrôle les tanneries d'Annonay, celui du Loir-et-Cher qui contrôle les tanneries de Mondoubleau et de Cornemon, et enfin celui du canton de Saint-Denis concerné par les entreprises de travail du crin, activité régulièrement touchée par des cas de charbon professionnel. Le professeur Jean-Pierre Langlois, agrégé de la faculté de Médecine de Paris et médecin-conseil de l'Inspection du travail est également présent, ainsi que le docteur Gallard, secrétaire de la commission d'Hygiène Industrielle.

C'est Arthur Fontaine qui ouvre la séance :

— Mes amis un grand merci pour vous être déplacés jusqu'à Paris. Nous avons souhaité organiser cette réunion pour faire avec vous un point précis sur l'évolution du risque de charbon professionnel dans notre pays. Régulièrement, nous recevons de la part des divisionnaires des rapports d'enquête établis par les inspecteurs de terrain et nous voyons bien que même si les cas d'infection charbonneuse ne sont pas légion, le charbon professionnel reste présent dans notre pays et continue à tuer dans un certain nombre de métiers. Ces deux dernières années nous avons été particulièrement alerté par la situation du délainage à

Mazamet, mais je laisserai le soin aux représentants de ce secteur de nous en parler plus avant.

Vous le savez nous travaillons actuellement, à améliorer le décret portant les mesures générales d'hygiène au sein des établissements industriels et en même temps nous nous posons la question de savoir si la prévention du charbon professionnel ne mériterait pas une réglementation particulière comme celle qu'ont mise en place les Anglais ou plus récemment les Allemands. Mais sans tarder, je donne la parole au professeur Langlois, médecin-conseil auprès de nos services pour qu'il nous fasse, du point de vue médical, une présentation de la maladie charbonneuse.

Le professeur Langlois commente assez rapidement une petite note qu'il a préparée et qu'il remet aux participants.

Il rappelle brièvement que l'on est sorti des errements passés sur la connaissance du charbon, grâce au travaux de Davaine qui le premier a mis en lumière la bactéridie, le Bacillus Anthracis, il y a une quarantaine d'années.

Ces travaux ont été complétés par le savant allemand Robert Koch qui a déterminé le mode et les étapes de l'évolution accomplie par la bactéridie, à savoir le bacille et la spore qui s'enchainent dans un cycle permanent, si certaines conditions sont réunies.

Dans certains milieux, la bactéridie (sous forme de spores) développe des filaments longs (le bacille) à l'intérieur desquels se forment des spores régulièrement espacés et disposées comme des petits pois dans une gousse, qui à leur tour vont germer et se transformer en un bacille identique et aussi virulent que celui du départ.

Pasteur enfin a complété ces travaux en développant ses puissantes méthodes d'expérimentation.

Il précise ensuite l'étiologie du charbon, c'est à dire l'étude des causes de la maladie charbonneuse. La bactéridie se trouve sous forme de bacilles ou de spores dans les débris d'animaux charbonneux, cadavres, peaux, crins, soies, ... L'infection se produit sous la forme du bacille pour les bergers, éleveurs, équarisseurs, bouchers, vétérinaires, qui sont en contact direct avec les animaux malades et sous la forme de spores en sommeil pour les ouvriers de l'industrie, mégissiers, tanneurs, délaineurs, trieurs de laine, criniers, brossiers, ...

Les voies d'accès de la bactéridie dans l'organisme sont de deux sortes :

— L'absorption des aliments ingérés ou les poussières inhalées qui engendre le charbon interne, à localisation intestinale ou pulmonaire, dont les cas sont à la fois rares mais sévères.

— L'effraction superficielle du tégument, l'inoculation par la peau ou les muqueuses qui donne lieu au charbon externe, pustule maligne ou œdème malin, dont les cas sont les plus nombreux mais présentent une morbidité moindre.

Il évoque ensuite les traitements actuels en précisant que s'il y a de nombreuses guérisons spontanées, en revanche un tiers des cas environ sont mortels. Le principal traitement réside pour le charbon externe dans l'incision de la pustule maligne au thermocautère complétée par des injections d'iode.

Il conclut sa présentation en évoquant les mesures de prophylaxie possibles, dans les pays d'origine avec la généralisation de la vaccination anti charbonneuse des animaux et la destruction complète des cadavres charbonneux, et chez nous avec la stérilisation des matières premières et la prévention de l'importation de produits charbonneux.

Au sein des établissements industriels concernés, la prophylaxie doit passer comme cela est prévu en Grande Bretagne ou en Allemagne par des procédés de travail sécurisés durant les premières phases de traitement des matières suspectes ainsi que par le respect de mesures d'hygiène strictes par les salariés (port de vêtements de travail, interdiction de consommer des aliments dans les ateliers, propreté individuelle stricte, vestiaire-lavabos, réfectoires adaptés, ...)

Arthur Fontaine le remercie vivement pour cette présentation rapide qui a permis de poser un cadre clair aux discussions à suivre et il propose à ceux qui le souhaitent de s'exprimer.

Lors du tour de table engagé, le divisionnaire Le Roy prend la parole, pour présenter Jean Cavaillé, rappeler qu'il a dans son département avec Mazamet pour le délainage et Graulhet pour la mégisserie, deux des centres d'activité les plus concernés par l'infection charbonneuse en France. Il lui demande de préciser aux participants ce qu'il observe notamment dans l'activité de délainage de Mazamet où en deux ans il a connu treize cas de charbon professionnel ayant donné lieu à cinq décès. Tous les participants qui avant la réunion, ont pris connaissance des rapports d'enquête de Jean Cavaillé, l'écoutent avec beaucoup d'attention, car à l'évidence c'est lui qui est confronté à l'épidémie la plus sévère et qui connait le mieux cette question sur le terrain. Il commente en détail les trois vagues épidémiques qu'il vient de connaître. Il insiste sur trois points : la nécessité pour lui et sûrement pour l'ensemble des agents de contrôle confrontés au charbon sur le terrain d'approfondir les connaissances théoriques sur la maladie charbonneuse, la mise en place une veille statistique fiable pour le suivi des cas de charbon professionnel et enfin l'adoption d'une réglementation spécifique à la prévention du charbon en sus des dispositions générales qu'il juge insuffisantes. En conclusion de son propos, il pose la question de la qualification à retenir pour le charbon professionnel, accident du travail ou maladie professionnelle et cela bien sûr au regard de l'application de la loi du 9 avril 1898.

Son intervention a fait de l'effet et Arthur Fontaine le remercie vivement pour la qualité de son propos et pour avoir évoqué la question de l'application ou non de la loi de 1898. A la fin la réunion, Arthur fontaine apporte la conclusion suivante :

— Après vous avoir tous écoutés, je mesure combien votre tâche est difficile et compliquée sur le terrain et combien vous devez vous sentir souvent bien seuls. Aussi, je vous propose de mettre en place un petit groupe de concertation auprès duquel mon secrétariat diffusera systématiquement toutes les informations concernant le charbon professionnel. Nous allons tenir le plus grand compte de ce que vous nous avez dit, lors de la préparation du nouveau décret sur l'hygiène et notamment sur les réfectoires et l'interdiction stricte de consommer des aliments au sein des ateliers. Enfin en ce qui concerne la qualification à donner au charbon professionnel, je tiens à vous faire connaître le tout récent arrêt de la Cour de cassation en date du 3 novembre 1903 qui dans une affaire de charbon professionnel affirme que « si la loi de 1898 ne s'applique pas aux maladies professionnelles, il en est autrement des affections pathologiques accidentelles qui, bien que contractées dans l'accomplissement d'un travail industriel, prennent leur origine et leur cause dans un fait déterminé ne rentrant pas dans les conditions d'exercice normal de ce travail » et en cela la Cour de cassation rejoint la position qu'elle avait prise pour des infections micobiennes analogues telles que le durillon forcé, la variole dans les hôpitaux ou la syphilis professionnelle pour les verriers. Je vous invite donc à soutenir cette interprétation qui doit nous aider à rendre les déclarations de maladie charbonneuse obligatoires et à garantir un minimum d'indemnisation aux victimes et à leurs familles.

A la sortie de la réunion, le professeur Langlois s'approche de Jean et échange ses coordonnées avec lui, tant il accorde de l'intérêt pour le travail qu'il effectue sur le terrain. A cette occasion, ils nouent des liens personnels qui vont se renforcer fortement et durablement au cours des années à venir.

Compte tenu de l'heure tardive à laquelle s'est terminée la réunion, nos deux sudistes restent manger et dormir à Paris. Le lendemain matin avant d'aller prendre le train en gare d'Austerlitz, ils ont le temps de traverser le pont Neuf sur lequel trône la statue du roi béarnais Henri, de faire un petit tour de l'île de la Cité, de passer devant Notre-Dame de Paris et d'apercevoir de loin la Tour Eiffel.

Il se remémore alors sa première venue à Paris pour passer l'oral du concours d'inspecteur du travail en 1900. Ils n'étaient que cinq candidats à passer les épreuves écrites à Toulouse et visiblement il a été le seul admissible à l'oral. Il devait beaucoup à la première épreuve concernant une composition sur une question se rattachant aux lois sur le travail et le sujet à traiter, l'âge d'admission des enfants au travail, lui avait bien convenu. Cette épreuve servait par ailleurs à juger l'aptitude à l'utilisation correcte de la langue française et était dotée d'un coefficient deux pour cette appréciation. Nul doute dans son esprit que c'est dans cette épreuve-là qu'il avait fait le plein de notes car les deux autres matières écrites, celle relative à l'hygiène et à la chimie industrielles ou à la sécurité dans les établissements et celle sur une question de mécanique générale ou d'installation des ateliers lui avaient paru bien difficiles. Il était donc monté pour la première fois de sa vie à Paris au mois d'aout 1900 passer l'oral du concours et il avait séjourné quatre jours dans la capitale, hébergé par un ami connu à la faculté de Lettres de Toulouse. Il a été questionné sur les mêmes matières à l'oral par un jury unique qui en sus des notes aux trois épreuves devaient attribuer une note sur vingt, coefficient quatre, à tout candidat pour juger de ses antécédents, de sa valeur morale, et des garanties de tact et d'autorité pour exercer les fonctions d'inspecteur du travail. Cette notation supplémentaire caractérisait tout à fait l'esprit de la fonction mis en avant par l'administration centrale qui souhaitait recruter des agents en mesure d'inspirer le respect aux industriels contrôlés, avec suffisamment de tact et de doigté pour éviter les conflits et trouver une solution pacifique à toute violation de la loi. Il avait été à l'aise lors des deux premières épreuves mais en grande difficulté dans la dernière épreuve. Pour autant, il avait franchi la barre des soixante-cinq points sur cent possibles, minimum nécessaire pour être déclaré admissible au concours et avait été classé septième sur dix.

Il avait mis à profit son premier déplacement dans la capitale pour aller visiter avec son ami la tour Eiffel. Ils avaient gravi avec entrain les marches de l'escalier jusqu'au troisième étage et découvert depuis là-haut une vue imprenable sur toute la ville. Redescendus, ils avaient poussé jusqu'au Trocadéro pour apprécier la formidable perspective offerte par la tour Eiffel, le Champs-de-Mars et de l'Ecole militaire.

Dans le train qui les ramène vers Toulouse, le divisionnaire lui confie qu' Arthur Fontaine a apprécié sa contribution à la réunion et qu'il a souhaité qu'il présente comme il vient de le faire pour l'effilochage, l'activité du délainage dans un travail original. Il l'encourage donc à préparer une telle note.

Rentré chez lui à Castres, Jean Cavaillé se sent vraiment conforté dans le combat qu'il a décidé d'engager contre le mal charbon. Dans les semaines qui suivent, il entreprend une correspondance régulière avec le professeur Langlois, qui comme promis lors de leur rencontre parisienne, lui a adressé un fond documentaire dont il a commencé à prendre connaissance.

Pour autant la vie continue avec l'ensemble des dossiers à traiter et le programme des visites à tenir. Comme par enchantement, l'année 1904 se passe sans qu'aucun nouveau cas de charbon ne se déclare.

Cela va lui permettre de compléter ses visites dans la plupart des usines de délainage et prendre contact avec tous les gens qui comptent vraiment dans la profession, dont Isidore et Louis Barthès, les secrétaires des syndicats ouvriers qui se sont créés en 1903 et 1904.

En fait, le premier personnage qu'il va rencontrer un peu par hasard, c'est Gaston Cormouls-Houlès. Un jour de mai 1904, il programme la visite du délainage du Moulin Haut. Cette usine qui est l'une des plus importantes de la région appartient à la société Gaston Cormouls-Houlès père et fils. Jean Cavaillé est impressionné par la taille des bâtiments qui étaient, « de temps immémoriaux », un simple moulin à blé auquel on avait adjoint filature et apprêts, avant d'être transformée en délainage il y a une vingtaine d'année. La rivière, l'Arn à la sortie de ses gorges profondes situées en amont, présente un courant particulièrement puissant. Au quotidien, c'est Ferdinand le fils de Gaston qui dirige la société car ce dernier qui a conduit pendant trente années la destinée de la maison avec succès, a dû se résoudre en raison d'une infirmité et d'un état général de santé défaillant, à passer les commandes à son fils et à prendre prématurément du recul, à la fin des années quatre-vingt. Il passe maintenant l'essentiel de son temps dans sa propriété agricole et forestière du côté d'Anglés, mais il aime bien de temps à autre revenir à l'usine voir comment les choses se passent et revoir au passage quelques anciens collaborateurs. Il est venu avec son automobile l'une des toutes premières que l'on ai vue à Mazamet, conduite par son chauffeur attitré C'est ainsi qu'après avoir fait le tour du délainage, Ferdinand Cormouls-Houlès présente à Jean Cavaillé, son père Gaston. Il fait effectivement plus vieux que son âge mais dès que la conversation s'engage, l'inspecteur se rend vite compte qu'il n'a rien perdu de ses qualités mentales et de sa vision prospective des affaires. Lors de cet échange, « Monsieur Gaston » comme tout le monde l'appelle ici, lui rappelle la saga industrielle de sa famille et le rôle essentiel tenu par son grand-père Pierre-Elie Houlès à la tête d'une manufacture de draps avec filatures, tissages et apprêts, la plus importante de la place. Il lui précise dans quelles conditions, il a dû arrêter cette activité textile il y a une quinzaine d'années pour basculer dans le délainage. Jean retrouve dans ses propos la touche « paternaliste » d'un homme qui pouvait être un patron d'une grande fermeté tout en portant un regard bienveillant sur le sort de ses salariés et entretenir un rapport quasi-affectif avec chacun, qui pour beaucoup d'entre eux avaient une véritable admiration pour lui. Il évoque son voyage en Argentine en décembre 1887, qui l'a vraiment convaincu de reconvertir entièrement ses activités vers le délainage et jusqu'à ce jour malgré quelques périodes parfois difficiles, il n'a pas eu à s'en plaindre. Il questionne Jean Cavaillé sur l'organisation nouvelle de l'inspection du travail et partage avec lui l'idée que les anciens inspecteurs n'avaient pas suffisamment de pouvoirs. En revanche, il lui fait part de sa grande inquiétude sur ces idées révolutionnaires ou anarchistes qui semblent gagner les responsables des nouveaux syndicats ouvriers. Pour lui chacun doit rester à sa place et si les syndicats veulent se mêler de la gestion des affaires cela ne produira rien de bon. Pour autant, il n'est pas opposé à l'idée d'un dialogue constructif car chacun doit pouvoir nourrir sa famille et c'est dans cette voie qu'il a toujours conseillé son fils au sein de leur société. Pour finir, il lui dit de toujours considérer qu'à Mazamet on a un sens particulier des affaires et du négoce et qu'en cela on n'a rien à envier à personne. Pour lui « Crescam et Lucebo, je croitrai et je brillerai », restera toujours une belle devise pour sa ville.

Jean le remercie vivement pour cet échange imprévu et l'assure qu'il a beaucoup appris à son contact et que cela lui sera fort utile. En quittant l'entreprise pour aller déjeuner, il se dit que finalement il a eu de la chance de faire cette rencontre avec un personnage qui a profondément marqué les cinquante dernières années de ce territoire. Il se souvient en effet que même si celui-ci n'en a pas fait état, Gaston Cormouls-Houlès a été président de la chambre des Arts et Manufactures de Mazamet qui préfigurait l'actuelle chambre de Commerce, ainsi qu'il y a quelques années président du comité tarnais de soutien à Louis Dreyfus et Jean est particulièrement sensible à l'engagement républicain de cet homme qui décèdera deux ans plus tard.

L'après -midi, il profite de sa présence au Pont-de-l'Arn pour aller visiter le délainage de Montlédier, situé au pied du château que Jules Cormouls-Houlès, le frère de Gaston a fait construire en 1900, il y a quatre ans à peine. Là, il peut apprécier une organisation cohérente des ateliers avec le hangar à balles, le bâtiment principal de sabrage et de pelage, les étuves et le bâtiment de la turbine et de la chaudière surmonté d'une grande cheminée. Il retient principalement de cette visite la qualité des vestiaires et du réfectoire certes récents mais surtout bien conçus, qui tranchent radicalement avec ce qu'il observe habituellement dans la plupart des délainages, où ces installations sont soit absentes soit tenues dans un état d'hygiène affligeant.

A la même période, il prend l'initiative d'aller rencontrer les secrétaires des nouveaux syndicats ouvriers mazamétains. Il leur donne successivement rendez-vous dans une salle de la mairie de Mazamet que celle-ci a mis à sa disposition. Le premier qu'il reçoit est Isidore Barthès accompagné de deux autres membres responsables de la Fédération de syndicats. Celui-ci le remercie de cette prise de contact et lui demande l'objet de cet entretien. L'inspecteur lui répond :

— J'ai souhaité vous rencontrer d'abord pour faire connaissance et ensuite pour connaître vos attentes vis à vis de l'administration que je représente dans le département. Par ailleurs, j'ai une proposition à vous faire en ce qui concerne la commission départementale de l'arrondissement de Castres. Nous souhaitons avec Monsieur le Préfet, que les deux nouveaux syndicats ouvriers mazamétains y soient représentés et il souhaite faire une proposition dans ce sens lors du prochain renouvellement de la commission.

Isidore Barthès remercie l'inspecteur pour cette proposition et en retour lui fait part de ce que représente la Fédération, des secteurs qu'elle couvre, le nombre d'adhérents, la place du syndicat des ouvriers délaineurs, les résultats qu'elle a obtenus lors de la dernière grève de fin 1903.

— Ce qui compte avant tout pour nous ce sont les salaires. Les patrons ne peuvent pas être les seuls à gagner de l'argent. Sans notre travail, ils ne sont rien, alors nous aussi, nous voulons pouvoir faire vivre nos familles correctement, faire manger nos enfants et leur préparer un avenir meilleur.

Ils échangent aussi sur les nouvelles lois du travail qui pour le représentant du syndicat doivent être améliorées et plus contraignantes pour les patrons. La durée du travail doit baisser pour tous et les conditions d'hygiène et de sécurité doivent être renforcées. Enfin, ils évoquent le mal charbon et Jean Cavaillé lui fait part des actions qu'il a entreprises sur ce dossier. Isidore Barthès le remercie car pour lui, il est le premier inspecteur du travail à s'intéresser vraiment à ce mal qui menace gravement la santé et la vie des travailleurs du délainage et il l'assure qu'il trouvera toujours la Fédération à ses côtés pour faire avancer la prévention. Il partage avec lui l'idée que si les patrons doivent assurer aux ouvriers que les peaux à travailler ne sont pas dangereuses, les salariés doivent de leur côté se protéger et adopter des comportements nouveaux sur le plan de l'hygiène. Mais Isidore Barthès insiste sur le fait que beaucoup de salariés n'ont pas d'instruction, vivent chez eux dans des conditions très précaires et sont ainsi très peu réceptifs à des recommandations hygiéniques, et ce d'autant plus que le délainage est une activité salissante qui ne permet pas comme d'autres activités d'avoir des locaux propres et reluisants.

Ils échangent enfin sur la loi relatives aux accidents du travail et Isidore Barthès découvre avec intérêt que le mal charbon pourrait rentrer dans ce cadre. Il évoque enfin le fait que les ouvriers ne font pas confiance à certains médecins qui proposent des traitements très douloureux et souvent mutilants. La plupart d'entre eux préfèrent recourir au service de Monsieur Barraillé, un guérisseur local, en qui ils ont confiance et qui obtient de bons résultats. Jean Cavaillé comprend cette situation même s'il regrette que les ouvriers ne fassent pas confiance à la science et aux progrès de la médecine. Pour lui, il en va de l'infection charbonneuse comme de toutes les maladies, elle doit être prise en charge par la médecine officielle qui seule peut garantir le sérieux et l'efficacité d'un traitement. A la fin de leur entretien, ils échangent leurs coordonnées et conviennent de rester en contact chaque fois que nécessaire.

L'entretien avec Louis Barthès de l'Union des syndicats est de la même veine. Celui-ci apprécie que pour la première fois un inspecteur du travail prenne contact avec eux. Il regrette le comportement des représentants de la Fédération qui lors des dernières élections municipales n'ont pas compris que le politique et le syndical étaient intimement liés. Pour beaucoup de syndiqués, il n'était plus possible de rester dans un syndicat qui même s'il ne le dit pas officiellement soutient politiquement le parti réactionnaire et clérical. Pour sa part, il regrette cette scission qui peut faire le jeu du patronat mais elle était inévitable. Il prête peu de cas à la proposition de rejoindre la commission départementale de Castres car pour lui le prolétariat n'a rien à attendre des discussions de ce type d'instances. Seul le rapport de forces, la lutte syndicale et la grève peuvent amener le patronat à lâcher et consentir un certain nombre d'avantages et de droits nouveaux pour les travailleurs. Sans surprise ce sont bien évidemment les salaires qui constituent la revendication principale des représentants de l'Union et cela dans tous les secteurs. Pour le reste son point de vue est très proche de celui de son collègue de la Fédération.

Jean n'est ni surpris, ni déçu de la teneur de ces deux entretiens. L'important pour lui c'est d'avoir commencé à tisser des liens avec ces représentants syndicaux car à ses yeux rien ne remplace le contact direct et l'échange. C'est de ce type de relations que peut naître une certaine confiance qui dans certaines situations délicates va se révéler extrêmement utile pour l'exercice de sa mission.

Chapitre 10

Deuxième travail « original », sur le délainage des peaux de moutons

C'est à l'automne 1904, qu'il se décide à rédiger son second travail original en vue d'une publication nationale. Il l'intitule « le délainage des peaux de moutons à Mazamet (Tarn) » et sera publié au Bulletin de l'Inspection du travail de mars-avril 1905. Dans cet article, il consigne toutes les informations qu'il a pu engranger en quatre années de présence dans la région mazamétaine et lors des nombreux contacts qu'il a eus avec tous les acteurs de cette profession, les industriels bien sûr mais aussi les contremaitres, les ouvriers et notamment les victimes d'accidents ou du mal charbon, les syndicalistes, les médecins, les élus locaux, ...

Dans sa note au-delà des rappels historiques sur le démarrage du délainage mazamétain et de la description proprement dite de l'activité, il revient en détail sur un certain nombre d'aspects touchant à l'application de la réglementation du travail. Voici résumées les principales informations qu'il y donne :

« L'industrie de la laine à Mazamet importe en 1903 près de cinquante mille tonnes de peaux de moutons dont quarante mille en provenance d'Amérique du sud, soit un volume cinq fois supérieur à ce qu'il était en 1880, qui sont délainées et revendues sous forme de laine et de cuirots. En 1903, cette activité concerne cent huit établissements occupant près de trois mille deux cents personnes dont quarante-huit délainages proprement dits qui emploient deux mille cent trente salariés et quarante-cinq magasins de laine qui en occupent six cent quatre-vingt. Elle génère un chiffre d'affaires de l'ordre de cent millions de francs et avec les achats le mouvement d'affaires sur la place est estimé à près du double. Pour une activité qui naissait à peine il y a cinquante ans, cela témoigne d'une forte vitalité et d'une prospérité en quelque sorte spontanée, même si celle-ci n'est point sans péril par la difficulté d'en maintenir le rythme et l'éclat et par les convoitises qu'elle suscite.

Les salaires actuels ont été fixés, en décembre 1903, à la suite de la grève, par un contrat collectif entre le syndicat des négociants en laines et cuirs et les organisations ouvrières. Ainsi par journée de travail, un sabreur gagne 5,25 francs, un peleur 2,5 francs, un marragos homme 3 francs, un marragos femme 1,75 francs, un étendeur 1,5 francs. Les personnels des magasins de laine gagnent 3 francs pour les hommes et 1,5 francs pour les femmes. Les salaires des sabreurs et des peleurs ne représentent qu'une moyenne, évaluée pour une production quotidienne, car en fait ils sont payés à la tâche en fonction du nombre de peaux travaillées dans la journée ; les autres ouvriers sont payés à la journée. Dans le même temps, un ajusteur dans la mécanique gagne 4 francs, un fileur dans le textile gagne 3 francs, alors qu'ils sont astreints à un apprentissage plus long et plus sérieux qu'un sabreur, de qui aucune aptitude spéciale n'est exigée.

Le tarif très élevé des salaires des sabreurs s'explique par le fait que le travail de sabrage est rien moins qu'agréable, encore que des améliorations aient été réalisées. Le sabrage primitif, à la baguette, était extrêmement pénible, les ouvriers qui battaient les peaux, vivaient dans l'humidité et respiraient un air infecté de vapeurs putrides. L'eau, qui humectait les peaux, chargée de fumier, giclait en tous sens, souillant leurs vêtements et leur figure. Il fallait payer cher un travail pour lequel beaucoup répugnaient et même quand les procédés de sabrage eurent été transformés et assainis par l'adoption d'un outillage mécanique, les hauts prix du début se sont maintenus et même, à la faveur de la prospérité du délainage, sensiblement relevés.

La durée de la journée de travail dans le délainage est en principe de dix heures. Dans la réalité, les ouvriers aux pièces ne font guère que huit ou sept heures de travail car ce sont eux qui décident de leur rythme de travail, et plus vite ils terminent leur journée au pelage et plus ils ont de temps pour s'occuper de leurs jardins ou de leurs champs, car beaucoup vivent à la campagne et dans les villages autour de Mazamet. Ce système permet aux industriels de faire face certains jours à un surcroit de travail lorsqu'une poussée de fermentation se produit, qui oblige à peler sans retard des peaux qui sans cela s'altèreraient irrémédiablement. Au moment où la loi du 2 novembre 1892 dut être appliquée, le service de l'inspection du travail se heurta dans les délainages au régime le plus anarchique et le plus désordonné qui se puisse imaginer. Sous le prétexte que, parfois la marche du travail était subordonnée aux caprices atmosphériques, nul effort en vue de régulariser la production n'avait été tenté ; tout était laissé à la merci des circonstances, du hasard. Les journées étaient de douze, quatorze, seize heures et parfois même jusqu'à vingt heures ; les femmes et les enfants travaillaient la nuit. Avec une patience à la fois modérée et énergique, sans rien brusquer, car il fallait tenir compte des nécessités imposées à cette industrie par la nature et d'ailleurs prises en compte dans la réglementation du travail et en particulier le décret du 15 juillet 1893, inscrivant le délainage dans les industries admises à bénéficier de dérogations, le service s'est appliqué à faire triompher les volontés du législateur. On a trouvé aussi chez la plupart des délaineurs le désir sincère de se conformer aux prescriptions légales, si bien que maintenant la production est organisée et régularisée avec plus de prévoyance pour le plus grand bien des travailleurs et sans dommage pour les industriels. La réglementation a donc été efficace et bienfaisante ».

Il revient également dans cette note sur les aspects d'hygiène et de sécurité :

« De 1901 à 1904, le nombre global d'accidents de travail a chuté de quatre-vingt-quatorze à quarante, principalement les accidents sur machines qui sur l'année sont passés de treize à deux, les chutes d'ouvriers de vingt à douze, les manutentions diverses de quatorze à quatre et les causes diverses de vingt-huit à onze. Il note que la baisse n'est point fortuite mais progressive et systématique. Cela n'est nullement dû au recul de l'activité mais tient à la fois aux progrès de la réglementation préventive, qu'il ne faut ni méconnaître ni exagérer, mais aussi aux améliorations apportées dans l'outillage, dans l'aménagement des usines et dans l'organisation du travail. Ainsi les anciennes sabreuses ont été remplacées par des sabreuses Blaquière ou par des sabreuses anglaises, dont les rouleaux d'alimentation éloignent et masquent les points dangereux. Depuis 1902, le poids des balles provenant de Buenos Aires a été réduit de cinquante kilos et leur manutention est rendue plus aisée et moins dangereuse. Enfin, on rencontre maintenant des usines nouvelles conçues spécifiquement pour le délainage et par ailleurs les anciennes filatures ou les anciens tissages précédemment reconvertis se sont progressivement transformés. Le système de transport des matières, à l'intérieur des usines s'est grandement amélioré. Des monte-charges desservent les différents étages, les peaux, les cuirots sont véhiculés dans des wagonnets parfois sur rails. Dans les établissements les plus modernes, la laine est transportée mécaniquement de la salle de pelage vers le lavage soit au moyen de dragues à godets, soit à l'aide de souffleurs dans des conduits cylindriques au sein desquels circulent un puissant courant d'air provenant d'un ventilateur. Bref, le travail se fait plus rapidement et plus sûrement. Les allées et venues du personnel sont réduites au strict minimum et cela évite une foule d'accidents, de chutes notamment. L'effort incessant qui tend à perfectionner les conditions techniques du travail a réalisé un degré de sécurité que la statistique souligne avec évidence ».

De même sur les conditions d'hygiène, il revient sur trois problèmes auxquels le service a été confronté dans cette industrie, le travail au chevalet, les dangers d'intoxication par l'arsenic, le mal des peleurs et bien évidemment l'infection charbonneuse :

« Les peaux de moutons sont pelées au chevalet. Le chevalet est une sorte de banc de forme arrondi, posé au sol à l'une de ses extrémités et supporté à l'autre par un croisillon en X, dont le déplacement permet de régler la hauteur du chevalet au gré de la taille de l'ouvrier ; le peleur doit s'allonger sur le chevalet pour enlever la laine avec un couteau, qui épouse la forme arrondie du banc. Lors de ce mouvement, la peau glisserait sous l'effort si elle n'était maintenue par le peleur qui la presse avec le bas-ventre contre le rebord supérieur du chevalet. Lors d'une ancienne visite de l'inspecteur divisionnaire Le Roy dans un délainage, effectuée en compagnie de Foissac, inspecteur à Castres, leur attention avait été attiré par deux jeunes femmes peleuses dans un état de grossesse suffisamment avancé pour qu'il soit visible. A partir de là, on s'est demandé s'il n'y avait point là une attitude vicieuse susceptible de produire de graves désordres chez les ouvrières enceintes, soit au cours de leur grossesse, soit au moment de l'accouchement ». C'est l'inspecteur divisionnaire lui-même, qui a entrepris les consultations et les recherches nécessaires et qui a transmis comme il s'y était engagé, un dossier très complet à Jean Cavaillé, afin que celui-ci puisse en faire état dans l'article en préparation :

« L'opinion des industriels, des médecins et des hygiénistes consultés est qu'en dépit des apparences, il n'y a là rien de dangereux, ni même de vraiment pénible. Des peleuses nous ont même assuré qu'elles pouvaient travailler jusqu'à la veille de leurs couches et ajouté que le mouvement du corps pendant le pelage était plutôt un adjuvant pour la délivrance. C'est peut-être poussé un peu loin l'optimisme, ou le préjugé. D'ailleurs les ouvrières enceintes doivent au dernier temps de leur grossesse, renoncer au travail du chevalet, ne serait-ce que parce qu'il est trop gênant.

Quoi qu'il en soit, nous avons fait cette double constatation, qui a sa valeur, à savoir que l'on n'a jamais vu une peleuse mourir des suites de couches, et que le travail au chevalet n'influe nullement sur la proportion des enfants mort-nés. L'examen des registres de l'état-civil de Mazamet ne laisse à cet égard aucun doute.

D'autre part, les résultats de la conscription, dans le canton de Mazamet, suggèrent d'intéressantes conclusions. C'est surtout vers 1870 que l'industrie du délainage s'est étendue et s'est substituée à l'industrie drapière. Les garçons nés à dater de cette époque ont pris part aux tirages au sort des années 1890 et suivantes ; l'effort professionnel demandé aux mères ne va-t-il point accroître le nombre d'enfants impropres au service militaire ? Point du tout. La moyenne des réformés était de 15,79 pour cent pour les tirages de la période 1875 à 1881, de 14,68 pour cent pour les tirages de 1882 à 1889. La proportion baisse à 9,69 pour cent de 1889 à 1895 et à 6,33 pour cent de 1896 à 1903. Ces chiffres semblent prouver que le pelage au chevalet est moins nuisible à la santé des femmes que ne l'était le tissage aux anciens métiers Jacquard auquel elles se livraient précédemment d'une façon exclusive. L'idée de remplacer le chevalet incliné par la table à plat comme dans certaines mégisseries n'a pas été retenue. La laine dans ce cas est détachée par un mouvement horizontal des bras sans pression pour retenir la peau. Mais cette technique n'a pas été retenue car elle exige une fermentation trop accentuée de la peau qui produit une dépréciation importante des cuirots. Pour ces diverses raisons le comité consultatif des Arts et Manufactures, estimant d'une part, »que les peaux de choix ne peuvent être travaillées qu'au chevalet, tout autre mode de préparation diminuant leur valeur dans des proportions notables » et d'autre part, « que ce genre de travail n'a aucune influence sur la santé ni sur la conformation des enfants des ouvrières » a exprimé l'avis qu'il n'y avait point lieu d'interdire, contrairement à la proposition qui lui était faite, l'emploi des filles et des femmes au travail du délainage des peaux de mouton à l'aide du chevalet, tel que cela est mentionné dans la lettre ministérielle du 2 septembre 1897 ».

En ce qui concerne les dangers d'intoxication par l'arsenic, il précise ceci :

« Une circulaire du 28 novembre 1893 appelait l'attention des inspecteurs du travail sur les dangers que peuvent présenter, pour la santé des ouvriers, les travaux effectués sur les peaux de moutons de provenance exotique, conservées au moyen d'une solution d'acide arsénieux dans le carbonate de soude plus ou moins étendue d'eau. Les procédés usités pour la conservation des peaux de mouton traitées à Mazamet sont très variables. Dans certaines régions de l'Amérique du Sud, les peaux sont simplement séchées au soleil ; en Afrique australe, au Maroc, elles sont salées. A Buenos Aires et Montevideo, elles sont « empoisonnées » : leur face interne est badigeonnée avec une bouillie, à la base de laquelle se trouvent soit du nitrate de soude, soit du bicarbonate de soude, soit de la potasse et presque toujours de l'anhydride arsénieux. Mais la quantité d'arsenic est infime. L'arsenic n'est pas un agent de conservation, mais plutôt un véritable insecticide qui empêche le développement de divers insectes, tels que les mites par exemple, hébergés dans la peau et qui pourraient la détériorer, ce qui arrive parfois. L'arsenic pourrait donc produire des effets toxiques soit par l'intermédiaire des poussières dégagées soit en communiquant à l'eau des bassins de trempage des propriétés irritantes ou caustiques. Or, même à l'état sec, au moment de l'ouverture des balles la manipulation de peaux ne donne point de poussières. Quant au danger des eaux des bassins de trempage il n'existe pas dans la pratique. En effet l'eau se renouvelle sans cesse pendant le trempage et le courant continu entraîne hors de l'usine les principes caustiques. De plus, trois ou quatre heures avant l'enlèvement des peaux, l'arrivée de l'eau est interrompue, les bassins sont vidés et les peaux déposées sur le plancher à claire-voie qui forme le fond des bassins ont ainsi le temps de s'égoutter. Ainsi soit en raison des procédés de manutention adoptés, soit en raison de la dose infinitésimale d'arsenic employé, jamais aucun accident d'intoxication imputable à l'arsenic n'a été relevé dans les délainages de Mazamet. Le conseil d'Hygiène de l'arrondissement de Castres, après une enquête minutieuse a constaté que le travail des peaux conservées à l'aide de produits arsénieux a toujours été exempts de dangers. De même, généralisant les observations faites en divers points de France, le comité consultatif d'Hygiène publique dans sa séance du 12 novembre 1894, est arrivé à la même conclusion et a repoussé l'idée non seulement de prohiber l'importation de ces peaux, mais même d'en réglementer l'emploi industriel ».

On peut imaginer sans peine combien ces décisions ont été attendues avec une certaine appréhension par les industriels mazamétains, compte tenu du poids économique que représentaient pour eux les peaux importées depuis l'Argentine et l'Uruguay qui étaient traitées à l'anhydride arsénieux et le soulagement avec lequel ils les accueillirent.

Dans son article, il aborde également « le mal des peleurs » :

« C'est une maladie professionnelle spécifique au délainage qui consiste dans une lésion particulière qui siège à l'extrémité des doigts, sur la face interne principalement et quelquefois aussi dans la région péri unguéale. La peau s'amincit progressivement et des petits trous se forment par lesquels apparaissent des gouttelettes de sang. Il en résulte des souffrances intolérables ; la peau des doigts, durcie, raidie est d'une sensibilité extrême. Il précise qu'il a vu des ouvriers que les souffrances rendaient incapables de saisir n'importe quoi, de s'habiller ou même de prendre un peu de pain pour le porter à la bouche. Le caractère professionnel de cette maladie est parfaitement établi par le fait que le travail de pelage cessant, la cicatrisation est rapide ; la guérison est l'affaire de trois ou quatre jours. Ce « mal des peleurs » ne doit pas être confondu avec « le pigeon ou le rossignol » des mégissiers, en dépit de certaines ressemblances. L'origine n'est pas la même ; chez les mégissiers, c'est l'action corrosive de l'orpin et de la chaux qui produit les ulcérations des doigts. On pourrait être tenté d'attribuer ce mal à l'arsenic mais il n'en est rien car le pelage des peaux salées le provoque également. Cette maladie est spécifique aux peleurs, les sabreurs qui ont les mains en contact direct et permanent avec les peaux mouillées ne l'attrapent pas. C'est seulement pendant le pelage qu'elle apparaît, c'est à dire lorsque les peaux sortent des étuves, après avoir subi un commencement de fermentation. Ce sont les produits de la fermentation, au premier rang desquels l'ammoniaque, avec son odeur caractéristique, qui imprégnant les peaux, leur donnent cette action irritante. C'est donc l'échauffe des peaux qui donne naissance à cette dermite spéciale que les ouvriers appellent parfois « l'échauffe des doigts », expression significative qui rattache, grâce à l'identité du terme, le mal à sa cause. C'est en été presque exclusivement que le mal des peleurs fait ses victimes. A cette période, la température active la fermentation et les dégagements putrides sont beaucoup plus abondants. Tous les ouvriers ne sont pas atteints ; certains jouissent d'une immunité spontanée, d'ailleurs assez rare. Cette affection est l'objet d'une double traitement préventif et curatif. La prévention est quasi assurée par une sorte de tannage préalable des doigts ; les peleurs trempent leurs doigts dans une décoction de sumac ou de feuilles de noyer ; d'autres recourent à des infusions de foin arrosé d'huile. L'efficacité de ce traitement est temporaire et il doit être souvent renouvelé. La guérison s'obtient aisément par les corps gras. Par ailleurs beaucoup d'ouvriers portent des gants et s'en trouvent fort bien. »

Enfin il termine son exposé par l'infection charbonneuse, qu'il considère comme le danger principal qui menace de façon permanente et grave les ouvriers du délainage. En fait, il fait là une synthèse de tout ce qu'il a observé depuis trois ans et dresse un tableau précis des treize cas sur lesquels il a enquêté. Il commence à esquisser un certain nombre d'enseignements sur les caractéristiques de la maladie charbonneuse qu'il sera amené à préciser ultérieurement, quand il aura complétement approfondi sa connaissance de la maladie. Ainsi il observe que si l'infection charbonneuse fait le plus souvent des victimes isolées, elle présente parfois une allure épidémique et parfois plusieurs cas apparaissent successivement dans la même entreprise. Il trouve d'ailleurs surprenant que des épidémies ne soient pas plus fréquentes et plus étendues. Il suffit en effet qu'une colonie de spores soit mise à jour accidentellement et que des circonstances de température en favorisent la germination, pour que toute une usine soit souillée. Comme les germes sont nombreux et résistants, tout le personnel se trouve, pendant longtemps, sous le coup de leur menace, et lorsqu'un ouvrier est atteint, dix, vingt, trente ouvriers qui se trouvent dans le même milieu vicié pourraient l'être aussi. Il établit par ailleurs une corrélation entre le siège de la pustule et sa gravité. En effet sur le huit cas où la pustule apparaît à la tête, cinq ont été mortels. Il émet donc l'hypothèse que les phénomènes consécutifs d'infection générale sont plus redoutables lorsque le foyer gangréneux siège à la tête.

Enfin, il tire les premiers enseignements sur le processus d'inoculation à partir de ses propres observations et des témoignages des gens qu'il a rencontrés mais aussi des lectures qu'il a faites sur le sujet : « Il est légitime de considérer toute plaie non cicatrisée comme un foyer d'élection pour la pustule ; l'excoriation du tégument facilite l'inoculation. Cependant les choses ne se passent pas toujours ainsi. Les gerçures dont les ouvriers ont en hiver les mains pleines, la lésion spécifique dite « mal du peleur » n'ont jamais, à notre connaissance, servi de point de départ à l'infection. De même, les ouvriers se blessent souvent, soit avec les outils de travail (ciseaux ou couteaux de pelage), soit en suspendant les peaux aux crochets acérés des étuves et des étendages ; contrairement à ce que l'on pourrait supposer, ces blessures n'engendrent jamais d'accident charbonneux. Cela s'explique par le fait que le courant hémorragique, consécutif à la blessure, a entraîné et expulsé le virus. Il n'est donc pas nécessaire qu'une voie large et profonde s'ouvre à l'agent de contagion, la moindre érosion superficielle suffit. La laine de certaine partie du corps du mouton, surtout les pattes, au lieu d'être fine et ondulée, est dure et raide comme du crin : les fragments souillés de ces poils jarreux, acérés et piquants, en pénétrant dans l'épiderme, peuvent produire l'inoculation. Les épines très fines, les crochets de chardons, les gratterons, les lampourdes dont les toisons sont parfois infectées, jouent le même rôle. Dans ces divers cas, l'effraction cutanée et l'imprégnation sont simultanées, contemporaines. Mais il faut admettre que le plus souvent l'érosion est préalable, antérieure à l'arrivée du germe. Les ouvriers atteints n'ont pas la sensation d'une piqure ou d'une égratignure quelconque ; le bouton paraît éclore spontanément dans une partie saine. Souvent, c'est après avoir été éclaboussé d'un jet d'eau sale sortant de la sabreuse, que l'ouvrier ressent une petite démangeaison : c'est le signe précurseur de la pustule. Il est de toute évidence que le liquide, quel que soit son degré de virulence, eût été, par lui-même parfaitement inoffensif, si le germe qu'il portait n'avait trouvé une voie d'accès vers l'organisme. Qu'une fois, par hasard, dans les matières projetées par la sabreuse, un corps pénétrant, une épine, par exemple, se soit rencontré, qui ait produit l'inoculation immédiate, cela est possible, mais cela est aussi très rare. Si la bactéridie paraît selon certains auteurs avoir le pouvoir de provoquer des lésions des muqueuses pulmonaires ou digestives, l'épiderme, en revanche, offre à l'élément envahisseur une résistance invincible. Il faut donc supposer l'existence préalable de lésions superficielles, très légères, si l'on veut de simples éraflures de la peau, invisibles et insoupçonnées, mais suffisantes ».

En ce qui concerne les mesures de prophylaxie, il considère que les modes d'inoculation étant capricieux, incertains et complexes, il y a une vraie difficulté à édicter des prescriptions à la fois pratiques et efficaces. Les dispositions réglementaires risquent d'être en même temps draconiennes dans leur minutie et vaines dans leurs résultats préventifs. Seule la destruction systématique de toutes les dépouilles des animaux malades rigoureusement appliquée dans tous les pays d'élevage serait un moyen radical de soustraire les ouvriers de la septicémie charbonneuse. Cela n'étant pas le cas, l'entrée dans les usines de peaux souillées ne peut être empêchée. Il faut donc se préoccuper d'assainir leur manipulation.

La désinfection des peaux serait techniquement une solution efficace, mais elle grèverait à l'excès le prix de revient et dans le délainage elle est reconnue impraticable. On est donc contraint de s'en tenir à un ensemble de mesures d'hygiène dont l'application constituc unc prophylaxic approximative. Ces mesures sont bien connues et passent par l'aération des locaux, la propreté générale, la désinfection fréquente des locaux, l'emploi de surtouts et de vêtements de travail, l'interdiction de prendre les repas dans les ateliers, ... et leur efficacité est démontrée.

Pour autant, il considère que toutes ces prescriptions resteraient vaines si les ouvriers ne s'appliquaient pas à les exécuter loyalement. Parfois par imprévoyance, ils jouent avec le danger au lieu d'aider à le démasquer. Il indique avoir été témoin à plusieurs reprises de salariés, tenant dans leurs mains souillées un morceau de pain, en train de casser la croûte, à la dérobée sans interrompre la besogne. Impossible de les détourner de cette habitude. Les réfectoires, là où il en existe sont généralement déserts. Il n'est pas rare qu'un sabreur se serve, pour s'essuyer les mains ou la figure salies par les éclaboussures de la machine, de la peau qu'il vient de sabrer. Il rapporte le cas d'un ouvrier mort d'une pustule où lors de l'enquête il a pu établir que malgré les remontrances du patron et de ses camarades, celui-ci s'obstinait, après son travail à se laver avec la toile grossière et dure dont on enveloppe les balles de peaux de certaines provenances.

« L'ouvrier de Mazamet a une peur instinctive, mystérieuse du mal charbon, mais il ne fait rien pour l'éviter ; et si un bouton charbonneux apparaît, l'idée d'aller trouver un docteur est la dernière qui lui vienne à l'esprit. Il attend du temps seul la guérison lorsqu'il ne va pas consulter tel empirique réputé, cependant que l'infection progresse. La moitié au moins des cas mortels, sont dus au défaut d'une médication sérieuse instituée en temps opportun. L'éducation des ouvriers est donc à faire sur ce point. Il importerait d'éveiller dans l'esprit des ouvriers cette notion que les dangers les plus réels qu'ils encourent viennent aussi de leur propre insouciance ».

Il conclut son propos en indiquant que le charbon est un mal plus facile à soigner et à guérir, qu'à prévenir.

Alors même qu'il vient de boucler son article sur le délainage, il prend connaissance d'un article publié dans le Bulletin de l'Inspection du travail de novembre-décembre 1904, écrit par le docteur Gallard, secrétaire de la commission d'Hygiène industrielle, qui traite de la septicémie charbonneuse d'origine industrielle chez l'homme et chez les animaux en Angleterre. Cet article particulièrement intéressant rend compte du travail colossal effectué par le docteur Legge, inspecteur médical des fabriques au Home Office. Il fait état de la monographie réalisée par celui-ci à partir de l'étude des deux cent onze cas de charbon industriel, répertoriés au Royaume Uni, pendant cinq années de 1899 à 1903 dans les industries de la laine, des crins et des soies et des cuirs et peaux. Cela le conforte sur quelques aspects essentiels de ce dossier : la vigilance doit porter au principal sur les peaux de provenance à risque, à la différence du travail des crins, les techniques de désinfection préalables sont inopérantes pour les peaux et la laine car elles détruisent la qualité du produit. Enfin, cette note confirme le lien entre le siège des lésions et la gravité de la maladie ainsi que l'importance de la prise en charge médicale rapide.

L'année 1904 s'achève et il en tire le bilan dans son rapport annuel d'activité. Au cours de l'année 1904, il a encore réalisé un gros volume d'activité avec douze cent soixante-seize visites dont sept visites de nuit, et près de cent cinquante contre-visites. Dans son rapport il évoque les principaux dossiers qu'il a eu à connaître tout au long de l'année et particulièrement les suites observées dans la mise en œuvre de la réduction de la durée journalière du travail.

Comme il en a pris maintenant l'habitude, il va le présenter au sous-préfet Lapaine, avec lequel il a des rapports courtois certes mais un peu distants. Celui-ci en effet à la différence de son prédécesseur qui était un homme très chaleureux, est un fonctionnaire très strict, à l'aspect sévère et d'une grande froideur dans le contact. Chaque fois qu'il intervient auprès de lui c'est pour l'inviter à la plus grande prudence pour ne pas dire à la plus grande retenue. Si bien que Jean Cavaillé s'en tient au strict minimum, lui donnant loyalement toutes les informations qu'il juge utiles, mais sans développer le détail et le sens de ses actions, ni rechercher le contact qui de fait reste assez espacé.

Il possède maintenant une bonne maitrise de son métier et une très grande connaissance du tissu économique tarnais et cela lui confère une grande confiance pour cet exercice toujours délicat avec un sous-préfet qui peut à l'occasion se révéler retors. Au cours de cet entretien, le sous-préfet doit examiner son passage au grade supérieur d'inspecteur de quatrième classe pour lequel le ministère, sous couvert du préfet du Tarn, vient de solliciter son avis. L'entretien se passe convenablement et à défaut de se sentir pleinement soutenu, il sait dans son for intérieur qu'il fait correctement son travail et dans son esprit c'est cela et cela seul qui compte. Il comprend au cours de cet entretien que c'est son sens aigu de la culture de son métier qui dérange. Il est confronté tous les jours au principe du contradictoire, les intérêts des uns n'étant pas ceux des autres. Alors il a appris à se forger sa propre opinion des dossiers et en toute occasion, il manifeste sa propre appréciation des choses. Or, il voit bien que du côté de la « Préfectorale » on aimerait qu'il participe plus au développement de l'esprit républicain et qu'il fasse preuve d'une approche un peu plus partisane. Mais pas question pour lui de prendre une décision en fonction de l'adhésion plus ou moins prononcée d'un patron aux idées républicaines. L'avis rendu par le sous-préfet ne le surprend pas, même si quelque part, cela le blesse : « Attitude réservée et peu définie, mais néanmoins correcte. Avis favorable ».

Comme tous les gens du midi, amoureux de la langue d'oc qui seule, à ses yeux, exprime le sens profond de nos contrées, il se réjouit que le prix Nobel de littérature de 1904, soit attribué à Frédéric Mistral, pour son œuvre « Mirèio », écrite en provençal, « première langue littéraire de l'Europe civilisée ».

Chapitre 11

Le chantier du petit train de Lacaune

Lors de la première réunion de l'année 1905 qui réunit à Toulouse tous les inspecteurs départementaux de la neuvième circonscription, autour du divisionnaire Le Roy, celui-ci a demandé à Monsieur Foissac, inspecteur départemental en Haute-Garonne de présenter à tous ses collègues, le nouveau décret du 29 novembre 1904, sur l'hygiène et la sécurité des travailleurs, ainsi que la circulaire du 29 décembre qui précise un certain nombre de points sur l'interprétation à retenir aux prescriptions règlementaires nouvelles et donne un certain nombre d'instructions aux inspecteurs sur la façon de les mettre en œuvre. Cette présentation est suivie d'un véritable débat et d'un échange « entre pairs » particulièrement utile et intéressant pour chacun des inspecteurs qui au quotidien se trouve le plus souvent complétement isolé et sans possibilité de discuter des problèmes qu'il rencontre avec quiconque. Durant ces réunions, le divisionnaire Le Roy pourtant investi de l'autorité hiérarchique sur ces collègues adopte assez volontiers une posture de « Primus inter pares, premier parmi les pairs » et il accorde beaucoup d'importance au consensus qui se dégage peu à peu des échanges. Jean Cavaillé pour sa part, apprécie particulièrement ces moments-là, car il sait l'importance et la force que donne à chacun l'adoption de positions communes, qui après discussion deviennent des positions de service. Régulièrement, tel ou tel employeur lui reproche d'en faire plus que son collègue du département d'à côté et veut le faire passer pour un « pur et dur » qui en veut forcément au patronat. Ces coordinations font taire ces critiques systématiques de la part de quelques-uns et en même temps elles créent de l'homogénéité et de la solidarité entre collègues et avec l'Inspecteur divisionnaire.

L'inspecteur Foissac rappelle que depuis la promulgation de la loi du 11 juillet 1903, qui a ajouté au champ d'application des activités de contrôle de l'inspection du travail, les petites industries de l'alimentation telles que les cuisines, les laboratoires, les fournils et les caves, les établissements commerciaux tels que magasins, boutiques et chais, les bureaux, et enfin les entreprises de chargement et de déchargement, une réglementation nouvelle en matière d'hygiène et de sécurité était devenue nécessaire. Il fallait d'une part étendre aux établissements nouveaux celles des dispositions du règlement primitif dont la généralisation était possible et désirable, et d'autre part déterminer les mesures particulières de protection et de salubrité qu'il convenait d'imposer à ces établissements. En même temps, on a procédé à diverses retouches de détail, dont la nécessité avait été reconnue. Toutes les nouvelles dispositions techniques sont examinées en détail, avec une attention particulière sur les nouveaux articles 5, 8, et 20 du nouveau décret. L'article 5 porte le volume minimum d'air par salarié de six à sept mètres cube pour les établissements industriels et le fixe à dix mètres cube par personne employée dans les laboratoires, cuisines, chais, et dans les magasins, boutiques et bureaux ouverts au public. Le délai imparti aux chefs d'entreprise pour se mettre en règle est fixé à trois ans à partir de la promulgation du décret. L'article 8 réaffirme le principe d'interdiction de prise des repas dans les locaux affectés au travail, mais ouvre la porte à des dérogations possibles délivrées par le divisionnaire. De même l'article 20 prévoit que le ministre du Commerce et de l'Industrie peut, par arrêté pris sur rapport des inspecteurs du travail et après avis du comité consultatif des Arts et Manufactures accorder à un établissement, pour un délai déterminé, une dispense permanente ou temporaire de tout ou parties de certains articles du décret. Les échanges sont nourris sur ces deux points car les inspecteurs de terrain veulent savoir « sur quel pied danser », de manière à adopter des positions crédibles et tenables devant les chefs d'entreprise qui vont les interpeller sur ces dérogations possibles, sans risquer d'être déjuger par leur autorité hiérarchique. C'est un point sensible car il en va de l'autorité de chacun.

Depuis son arrivée dans le Tarn, Jean Cavaillé s'intéresse particulièrement au chantier de la ligne de chemin de fer entrepris en 1902 par la Compagnie des chemins de fer du Tarn. Un jour qu'il avait rencontré Louis Vieu, le sénateur-maire de Castres, et futur maire de Murat-sur-Vèbre, celui-ci lui avait dit :

— Aller à Paris, ce n'est rien, mais gagner Murat c'est comme pour l'enfer de Dante, il faut quitter toute espérance !

La ligne qui emprunte des vallées rocheuses, étroites et encaissées, est jalonnée de nombreux ouvrages d'art, ponts, viaducs, tunnels et murs de soutènement. La voie ferrée est une rampe quasi-continue, avec des déclivités pouvant atteindre quarante millimètres par mètre afin de rattraper le dénivelé, l'altitude passant de cent soixante-douze mètres à Castres à neuf cent trois mètres au col de la Jasse près de Moulin -Mage. Les sections en alignement sont rares, tandis que les courbes sont légions, le tout dans une région isolée, au climat très rude en hiver.

La ligne rejoindra progressivement Vabres en 1905, Pierre Ségade en 1907, Lacaune en 1909 pour finir jusqu'à Murat en 1911. En 1906, l'embranchement du Bouissas à Brassac sera également terminé. Il a donc programmé une visite par trimestre sur ce grand chantier qui avance constamment sur ses soixante-quinze kilomètres de long, en suivant la vallée de l'Agout puis celle du Gijou.

En 1905, sept à huit cents ouvriers travaillent sur le chantier sous les ordres de deux entrepreneurs distincts et chacun occupent environ vingt à vingt-cinq mousses âgés de moins de dix-huit ans. La journée de travail ne pouvait donc dépasser dix heures. D'avril à juillet, elle est portée à douze heures, grâce à l'autorisation qu'il accorde aux entreprises en vertu des dispositions du décret du 15 juillet 1893 modifié. La maitrise d'ouvrage, exercée par la Compagnie des Chemins de fer du Tarn, les élus locaux et le sous-préfet avaient tous fait pression auprès de lui pour que les travaux avancent le plus vite possible en vue de l'inauguration et de l'ouverture de la ligne prévue le 1° juillet 1905. Mais il prévient les deux chefs d'entreprise qu'une fois la dérogation expirée, la durée du travail devra être immédiatement ramenée à dix heures. L'un des entrepreneurs annonce à son personnel son intention de se soumettre à la loi, mais cela ne fait pas l'affaire des ouvriers, qui payés à l'heure comme dans la plupart des entreprises de travaux publics, se plaignent de voir leur gain quotidien subitement réduit et décident de se mettre en grève. Celle-ci ne dure pas plus de deux jours et quand il repasse sur le chantier après la reprise du travail, il ne constate pas le moindre signe d'effervescence. Le second entrepreneur, sous la pression de ses ouvriers continue lui à faire plus de dix heures. Il le contrôle, constate l'infraction et dresse un procès-verbal. En réaction, le chef d'entreprise renvoie alors tous les enfants soit vingt-sept mousses, pour échapper de la sorte à toute réglementation de la durée du travail. Devant ce constat, Jean Cavaillé dans son rapport confirme ce qu'il a déjà plusieurs fois exprimé et bon nombre de ses collègues avec lui : la réduction de la journée de travail doit concerner tous les personnels sans exception, avec la faculté pour toutes les industries de bénéficier des tolérances prévues à l'article 5 du décret de 1893. A défaut, on va continuer à voir les patrons renvoyer leurs apprentis pour se libérer des sujétions de la loi de 1900, en transformant leurs ateliers mixtes en ateliers d'adultes et cela portera un nouveau coup à l'apprentissage déjà si menacé.

Par ailleurs, dans une petite commune traversée par le chantier de la voie ferrée, il a été confronté à un problème relatif aux livrets dont doivent être titulaires les enfants de moins de treize ans. Depuis quelques temps des familles ouvrières sont venues s'installer pour travailler sur le chantier de terrassement de la voie, parmi lesquelles un certain nombre sont d'origine étrangère, espagnole principalement. Le maire s'est mis à délivrer aux petits espagnols embauchés comme mousses, des livrets où la date de naissance de l'enfant est remplacé par son âge approximatif, indiqué par le père de l'enfant. Aucune pièce justificative n'est demandée par le maire. Le même maire, à court de livrets, adresse à l'entrepreneur qui refusait d'embaucher des enfants dépourvus de livrets, un petit billet ainsi conçu : « Le maire soussigné déclare que le nommé X, sujet espagnol est âgé de plus de treize ans » et cette attestation pour le moins hasardée servait de livret. Lors d'un contrôle, Jean tombe sur ces billets et il entreprend sans tarder une enquête auprès de la mairie qui lui permet d'établir rapidement les procédures irrégulières. Ces pratiques ont vraisemblablement eu pour effet de mettre au travail des enfants de moins de treize ans, les familles espagnoles étant peu soucieuses de la scolarisation de leurs enfants, rendue il est vrai difficile par le mauvais usage de la langue française. Pour autant elles sont pour lui totalement inacceptables et il invite le maire à y mettre fin sans délai et à ne délivrer que des livrets comportant la date de naissance de l'enfant justifiée par un document officiel. En même temps, il lui conseille de prendre des mesures pour accueillir les enfants étrangers de moins de treize ans au sein de l'école communale. Ce dossier fera l'objet de sa part d'un rapport circonstancié qu'il adressera au sous-préfet.

Enfin, il est régulièrement confronté à la survenance d'accidents du travail sur le chantier de la nouvelle voie ferrée. En 1904, il enregistre onze accidents graves parmi lesquels deux mortels et trois ayant occasionnés des incapacités permanentes, dus à l'emploi d'explosifs pour réaliser les terrassements ou le percement des sept tunnels prévus jusqu'à Vabre, notamment le tunnel des Grèzes de deux cent soixante-quinze mètres et celui de Teillède le plus long de tous avec ses sept cent vingt mètres. Il se rend donc régulièrement sur le chantier et à chaque fois ce sont de longs déplacements en voiture hippomobile qu'il faut le plus souvent terminer par une marche à pied de plusieurs kilomètres. Mais cela ne lui fait pas peur car il aime bien l'exercice physique et en même temps il découvre ces régions sauvages de la vallée de l'Agout et du Sidobre avec ses fameux chaos et ses rochers célèbres, « le Roc de l’oie » et « la Peira clabada ». A chaque fois, il examine en détail les conditions de survenance des accidents et après analyse il est convaincu que l'absence de toute réglementation en matière d'usage d'explosifs est très préjudiciable à la sécurité des ouvriers du chantier qui font fonction d'artificiers. Dans le rapport à son inspecteur divisionnaire à destination des services centraux, il demande qu'à l'exemple de ce qui se passe dans les mines, un règlement pris en vertu de l'article 3 paragraphe 2 de la loi du 12 juin 1893, intervienne pour sauvegarder la vie des ouvriers employés sur les chantiers où il est fait usage d'explosifs. De la même façon, il a envoyé un courrier aux employeurs des entreprises intervenantes sur le chantier du petit train de Lacaune utilisant des explosifs, par lequel il leur recommande de mettre en œuvre volontairement un certain nombre de dispositions garantissant la sécurité de leurs salariés.

Enfin, il observe sur ce chantier de nombreux accidents lors de la construction des ouvrages d'art et des gares. Il s'agit le plus souvent d’accidents de manutention, parfois graves, engendrés par des appareils de levage pas toujours fiables. La réglementation du travail est quasi muette sur ce sujet. Seul en effet, l'article 11 alinéa 2 du récent décret du 23 novembre 1904 prévoit que les appareils de levage porteront l'indication du maximum de poids qu'ils peuvent soulever. Alors il s'en tient à des recommandations de bon sens qu'il s'est forgé au travers des enquêtes qu'il a été amené à conduire sur ce type d'accidents, et notamment celui intervenu lors de la construction du viaduc en pierre de Beaudecamy. Il insiste particulièrement auprès des chefs de chantier et des chefs d'équipe sur la vérification périodique des câbles car il a vu plusieurs accidents dus à des ruptures de câbles. Dès que les câbles commencent à se fissurer, il faut les changer, martèle-t-il. De même, il recommande que lors des manutentions, les charges ne passent jamais au-dessus de la tête d'autres salariés car cela peut s'avérer catastrophique en cas de problème.

Il rencontre aussi pas mal de chutes de hauteur. Il insiste sur la qualité des échafaudages et notamment la nouvelle disposition de l'article 10 du nouveau décret déjà cité : « les échafaudages doivent être munis sur toutes leurs faces, de garde-corps rigides de quatre-vingt-dix centimètres de haut », alors c'est fini les cordes, les chaines et tous les autres dispositifs incapables d'arrêter dans sa chute un bonhomme en déséquilibre sur un plancher d'échafaudage.

Rapidement il acquiert une certaine expérience dans le suivi de ce type de chantier qu'il va mettre à profit sur les autres chantiers du même type et notamment les lignes Albi-Valence d'albigeois et Albi-Alban qui s'ouvrent en 1906 et 1909.

Le 1er juillet 1905, par une belle matinée d'été, il assiste à Castres à l'inauguration de la nouvelle ligne de chemin de fer. En sa qualité d'invité, il est dans la tribune officielle et c'est l'occasion pour lui de rencontrer pour la première fois le nouveau préfet du Tarn, Marie-Joseph Giraud, qui vient de prendre ses fonctions le 30 mai dernier. Germaine, son épouse et Madeleine qui va maintenant sur ses dix ans, sont là aussi parmi la foule nombreuse qui s'est massée devant la gare du midi. Il aura le privilège de faire le trajet inaugural aller-retour entre Castres et Vabres.

Ce petit train qui aura d'abord été pour lui un chantier formateur, lui rendra par la suite beaucoup de services. Quel gain de temps en effet pour aller faire des contrôles dans les cantons de Vabre, Brassac, Lacaune puis Murat-sur-Vèbre. Ces coins de montagne, du Sidobre et des Monts de Lacaune sont encore peuplés et on y pratique une activité textile traditionnelle avec de petits ateliers et beaucoup de façonniers à domicile. On y exploite aussi la pierre et on y travaille le cochon. La plupart de ces entreprises artisanales n'ont jamais été visitées et grâce au petit train, et au vélo qu'il amène avec lui, l'inspection du travail devient dans ces contrées les plus reculées du Tarn une réalité avec laquelle les patrons devront compter.

Ainsi le 1er août 1905, il est amené à contrôler l'entreprise Douzals, fabrique de mottes de tan à Brassac. Lors de son contrôle, il constate la présence de deux enfants de onze ans en train de travailler dans l'usine. Le contremaître qui l'accompagne, sans nier les faits, considère que cela ne constitue pas d'infraction dans la mesure où les enfants employés à fabriquer des mottes sont à leurs pièces, travaillent à leur gré et par suite échappent à la surveillance du patron. Mais pour Jean cette explication est sans valeur, les deux enfants qui ont été embauchés en mai dernier par M. Douzals, travaillent pour lui, dans un local dont les règles sont fixées par lui et ils sont sans équivoque ses salariés. En conséquence, il dresse un procès-verbal, d'autant plus que par le passé, l'employeur avait été averti pour des faits semblables.

Le 1er juillet 1905, Jean est promu inspecteur départemental du travail de quatrième classe et son salaire annuel progresse de 500 francs, porté à 3500 francs soit 291 francs par mois.

L'année 1905 s'achève et comme il en a maintenant l'habitude, il prépare son rapport annuel. Il a réalisé cette année mille cent soixante-cinq visites soit un peu moins que les années précédentes mais en revanche il a visité des établissements de plus grande taille.

Chapitre 12

La « vague » de l'hiver 1905-1906

En 1905, les trois cas de charbon qui étaient survenus en avril et au mois d'août s'étaient tous terminés par des guérisons et l'inspecteur du travail s'était pris à espérer que ce mal était en train d'être maitrisé.

Malheureusement la situation va gravement se détériorer à partir de novembre 1905. Un premier cas survient au délainage de Lestrade, sur la route de Saint-Amans, appartenant à Monsieur Alby. La victime est le sieur Assémat, âgé de quarante-cinq ans qui a contracté une pustule maligne à la joue en sabrant des peaux venues d'Espagne. L'attaque a été rapide et le traitement du guérisseur qu'il est allé consulter, n'a pas eu les effets escomptés, trois jours plus tard, il était mort.

En fait, Jean Cavaillé a reçu l'information par une lettre anonyme et renseignements pris auprès de la mairie de Saint-Amans-Soult, il se rend compte qu'aucune déclaration n'a été faite par le patron. Il se rend dans l'entreprise pour mener une enquête minutieuse comme il en a l'habitude maintenant et tous les éléments recueillis confirment qu'il s'agit bien d'un cas de charbon professionnel. Encore une fois, l'on retrouve la trilogie néfaste des cas mortels : âge de la victime, localisation de la pustule, origine des peaux travaillées. Le patron pour expliquer le fait qu'il n'a pas déclaré le mal charbon comme un accident du travail évoque sa bonne foi, en soutenant que le salarié a pu contracter le bacille en dehors de l'usine, mais Jean ne retient pas son argumentation. En effet l'audition de l'épouse de la victime atteste que c'est à la fin de la journée en rentrant chez lui que le salarié s'est rendu compte de la présence d'un bouton, forme initiale de la pustule. Deux autres cas se sont déclarés parmi le personnel du délainage de Lestrade, ce qui pour l'inspecteur démontre bien l'existence au sein de l'établissement d'un foyer microbien virulent. Il dresse donc un procès-verbal pour défaut de déclaration. Il veut faire un exemple et conforter par une jurisprudence locale bien établie, les décisions de justice qui vont dans le sens de reconnaître l'infection charbonneuse comme un accident du travail. De fait le patron Alby sera condamné le 26 février 1906, par le tribunal de simple police de Saint-Amans-Soult pour défaut de déclaration d'accident du travail.

Alors qu'il commençait à rédiger son rapport sur les trois cas survenus au délainage de Lestrade, trois nouveaux cas de charbon se déclarent courant décembre 1905, dans les établissements Puech-Galibert au délainage de Valparaiso en amont du village d'Aussillon, suivis de guérison. En revanche, l'année 1906 démarre fort mal, avec le décès en janvier d'un jeune sabreur de dix-neuf ans, au délainage du Bouscayrac à Sauveterre, touché à la joue en travaillant des peaux venues du Maroc. Un nouveau cas intervient à Valparaiso en janvier touchant à l'avant-bras un peleur de trente-huit ans, qui guérit rapidement.

Alors il prend l'attache par télégramme du professeur Langlois et du professeur Gallard qu'il informe de la situation. Ceux-ci lui conseillent de conduire à l'occasion de cette épidémie une action particulière avec tous les acteurs locaux concernés, les médecins locaux, les syndicats salariés et patronaux afin d'alerter sur les risques encourus et de diffuser les bonnes conduites à tenir.

Fort de ces encouragements, il se met au travail et engage une série d'entretiens et tout d'abord avec le syndicat des délaineurs. Il rencontre Monsieur Pierre Nègre, qui en est le président et il lui fait part de sa forte inquiétude devant l'épidémie en cours. Il lui propose d'aller plus loin que la petite affiche qu'il avait conçue et diffusée en 1903, qui d'ailleurs a été perdue de vue dans un grand nombre d'établissements, et d'établir ensemble une note écrite qui serait diffusée par le syndicat à toutes les entreprises adhérentes. Elle leur rappellerait l'ensemble des mesures à prendre pour prévenir des cas de charbon mais surtout comment réagir lors de la survenance d'un cas. Il lui indique que cette note devra être présentée aux syndicats ouvriers qui pourront éventuellement proposer des modifications ou des ajouts de manière à obtenir leur adhésion et leur engagement auprès des ouvriers afin de leur recommander les bonnes attitudes face à la maladie.

Il insiste particulièrement sur la grande prudence qu'il faut avoir lors du traitement des peaux en provenance d'Espagne et d'Afrique du Nord, qui représentent cinq cas sur les huit survenus récemment. Le représentant patronal lui donne son accord sur cette démarche et ils conviennent d'une nouvelle rencontre élargie à d'autres industriels pour discuter du projet de note que l'inspecteur établira et leur enverra préalablement à la réunion.

Lors de la rencontre suivante, ils mettent au point un projet d'affiche qui sera diffusée par l'organisation patronale auprès de tous ses adhérents pour affichage dans tous les ateliers de délainage rappelant les points suivants :

— Une grande vigilance devra être apportée aux conditions de traitement de peaux en provenance d'Espagne ou d'Afrique du nord, du Maroc en particulier.

— Les marragos devront lors de l'ouverture des balles et des manutentions de ces peaux éviter tout contact avec les bras, avant-bras, le cou au moyen de vêtements de travail fermés et de surtouts.

— Les sabreurs devront se protéger contre les projections d'eau, porter des bottes métalliques, des surtouts et des vêtements de travail serrés aux poignets et au cou.

— Les ouvriers ne devront pas utiliser les peaux comme vêtements de travail, ni se frotter ou s'essuyer le visage avec.

— Les ouvriers ne devront ni manger ni boire dans les ateliers.

— Les ouvriers devront en fin de travail respecter les règles d'hygiène et se laver les mains avant de toucher des aliments et de rentrer chez eux.

— En cas d'apparition d'un bouton pouvant devenir charbonneux, tout salarié devra sans tarder aller consulter un médecin traitant de son choix et suivre ses recommandations.

— Lors d'apparition d'un cas de mal charbon confirmé, il sera procédé à la désinfection de l'atelier contaminé, avec lavage et badigeonnage à la chaux des murs, lavage des sols et des machines.

Sur la base de ce projet qui reçoit l'assentiment de la délégation patronale, Jean consulte la Fédération et l'Union des syndicats des ouvriers délaineurs. Ceux-ci sont d'accord sur la démarche et ils apprécient que les patrons s'intéressent enfin à la santé de leurs salariés. Pour autant, ils regrettent que ces derniers ne s'engagent pas à payer tous les frais du recours au médecin et ne mettent pas à la disposition de leurs salariés les installations permettant de respecter les règles élémentaires d'hygiène. Ils regrettent également que les patrons ne s'engagent pas à arrêter systématiquement le travail de tout lot de peaux contaminées à l'origine de l'apparition de la maladie. Par ailleurs, ils ne veulent pas cautionner le recours systématique à la médecine officielle, et ils souhaitent laisser le libre choix aux salariés de s'adresser au guérisseur local Barraillé, qui a leur confiance et qui dans bien des cas à leurs yeux, guérit les salariés victimes du mal charbon sans recourir à des procédés entraînant de graves mutilations pour les intéressés. Jean prend note de leur position en leur précisant qu'il ne peut pas pour sa part établir une note qui ne reconnaisse pas la médecine officielle. Il les invite à croire dans les progrès de la science et dans ses représentants. Pour autant, il souhaite que les syndicats ouvriers s'engagent sur les bons comportements à adopter en matière d'hygiène et leur tient les propos suivants :

— Les patrons ont certes leur part de responsabilité, j'en suis convaincu, et j'agirai vis à vis d'eux pour les obliger à respecter les obligations que la loi leur impose. Mais pour autant ils ne maitrisent pas le comportement individuel de chaque salarié, qui de mon point de vue est indispensable pour garantir une lutte efficace contre la maladie charbonneuse. Je connais la confiance que les ouvriers délaineurs vous accorde et je souhaite ardemment qu'à votre tour vous relayiez le message de prévention que les patrons vont afficher dans les usines. Nous ne savons pas éviter l'apparition de la maladie, aussi il faut que les salariés soient très vigilants et surtout qu'il ne tardent plus à se faire soigner, par un médecin, car le retard apporté aux soins est leur pire ennemi.

Il tente de les persuader que les médecins de Mazamet appliquent un protocole de traitement mis au point et utilisé avec une grande efficacité par le Docteur Le Roy des Barres à Saint-Denis et qu'il faut leur faire confiance.

Au terme de cet échange, Isidore et Louis Barthès lui donnent leur parole de contribuer utilement au travail de persuasion auprès des ouvriers délaineurs afin de les convaincre de prendre soin de leur santé et en cas de mal charbon de réagir rapidement. Mais chacun le fera à sa façon et selon les modalités qu'il aura choisies. En fait, ce que ne lui dit pas Isidore Barthès, c'est que son syndicat a mis en place une prise en charge financière pour tous ses adhérents des frais occasionnés par l'intervention du guérisseur Joseph Barraillé. Mais l'inspecteur le sait de source sûre par recoupement des témoignages de plusieurs épouses de victimes qu'il a eu l'occasion de rencontrer.

Le lendemain, Jean Cavaillé a rendez-vous à Castres à son domicile avec le docteur Sicard, médecin des épidémies. Ils s'étaient déjà croisés lors de réceptions en sous-préfecture, mais ce matin-là, c'est la première fois qu'ils échangent en détail sur l'infection charbonneuse. L'inspecteur lui fait un point rapide sur la situation sanitaire et sur l'ensemble des contacts qu'il a pris au cours des derniers jours. Le docteur lui précise qu'il n'est pas pleinement compétent pour intervenir en sa qualité de médecin des épidémies car le mal charbon ne se transmet pas d'homme à homme et les salariés atteints ne présentent pas une véritable contagiosité. Pour autant il se déclare prêt à aider si nécessaire. Alors, Jean lui propose de rencontrer ensemble le syndicat des médecins de Mazamet pour faire un point avec eux, les tenir informés des initiatives menées au sein des délainages et les mobiliser pour une intervention rapide chaque fois que nécessaire.

C'est ainsi que quelques jours plus tard, ils partent ensemble à Mazamet rencontrer les docteurs Trilhe et Paul Bonneville, respectivement président et secrétaire du syndicat des médecins de Mazamet. Au cours de cet entretien, les médecins font valoir l'isolement de chacun d'entre eux qui ne connait la maladie qu'à travers ses propres patients et comme beaucoup de salariés font le plus souvent confiance au guérisseur Barraillé, au final ils ne voient pas grand monde. Il est donc décidé que chaque fois qu'un cas d'infection charbonneuse sera déclaré, l'inspecteur du travail informera le syndicat des médecins en précisant le nom de l'entreprise concerné. Cela permettra au syndicat de mettre en alerte chaque confrère auprès des patients qu'il sait travailler dans cette usine. Par ailleurs, le président se déclare prêt à organiser une réunion interne de tous les membres du syndicat, en présence du docteur Sicard, afin d'avoir un échange sur cette infection, sur la façon de poser le bon diagnostic et sur les meilleurs soins à apporter aux patients. Jean aurait bien aimé participer à cette réunion, mais il sent bien la méfiance des médecins à l'égard d'un fonctionnaire d'État dont ils ne connaissent pas encore le rôle exact et il n'insiste pas. La médecine reste encore une chose trop sérieuse pour être abordée par des non-médecins ! En revanche, il leur rappelle le rôle essentiel à ses yeux que les médecins doivent jouer en matière de prévention et d'éducation à l'hygiène, et notamment sur le fait de ne pas s'alimenter dans les ateliers, sans s'être au préalable laver les mains, le respect des soins corporels élémentaires et la consultation immédiate de leur médecin dés qu'un bouton suspect apparaît. Le dernier point qui est évoqué est celui des examens bactériologiques, seuls de nature à confirmer scientifiquement le diagnostic clinique du charbon. Le docteur Sicard leur promet de contacter la faculté de médecine de Toulouse de manière à renforcer les liens avec le laboratoire de médecine expérimentale, tel que cela existe à Bordeaux avec les services du professeur Ferré.

Dans le train qui les ramène à Castres, ils considèrent que cette rencontre a été fort utile et qu'elle doit permettre de mieux prendre en compte le suivi et le traitement de l'infection charbonneuse sur Mazamet. Jean remercie vivement le docteur Sicard pour son aide précieuse. Pour autant afin de compléter le tour de table qu'il a entrepris, il fait part à son interlocuteur de son intention d'aller rencontrer l'empirique Joseph Barraillé. Bien évidemment le docteur Sicard déclare ne pas pouvoir se joindre à lui pour une rencontre de ce type, qui pourrait apparaître comme une forme de reconnaissance. L'inspecteur l'assure que cette rencontre restera strictement confidentielle mais il veut connaitre la personnalité de ce guérisseur ainsi que ses motivations profondes.

Il revient donc à Mazamet rencontrer Joseph Barraillé, âgé alors de soixante-quatorze ans. Celui-ci le reçoit sans difficulté et se déclare surpris que les autorités s'intéressent à lui. Jean lui demande comment il en est venu à pratiquer cet exercice. L'empirique lui raconte qu'il y a quarante ans quand les premiers cas de mal charbon sont apparus dans le délainage, il n'y avait rien ni personne pour les soigner.

— Ce sont les sabreurs qui pratiquaient le sabrage à l'ancienne qui étaient les plus touchés et si un bon nombre guérissaient naturellement, un certain nombre mouraient. Mais curieusement à cette époque on avait moins de cas de mal charbon qu'aujourd'hui, car les peaux venaient presque toutes des abattoirs de la région de La Plata et on avait peu de peaux morines. Aujourd'hui les patrons délaineurs veulent faire le plus de volume possible et ils achètent des peaux un peu partout dans le monde et naturellement, on a de plus en plus de peaux charbonneuses. Dans ma jeunesse, j'ai eu l'occasion d'aller faire un séjour en Espagne et c'est là en Extremadura que j'ai vu une vieille dame soigner et guérir les éleveurs de moutons touchés par le mal charbon. J'ai tout de suite pensé que cela pourrait nous être utile à Mazamet où j'avais entendu parler de ce mal nouveau qui touchait les ouvriers du délainage. Je lui ai alors demandé de me montrer comment elle soignait les gens, ce qu'elle a fait sans difficulté car elle savait que je n'allais pas rester et lui faire concurrence. De retour à Mazamet, un jour, un voisin et ami a présenté une pustule à l'avant-bras qui grossissait de jour en jour. Je n'ai pas pu me résoudre à le voir mourir, alors j'ai tenté de lui appliquer le traitement que l'on m'avait montré en Espagne. Je lui ai brulé la pustule et j'ai soigné la plaie avec un cataplasme reprenant la composition que m'avait enseignée la vieille dame. A ma grande surprise sa fièvre a baissé et quelques jours après il allait mieux. Cette histoire à mon corps défendant a vite fait le tour de Mazamet et petit à petit les gens sont venus me voir et m'ont réclamé de les soigner. Monsieur l'inspecteur, qu'aurait-il fallu que je fasse, que je les laisse repartir chez eux sans espoir, que je les laisse mourir ? Il faut vous dire qu'à cette époque aucun médecin ne savait soigner et encore moins guérir cette maladie. Les premiers qui s'y sont essayés, ont eu des résultats désastreux et ont défiguré à vie certains patients. Je suis chrétien moi et le hasard a fait que l'on m'a confié un secret, alors je me devais d'en faire profiter mon prochain. Ne croyez pas que je fasse cela pour l'argent. Bien sûr les gens sont reconnaissants et généreux mais si je n'avais que cela pour vivre, je n'irai pas bien loin. Petit à petit, j'ai perfectionné mon savoir-faire et c'est ainsi que les gens se sont mis à me faire de plus en plus confiance et c'est donc moi qui traite la plupart des cas qui se présentent. Les médecins traitent trop peu de cas pour être performants et quand ils s'essayent à la cautérisation, le plus souvent c'est une catastrophe. D'ailleurs certains sont d'accord pour que je continue, sinon il y a longtemps que l'on m'aurait interdit cet exercice ».

Il ne voulut pas en dire davantage et il ne lui parla pas bien sûr de son arrangement financier avec la Fédération des syndicats des ouvriers délaineurs. Jean ne regrettait pas cette rencontre car il savait maintenant qu'il avait à faire à un homme sincère, qui certes ne possédait aucun diplôme mais avait acquis une véritable technique dans la cautérisation et agissait depuis longtemps pour le bien public.

A l'issue de toutes ces consultations, tout ce qui fut dit, fut fait. Les entreprises affichèrent toutes les recommandations décidées conjointement avec l'inspecteur du travail.

Trois nouveaux cas se déclarent en mars et en avril 1906, et tous vont se terminer par une guérison, si bien que Jean a le sentiment une fois encore que son action a été utile. Surtout il pense avoir travaillé pour l'avenir car il sait que la maladie reviendra, que l'on n'en est pas à bout, mais il espère que les progrès accomplis par les uns et les autres vont cette fois porter leurs fruits dans la durée.

Chapitre 13

Le dossier Alba la Source

Dans la Dépêche du 26 février 1906, Jean Cavaillé découvre que des anciens élèves du collège de Castres réunis la veille à la brasserie de l'Europe ont fondé un nouveau club de rugby, le Castres Olympique par fusion de plusieurs petits clubs de la ville. C'est Eugène Agert, le jeune directeur du magasin les Dames de France, qu'il a rencontré récemment, qui a accepté de devenir président du nouveau club. Jean, originaire d'un village proche de Montauban, aime bien ce sport qui se développe fortement dans tout le pays toulousain. Il se promet d'aller assister à quelques matchs le dimanche après-midi et de soutenir ce nouveau club dès qu'il en aura l'occasion.

Au commencement de l'année 1906, on est en plein conflit sur l'application de la loi de séparation de l'église et de l'État adoptée le 9 décembre 1905 et la réalisation de l'inventaire des biens des églises. Dans le Tarn la querelle des inventaires bat son plein, portée par les éléments réactionnaires et cléricaux, principalement la famille Reille. Les problèmes commencent le 12 février à Albi lors de l'inventaire de la cathédrale Sainte-Cécile. Malgré le rôle modérateur joué par Monseigneur Mignot, un millier de catholiques occupent la cathédrale et font obstacle à l'entrée de l'agent des domaines venus procéder à l'inventaire. Des heurts ont lieu entre catholiques et verriers appartenant au courant socialiste. Le 20 février, c'est Mazamet qui s'embrase : trois mille personnes sont devant l'église Notre Dame et deux mille à l'intérieur, bien décidés à empêcher la tenue de l'inventaire. Le curé et le député Amédée Reille sont sur l'escalier devant l'entrée de l'édifice, et de fait l'inventaire est impossible. C'est la même chose deux jours après, le 22 février à l'église Saint-Sauveur avec deux mille fidèles à l'intérieur qui s'opposent à la tenue de l'inventaire. Il ne sera réalisé que le 26 février avec le concours de deux escadrons d'artillerie comprenant cinq cents artilleurs, après de nombreux heurts et blessés et jets de pierre sur les forces de l'ordre. Dans les jours suivants, six cents personnes dont beaucoup de paysans et d'ouvriers délaineurs se retrouvent devant l'église de Saint-Pierre des Plots, près du village de Labrespy, armés de fourches, de faux, de pioches et de bâtons. Le sous-préfet rend compte de la situation à son supérieur dans ces termes : « Les montagnards du village de Labrespy et des villages voisins sont historiquement connus par leurs traditions de sauvagerie ; ils sont absolument réfractaires au mouvement moderne et ne parlent même pas le français. Ils sont décidés à une résistance désespérée où ils ne craindraient point de risquer leur vie. Ils ont déclaré qu'ils voulaient du sang ». Lors des élections législatives de mai 1906, la droite tarnaise engrange les bénéfices de sa mobilisation mais au niveau national les anticléricaux, radicaux et socialistes ont gagné et la loi va demeurer. Après six mois d'interruption, les inventaires reprendront à grand renfort de troupes concentrées dans le sud du Tarn. Ils se passeront sans incidents majeurs sauf à Aussillon prés de Mazamet. Au cours d'une « mêlée furieuse », des coups sont échangés, le sang coule, il y a des blessés de part et d'autre, notamment le commissaire et un gendarme.

Le lundi 12 mars, Jean prend connaissance dans « la Dépêche », de la catastrophe de Courrières dans le Pas-de-Calais et durant plusieurs jours, il va suivre les efforts des sauveteurs pour sortir du fond de la mine un maximum de survivants au coup de poussier dévastateur. Au total, près de onze cents mineurs perdront la vie dans ce qui constitue en France, l'accident du travail le plus meurtrier de l'époque moderne.

Dans les premiers jours du mois de juillet, un conflit survient à l'usine textile du Moulin Gau à Payrin. Cette usine achetée en 1875 par Édouard Alba la Source, chef d'une importante famille protestante, s'étend sur deux hectares et comprend dix ateliers, dont un hall de filature de deux mille mètres carrés où six métiers automatiques de six cents broches fonctionnent en continu, et un hall de tissage de mille deux cent soixante mètres carrés avec soixante-cinq métiers à tisser mécaniques. Trois turbines et trois machines à vapeur fournissent l'énergie nécessaire pour mettre en mouvement toutes les machines. De fait, c'est la plus belle usine textile du mazamétain devant les maisons Boudou et Tournier. Un certain nombre d'ouvriers faisant partie de la Fédération des syndicats, ont par son intermédiaire réclamé une augmentation de salaire. Le patron Alba la Source tarde à donner sa réponse si bien que la demande est renouvelée par la Fédération, qui sous menace de cesser le travail, le met en demeure de se prononcer. Le patron fait alors appeler les ouvriers intéressés et après discussion, trouve un arrangement verbal avec eux. Le conflit paraît terminé quand, la Fédération, mécontente d'un accord intervenu en dehors d'elle, réussit à décider les ouvriers à revenir sur leur acceptation.

Le sous-préfet Lapaine considère que la Fédération des syndicats ouvriers de Mazamet que l'on qualifie dans le contexte local du moment de syndicat « Jaune », ne s'en tient pas uniquement à un rôle professionnel mais constitue de fait un groupement politique à la solde du parti que le baron Amédée Reille représente à la Chambre. Monsieur Alba la Source de son côté appartient au parti progressiste et ses deux directeurs sont inscrits au comité radical-socialiste de Mazamet. Aussi, il voit dans l'ardeur un peu insolite de la Fédération à prendre en mains les intérêts des ouvriers, une manœuvre d'ordre politique destinée à impressionner Monsieur Alba la Source et à lui montrer les risques qu'il encourt à conserver comme directeurs des républicains comme les frères Brugère. Son souci dans de telles circonstances est de trouver une solution rapide au conflit et pour cela il envoie sur les lieux le commissaire spécial Simon avec pour mission de tenter d'apaiser les relations entre les parties.

Le conflit durant, la Fédération saisit l'inspecteur du travail de l'irrégularité de l'arrangement intervenu entre quelques salariés et le patron du Moulin Gau. Jean décide alors d'intervenir et rencontre Monsieur Alba la Source et lui fait part de la demande de la Fédération de transcrire l'arrangement convenu sur du papier à en-tête de la Fédération. Quand le sous-préfet est mis au courant de cette intervention, il est particulièrement mécontent car selon lui, l'inspecteur déjà ancien dans le département ne pouvait pas ignorer la dimension politique de ce conflit. Aussi, il convoque Jean Cavaillé pour lui signifier de n'intervenir dans ce conflit qu'après entente avec son service. Le sous-préfet considère en effet que cette façon de faire de l'inspecteur du travail très admissible dans d'autres circonstances, présente au cas présent de réels inconvénients ; elle tend selon lui à fortifier l'influence de ces syndicats « jaunes », déjà excessive par leur intrusion sur le terrain politique. Jean se défend et explique au sous-préfet que telle n'a pas été son intention. Il rappelle qu'il a reçu pour instruction d'entretenir des liens réguliers et loyaux avec les organisations syndicales et s'il ne répond jamais à leurs demandes, c'est la crédibilité de l'institution qu'il représente qui sera mise en cause. Par ailleurs, il fait valoir qu'il n'a pas à prendre en compte dans l'exercice de sa mission des considérations à caractère politique mais uniquement des considérations juridiques, économiques et sociales. Il propose au sous-préfet de poursuivre sa mission de conciliation, car il considère qu'il a encore la confiance des deux parties. Le sous-préfet qui n'ignore rien des difficultés que rencontre le commissaire spécial à remplir la mission qu'il lui a confiée, lui donne son accord mais avec l'objectif de mettre rapidement un terme à ce conflit et de réparer ainsi le trouble que son intervention a fait naitre dans l'opinion publique. Cette intervention a en effet été jugée sévèrement par la presse républicaine, à savoir « la Dépêche » qui considère que l'administration a pris fait et cause pour le syndicat jaune contre Monsieur Alba la Source et ses directeurs.

Jean se rend donc à nouveau au Moulin Gau et après deux jours de discussion avec les uns et les autres, il arrive à mettre tout le monde d'accord. L'arrangement verbal donnera bien lieu à un accord écrit mais celui-ci sera conclu directement par le patron et les ouvriers, la Fédération acceptant de ne pas être directement signataire. Pour autant, ayant été mis en cause par le journal « la Dépêche », Jean fait usage de son droit de réponse.

Cette affaire fera l'objet d'une longue lettre du préfet Giraud au Cabinet du ministère du Commerce, en date du 20 aout 1906 qu'il conclut ainsi :

« Somme toute, l'attitude est de peu d'importance et ne vaut qu'on en tienne rigueur à Monsieur Cavaillé, à la compétence et à la valeur duquel je rends volontiers hommage ; mais elle m'indique la nécessité à vous demander de bien vouloir l'inviter, à ne pas se désintéresser, comme il semble le faire, de notre action politique dans la région de Mazamet. Il y a là une population ouvrière tout à fait à part, peu éclairée, fanatique, particulièrement ouverte aux excitations de la réaction et du clergé. Les syndicats jaunes ne sont qu'un des nombreux moyens pour agir sur elle. Évidemment, l'œuvre de l'administration ne saurait être de donner une autorité quelconque à des groupements pareils. Il importe au contraire que l'inspecteur du travail donne en toutes circonstances l'impression par son attitude que les intérêts professionnels ne lui font pas perdre de vue les intérêts républicains. Il évitera ainsi des appréciations fâcheuses dont il est l'objet de la part de l'opinion républicaine, appréciations qui sont certainement exagérées mais auxquelles il importe d'enlever tout prétexte ».

Jean Cavaillé sort un peu secoué de cet épisode car il est attaché aux valeurs républicaines, si ce n'était pas le cas, il n'aurait pas choisi de rejoindre l'inspection du travail et de s'y engager sans modération. Pour autant, il n'aime pas être mêlé à ces luttes d'influence politique, qui prennent le pas sur les considérations sociales et la mise en œuvre d'un droit nouveau qui vise à améliorer le sort des travailleur(ses). Dans ce dossier, la seule chose qui le préoccupait, était de voir les conditions salariales des ouvriers du Moulin Gau s'améliorer selon des modalités juridiquement fiables et donc durables. La position de la « Préfectorale » sur l'assimilation de la Fédération des syndicats ouvriers de Mazamet à une officine politique ne lui paraissait pas tenable et l'avenir allait lui donner raison. Mais peut-être lui a-t-on fait payer dans ce dossier, le fait qu'il aille à la messe tous les dimanches matin.

En octobre 1906, lors de son neuvième congrès, la CGT adopte la Charte d'Amiens, qui deviendra la référence théorique du syndicalisme français. Reconnaissant la lutte des classes, elle assigne au syndicalisme un double objectif et une exigence : la défense des revendications immédiates et quotidiennes des travailleurs et la lutte pour une transformation d'ensemble de la société et ce en toute indépendance des partis politiques et de l'État. Par ailleurs, elle préconise comme moyen d'action privilégié la grève générale et considère que le syndicat, aujourd'hui groupement de résistance sera demain le groupement de production et de répartition, base d'une nouvelle organisation sociale.

1) Carte du Tarn de 1888 avec lignes de chemin de fer.

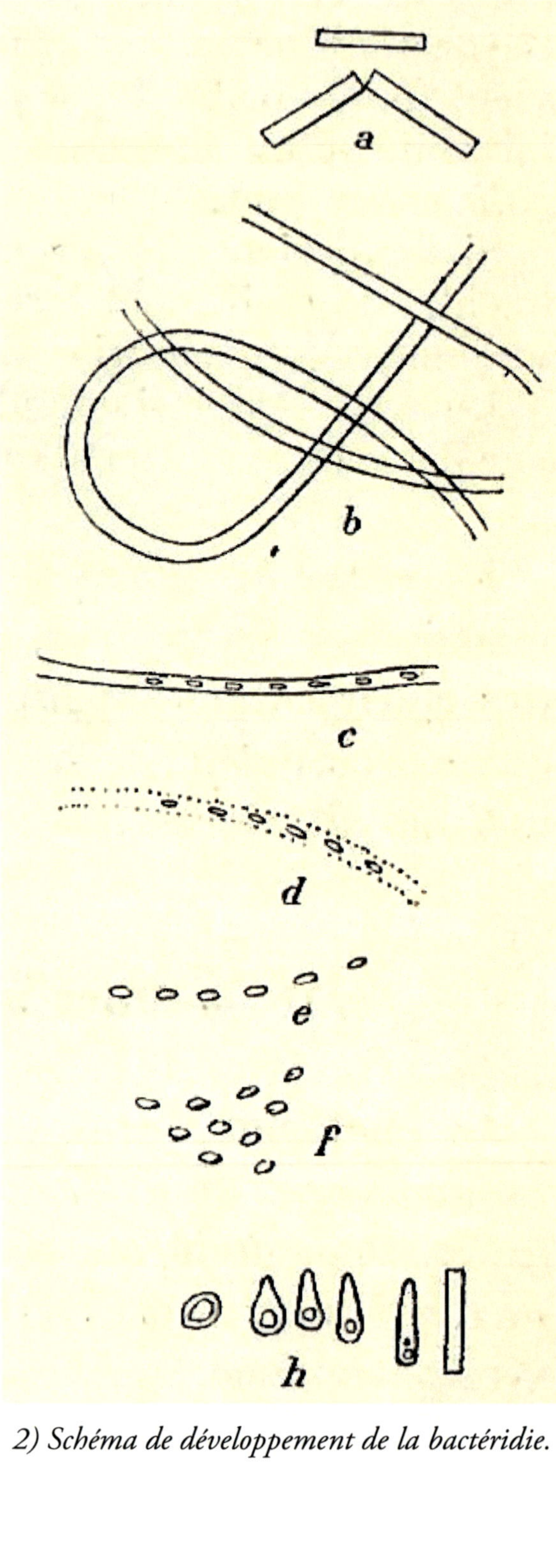

2) Schéma de développement de la bactéridie.

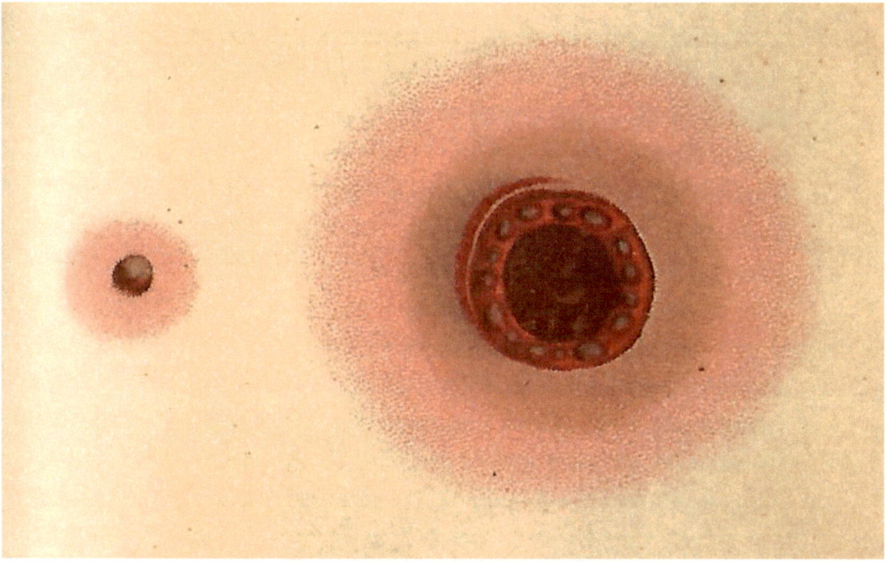

3) Figures de la bactéridie.

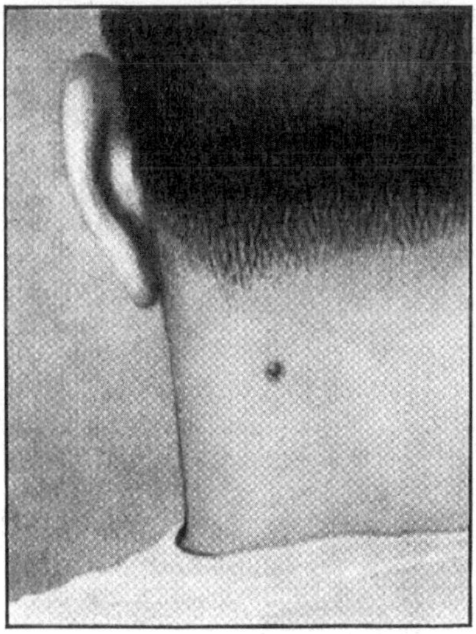

Début de la pustule maligne.

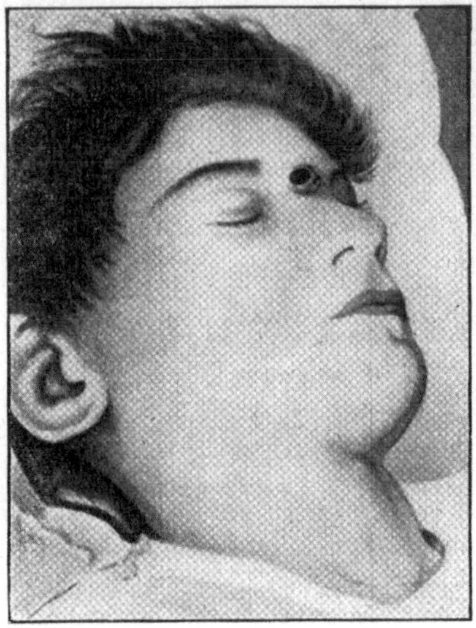

Pustule maligne au 4e jour.

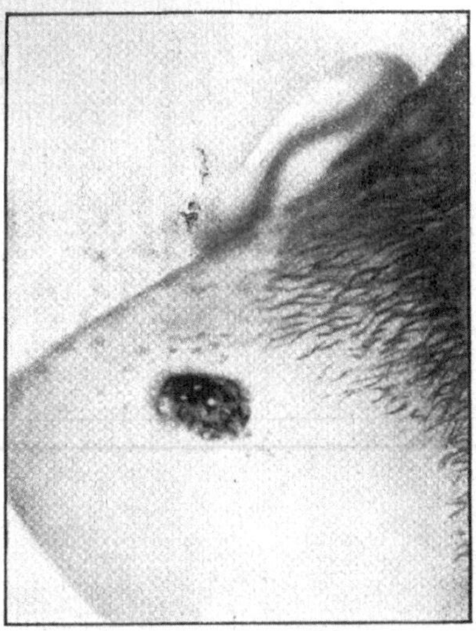

Pustule maligne au 5e jour
(Grandeur naturelle).

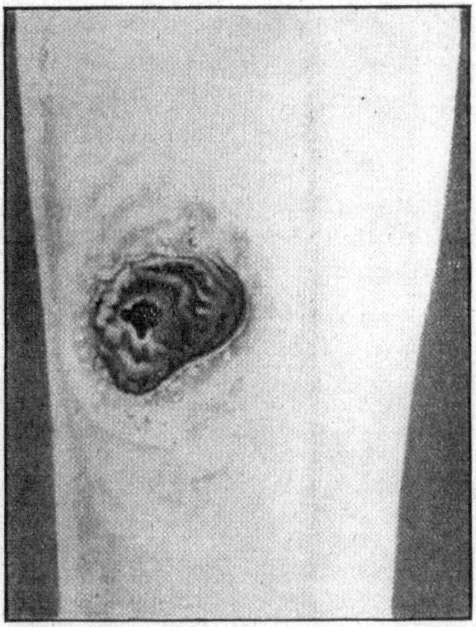

Grande pustule maligne du bras au 8e jour.

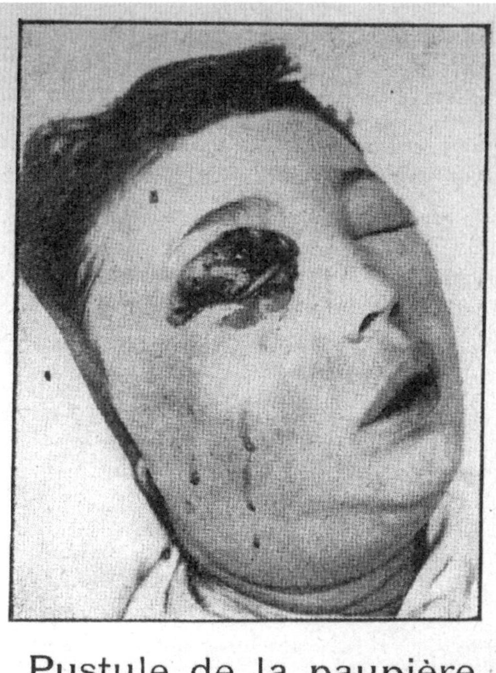

Pustule de la paupière inférieure au 4e jour.

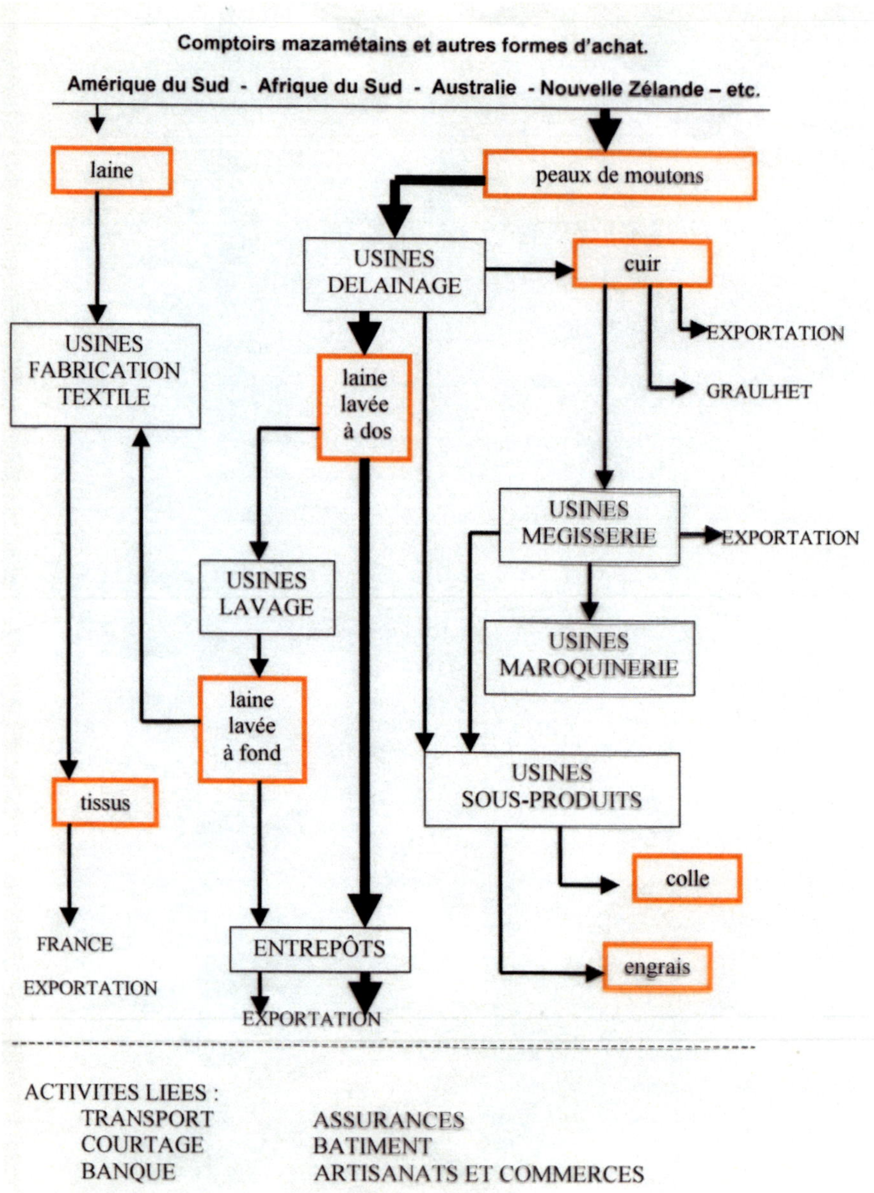

6) Schéma des flux de matières dans le délainage.

7) Délainage de Saint Sauveur sur l'arnette route des usines à Mazamet

8) Délainage de l'Eclauze route des usines.

9) Armand Guillou patron du délainage de l'Eclause.

10) Délainage de Linoubre au fond.

11) Les ouvriers de l'usine Louet vers 1910.

12) Sabreur devant sa machine équipé de bottes en zinc.

13) Café du Grand Balcon à Mazamet.

14) Succursale de la Banque de France à Mazamet.

15) Conditionnement des laines à Mazamet.

16) Balles de peaux brutes de moutons dans le magasin de la gare de Mazamet.

17) *Charrette de bourrats de laine.*

18) *Charette de balles de laine.*

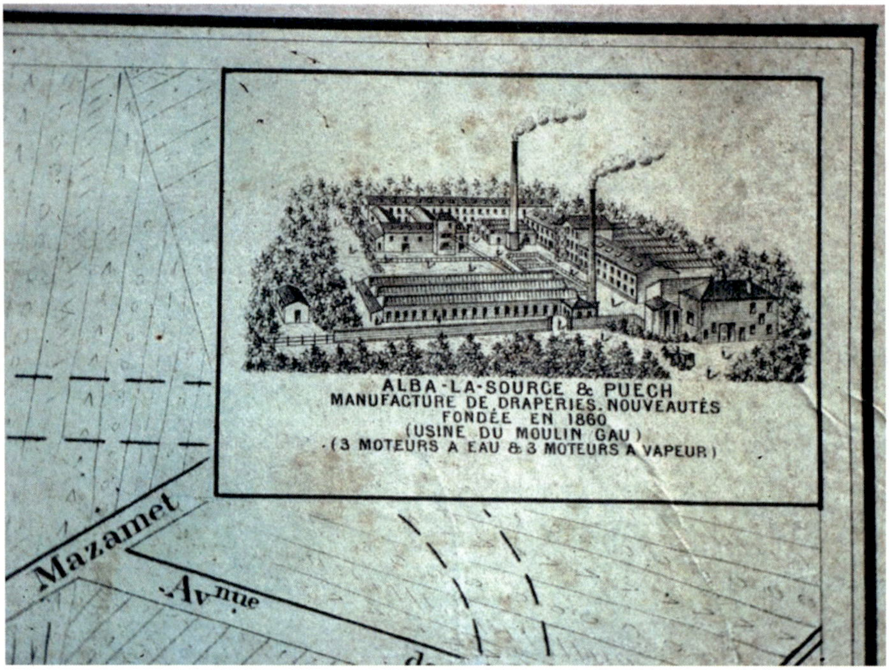

19) Usine du Moulin Gau société Alba la source à Payrin.

20) Usine du Moulin Gau la salle des métiers à filer renvideurs.

21) Affrontement entre grévistes et gendarmes 1909 à Mazamet.

22) Les cuisines communistes lors de la grève de 1909 à Mazamet.

23) Epluchage des pommes de terre lors de la grève de 1910 à Graulhet.

24) Usine du Saut du Tarn entrée principale vers 1900.

25) Saut du Tarn un ouvrier travaillant sur une presse.

26) Verrerie ouvrière d'Albi vue générale.

27) Verrerie ouvrière d'Albi le four n° 3.

28) Verrerie ouvrière d'Albi les souffleurs de verre au travail.

29) Jean Cavaillé en famille à Castres vers 1906.

30) Jean Cavaillé sur le balcon chez sa fille à Saint-Raphaël 1932.

Chapitre 14

1906, le repos hebdomadaire pour tous

L'article 5 de la loi du 2 novembre 1892, prévoyait que les enfants âgés de moins de dix-huit ans et les femmes de tout âge ne pouvait être employés plus de six jours par semaine, même pour rangement de l'atelier, instituant ainsi une obligation d'un jour de repos par semaine pour ces personnes protégées. Quatorze ans plus tard, ce même droit est élargi par la loi du 13 juillet 1906 à l'ensemble des salariés. Cette loi prévoit que les salariés ne peuvent pas être employés plus de six jours par semaine, que le repos hebdomadaire doit avoir une durée de vingt-quatre heures consécutives et que le repos doit être donné le dimanche. Elle consacre le principe d'un repos le dimanche, le jour du seigneur pour les catholiques de France, est présentée comme une loi de réconciliation après la victoire du Bloc des gauches aux élections législatives de mai 1906, visant à l'apaisement des fortes tensions nées à l'occasion des inventaires. Pour l'ensemble des inspecteurs du travail comme pour Jean Cavaillé, elle va constituer un enjeu important et va mobiliser une partie conséquente de leur activité dans les mois et les années qui vont suivre sa promulgation. En fait la mise en œuvre des principes fixés par la loi n'est pas très compliquée, en revanche l'utilisation des multiples dérogations que prévoit la loi rend la tâche très ardue pour le corps de contrôle.

Le secteur où l'application de la loi a été la plus difficile est sans conteste celui des hôtels, cafés, restaurants qui ont tous violemment protesté contre l'application de la nouvelle loi, encouragés par une circulaire du président de leur fédération nationale considérant que les personnels des cuisines, de restaurants, des chambres et de lingerie devaient être considérés comme des domestiques et non des employées ou ouvriers. Les syndicats ouvriers de leur côté réclamaient l'application immédiate du repos hebdomadaire à ces salariés, si bien que des grèves ont eu lieu dans les grandes villes. Dans le Tarn les patrons hôteliers ont finalement suivi le mouvement toulousain ; après plusieurs réunions en présence de l'inspecteur du travail, un des principaux hôtels commençait l'application de la loi et bientôt tous suivaient.

Jean Cavaillé est également confronté au problème des faux gérants, certains commerçants cherchant à faire travailler le dimanche matin un employé baptisé « gérant » pour la circonstance. Deux cas se produisent à Castres où après enquête, Jean Cavaillé peut démontrer le caractère véritable de l'employé présenté comme gérant.

La résistance à donner un repos collectif le dimanche a été forte dans toutes les petites villes, souvent chefs-lieux de cantons où les patrons invoquent la nécessité de servir le dimanche matin la clientèle ouvrière ou paysanne, qui occupée toute la semaine, n'est libre et ne vient acheter que ce jour-là. Pour certains magasins, la vente du dimanche matin dépasse de beaucoup celle de toute la semaine.

Le préfet du Tarn a accepté de délivrer des dérogations après avis favorables des conseils municipaux des localités concernées, en maintenant le plus souvent le repos simultané de tout le personnel le dimanche après-midi, avec un repos compensateur d'une journée par roulement et par quinzaine. Cette solution a été retenue grâce à la concertation permanente mise en place entre le préfet, les sous-préfets et Jean Cavaillé. Cela a permis d'éviter des solutions différenciées entre territoires qui auraient été mal comprises et de nature à créer des difficultés supplémentaires. Il a pu ainsi participer à la rédaction de la lettre circulaire que le préfet a adressée à l'ensemble des maires du département et à cette occasion il s'est concerté avec les forces de police et de gendarmerie sur la coordination des contrôles.

De même vis à vis des salariés, il a l'occasion de présenter le contenu de la nouvelle loi et des modalités de mise en œuvre dans le département lors de conférences données par deux fois à la Bourse du travail d'Albi et une fois à l'Union des syndicats de Mazamet.

En ce qui concerne la suspension du repos hebdomadaire quand ce jour coïncide avec un jour de fête locale, le maire de Graulhet a étendu dans son arrêté municipal la suspension du repos aux industries de détail, violant ainsi le texte même de la loi qui ne vise que le commerce de détail. Sur ses conseils, le sous-préfet de Lavaur a engagé un recours contre cet arrêté, qui sera finalement annulé.

Jean Cavaillé fait remonter au niveau régional, qui la reprend à son compte, la proposition, d'élargir au commerce le régime de faveur de suspension du repos hebdomadaire réservé aux seules industries qui à certains moments de l'année doivent répondre à un surcroît extraordinaire de travail. A titre d'exemple, il cite les librairies au moment de la rentrée des classes ou encore les magasins de mode.

En ce qui concerne les modalités de contrôle, il met en avant les difficultés sérieuses que présente la surveillance du roulement, car le service ignore les jours où celui-ci doit s'exercer. Les registres sont soit absents, soit mal renseignés et les salariés n'osent pas, par crainte de renvoi, demander leur communication pour connaître le jour de repos compensateur qui leur a été attribué.

Il juge le concours des officiers de police judiciaire intéressant dans son principe vu l'énormité de la tâche mais il en mesure les limites car il est difficile pour eux d'appréhender un réglementation complexe, qui pose souvent des questions dont l'appréciation est délicate. Il sait que certains commissaires de police ont dressé des procès-verbaux mais il regrette de ne pas recevoir systématiquement copie de ceux-là car certains établissements peuvent se retrouver en état de récidive sans qu'il en soit informé. Enfin, il regrette que suite aux procès-verbaux qu'il a dressés, les juges aient adopté dès le début le taux de 1 franc par amende bien inférieur à l'amende de 5 à 15 francs prévue par l'article 13 de la loi.

L'année 1906 se termine par un évènement important pour tous les inspecteurs du travail, celui de la création par le nouveau Président du Conseil, Georges Clémenceau, du ministère du Travail et de la Prévoyance sociale. Le décret du 25 octobre 1906 regroupe au sein de ce nouveau ministère, confié à René Viviani, tout ce qui concerne la réglementation du travail (durée du travail, repos, hygiène et sécurité, …), les relations entre employeurs et employés (contrat de travail, associations professionnelles, différents collectifs et conciliation,...), les conditions d'existence des travailleurs (maladie, accidents du travail, chômage, invalidité, vieillesse,...), ainsi que les statistiques et enquêtes relatives à tous ces sujets. René Viviani qui a vécu toute son enfance en Algérie n'est pas un inconnu dans le Tarn. Il a en effet défendu, en sa qualité d'avocat, les ouvriers de Carmaux, quand ils avaient refusé par crainte de représailles de déposer la liste des noms et adresses des membres du syndicat comme le prévoyait la loi de 1884. Par ailleurs, la famille de sa mère était originaire de Mazamet, dont elle avait été expulsée après 1851, période au cours de laquelle certains opposants à l'Empereur Napoléon Trois, ont été envoyés vers l'Algérie. Il fut par ailleurs un ardent défenseur des droits des femmes et considérait qu'elles devaient bénéficier de la plénitude de leurs droits civiques.

L'année 1906 finit bien mal avec la disparition soudaine de Monsieur Le Roy, inspecteur divisionnaire à Toulouse, qui plonge tout le service dans la plus grande tristesse, tant cet homme courtois et compétent était unanimement apprécié par ses six inspecteurs départementaux. En urgence, Monsieur Foissac, inspecteur départemental en Haute-Garonne est chargé d'assurer l'intérim en l'attente de la nomination d'un nouvel inspecteur divisionnaire.

A Castres, Jean Cavaillé voit partir sans regret le sous-préfet Lapaine, remplacé le 15 décembre par Monsieur Vassal, avec lequel, il va travailler pendant cinq ans. C'est un homme particulièrement présent, proactif et exigeant, et le courant va bien passer entre eux car il reconnaît d'emblée en Jean Cavaillé, un fonctionnaire de grande qualité, possédant des compétences incontestables dans son domaine d'attribution, sur lesquelles il va savoir s'appuyer.

En cette fin d'année 1906, il fait son bilan en vue d'établir son rapport d'activité. Il se rend compte qu'il a visité mille cinq cent onze établissements, chiffre jamais atteint, qu'il attribue essentiellement aux multiples visites réalisées pour le contrôle du repos hebdomadaire. Il se projette déjà sur l'année qui vient en se demandant si tous les changements intervenus en fin d'année vont faciliter ou non l'exercice de sa mission.

Chapitre 15

Janvier 1907, l'épidémie rebondit

Depuis avril 1906, un seul cas de charbon avait été recensé, chez une trieuse de laine de cinquante-six ans, rapidement guérie. L'épidémie paraissait maîtrisée quand tout à coup début 1907, une nouvelle série de sept nouveaux cas se déclenche de janvier à mai qui va entraîner trois décès supplémentaires.

Le premier cas se déclare au délainage des Vignals près d'Aiguefonde et concerne Henri R. un sabreur de quarante-sept ans victime d'une pustule maligne au bras. Peu ou mal soigné, il décède au bout de quelques jours. Lors de son enquête, l'inspecteur apprend par le patron façonnier que ce sont des balles provenant d'Amérique du Sud et plus précisément d'Uruguay qui étaient travaillées lorsque l'accident est survenu. Il fait procéder au nettoyage des murs et des sols avec une solution désinfectante de l'atelier de sabrage que le patron promet de faire lors de la fin de semaine à venir. Une fois de plus, Jean regrette que pour ce genre de prescriptions le délai de mise en demeure se soit pas de vingt-quatre heures. Le chargeur est la maison Édouard Cormouls-Houlès qui possède le délainage de Saint-Sauveur avec près de quatre-vingt ouvriers. Ce chargeur est immédiatement alerté par Jean Cavaillé avec mission de prévenir tous les façonniers auxquels il a confié des balles provenant du même lot, afin que ceux-ci assurent la plus grande vigilance lors du travail de ces peaux qui présentent un risque charbonneux certain. De la même manière, il réactive tous les réseaux patronaux, syndicaux, médicaux, afin que les affiches rappelant les consignes à tenir pour prévenir ou traiter l'infection charbonneuse soit remises en place sur les panneaux réservés à cet effet. Dans les télégrammes qu'il envoie, il insiste sur le respect absolu des règles élémentaires d'hygiène et sur l'impératif d'un suivi médical au moindre bouton suspect.

Un quinzaine de jours plus tard, il lit dans le journal « la Dépêche » que deux moutons ont été victimes d'infection charbonneuse à la métairie de Saint-Pierre de Fronze sur la commune d'Aiguefonde. Il fait immédiatement le rapprochement avec la présence du charbon au délainage des Vignals situé deux kilomètres en amont sur le ruisseau du Courbas qui irrigue les pâturages dans lesquels vont paître les moutons de la ferme. Décidément la spore charbonneuse a la peau dure.

Malheureusement, la série ne fait que commencer et quelques semaines plus tard, un nouveau cas mortel survient au délainage de Gaillardou, au plus haut de la route des usines. Cette fois-ci, il s'agit d'un jeune contremaître de trente-deux ans, René I. victime d'une pustule maligne mal placée à la joue. Peut-être a-t-il trop tardé à faire monter son médecin, mais celui-ci n'a rien pu faire, l'infection s'étant généralisée quand il a vu son patient dans la maison attenante à l'usine. Alfred Cullié, le patron lui indique qu'il travaille des peaux venues de Lybie qui transitent par l'Espagne. Il sait que ces peaux ne sont pas très sûres mais il n'a pas les moyens de s'approvisionner comme d'autres en Argentine ou en Australie alors il a pris le risque, tout en recommandant à ses ouvriers de faire attention. Il est totalement désolé de la perte de son contremaitre qui était un peu comme son fils et il prend l'engagement devant l'inspecteur de prendre soin de son épouse et de son enfant. Il a déjà trouvé pour elle un logement au village de Roquerlan, car elle doit libérer le logement de fonction au profit du nouveau contremaitre qu'il vient de choisir parmi les sabreurs. Si elle le souhaite, il est prêt à l'embaucher comme peleuse.

Cinq autres cas vont se déclarer dans les semaines suivantes dont trois au délainage Galibert et Sarrat à Albine. A chaque fois les locaux sont nettoyés, désinfectés mais rien n'y fait, la série se poursuit, ce qui démontre que quand les spores charbonneuses sont présentes dans une usine même bien tenue, on a beaucoup de mal à s'en défaire. Par bonheur, tous les ouvriers touchés guérissent, bien pris en charge par leur médecin.

Il n'en va pas de même pour le dernier cas survenu au mois de mai qui concerne un sabreur de quarante-huit ans atteint d'une pustule maligne au cou en travaillant des peaux d'Amérique du Sud pour le délainage de Cayenne tenu par la famille Rives.

Trois morts en cinq mois, Jean est un peu désespéré et se demande bien comment on pourra éradiquer ce mal charbon qui fait tant de dégâts dans les rangs des ouvriers délaineurs de Mazamet. Dans son rapport, il insiste beaucoup sur l'urgence et la nécessité selon lui de mettre en place une règlementation spécifique pour traiter de l'infection charbonneuse par type d'activité le cas échéant comme c'est déjà le cas en Grande-Bretagne et en Allemagne.

D'abord, il faut agir au plan local et c'est ainsi qu'il décide en concertation et en accord avec le docteur Paul Bonneville de saisir officiellement la Commission sanitaire de Mazamet. Lors d'une réunion de celle-ci à laquelle l'inspecteur du travail a été invité, il est amené à faire un point précis sur l'infection charbonneuse dans l'industrie mazamétaine à partir des statistiques précises qu'il tient à jour depuis 1902 ; il fait observer au passage qu'indépendamment du délainage, il a eu à connaître quatre cas dans des mégisseries de cuirots, deux cas chez des ouvriers employées au camionnage des peaux brutes et un cas dans une tannerie. Au terme de la réunion, la commission décide de faire une enquête très étendue sur les causes de la maladie et les moyens de préservation à proposer. Pour répondre au vœu de la commission, le sous-préfet de Castres désigne le docteur Sicard, médecin des épidémies, à l'effet de procéder à cette enquête.

Deux nouveaux cas se déclarent en juillet, heureusement sans conséquence fâcheuse, notamment pour Yvonne B. surveillante de pelage à Valparaiso, âgée de cinquante-et-un ans, victime d'une pustule maligne à la joue. Elle a été prise en charge rapidement et efficacement par son médecin traitant, le docteur Clavel.

Au niveau national, cela fait déjà un an que l'on s'active pour préparer un projet de décret spécifique aux prescriptions à édicter contre l'infection charbonneuse dans l'industrie et plusieurs inspecteurs ou sommités scientifiques ou médicales sont appelés à donner leur avis sur le projet de décret ; Jean Cavaillé est de ceux-là. Mais il ne se fait pas d'illusions, il sait que cela sera long et qu'il faudra être patient. Un avant-projet de décret a été élaboré par les services centraux suite à la réunion nationale de 1904 et a été présenté, discuté et adopté en dernière lecture par la commission d'Hygiène industrielle lors de sa séance du 9 mars 1905. Ce texte est contesté par les représentants patronaux des professions concernés qui ont bloqué son processus d'adoption lors de son passage devant la Commission du travail du comité consultatif des Arts et Manufactures. Ils contestent l'obligation de réaliser certains travaux en vase clos, qu'ils trouvent excessive et difficilement réalisable. L'Ordre national des médecins a réagi également et soulevé des difficultés juridiques et éthiques. Il considère que la loi du 12 juin 1893 ne permet pas d'imposer une visite médicale aux ouvriers et l'obligation pour les médecins d'inscrire les résultats de leur examen sur un registre spécial communiqué à l'inspection du travail. Cette disposition lui paraît attentatoire au secret médical. Ces blocages vont perdurer et empêcher durablement la sortie de ce décret.

C'est dans ce contexte de statu quo qu'en juin 1907, Arthur Fontaine décide de convoquer une nouvelle réunion nationale sur l'infection charbonneuse. Bien évidemment Jean y est convié et cette fois-ci, il y va tout seul, sachant que le nouvel inspecteur divisionnaire Chambard ne connaissant pas grand-chose au dossier, lui fait entièrement confiance. Sont notamment présents à cette réunion, les docteurs Langlois et Gallard, mais aussi le docteur Le Roy des Barres de Saint-Denis dont il a souvent entendu parler et lu les écrits mais qu'il n'a encore jamais rencontré.

Arthur Fontaine fait état du blocage du processus d'élaboration du décret spécifique et propose de faire un tour de table où il invite chacun à faire état de la situation sur le terrain et à faire des propositions pouvant permettre d'avancer positivement dans la gestion de ce dossier décidément bien compliqué. Quand vient son tour, Jean prend la parole en faisant état de sa grande inquiétude et d'un certain désarroi devant les dernières épidémies rencontrées dans le délainage mazamétain. Il rappelle toutes les initiatives qu'il a été amené à prendre au plan local. Malgré cela et les efforts incontestables fournis par l'ensemble de la profession, les cas de charbon se multiplient et un certain nombre sont mortels. Bien sûr il y a le contexte spécifique de Mazamet avec un impact du corps médical plus faible qu'ailleurs en raison de la confiance forte que les ouvriers accordent à un guérisseur local mais cela n'explique pas tout. Pour lui l'idéal serait la désinfection préalable des matières mais pour la laine, on ne sait pas le faire sans porter gravement atteinte à la qualité du produit. On pourrait aussi interdire les importations de peaux venant de certains pays à risque, au premier rang desquels se situent l'Espagne, mais certains industriels sont violemment opposés à cela car ils ont besoin de ces peaux pour satisfaire la demande de leurs clients. Par ailleurs, ils craignent la mise en place de circuits parallèles qui détourneraient les procédures de certification d'origine et alors le risque serait grand, car on ne se méfierait plus de ces peaux considérées à priori comme saines. Son opinion, c'est que l'effort principal doit porter sur l'éducation des ouvriers concernés qui doivent acquérir les bons réflexes de vigilance dès l'apparition du moindre bouton.

Au terme de la réunion il est décidé par Arthur Fontaine, d'un commun accord avec l'ensemble des participants, que les services du ministère travailleront prioritairement dans les semaines et mois a venir à la parution d'une circulaire qui rappellera tous les conseils de prévention de l'infection charbonneuse, mobilisables en l'état de la réglementation actuelle. Bien évidemment, on n'abandonne pas le projet de sortir un décret spécifique mais compte tenu des différents problèmes à régler cela prendra encore beaucoup de temps. Jean est très satisfait de cette initiative car elle va renforcer sur le terrain sa légitimité à agir comme il le fait. Et puis même si ce n'est pas lui qui a proposé l'idée d'une circulaire annonciatrice du futur décret, elle reprend le point central qu'il a mentionné dans son intervention, à savoir l'éducation des ouvriers à l'aide d'outils qu'il a déjà mobilisés au plan local. A la fin de la réunion, Arthur Fontaine le prend à part et lui demande s'il ne pourrait pas écrire une note sur l'infection charbonneuse et la loi du 9 avril 1898. Il donne son accord de principe mais insiste pour avoir le soutien juridique des services du ministère afin d'être certain d'avoir une vision exhaustive de la jurisprudence existante en la matière.

Lors du déjeuner, il s'arrange pour être à la table du professeur Langlois avec lequel il correspond régulièrement mais aussi du docteur Le Roy des Barres. Celui-ci lui confirme la justesse de son combat et il l'encourage à conforter inlassablement l'intervention du corps médical officiel qui ne doit rien redouter dans le traitement de cette maladie. Il lui propose d'envoyer régulièrement au docteur Bonneville les informations sur les techniques qu'il a mises au point pour la cautérisation et le soin des pustules malignes. Les résultats sont là pour démontrer l'efficacité de ces techniques : aucun cas mortel depuis plus de quinze ans chez les criniers et les brossiers de Saint-Denis. Jean le remercie vivement et l'assure qu'il transmettra aux médecins mazamétains cette offre de service.

A la fin du repas, le professeur Langlois lui demande s'il serait d'accord pour l'assister dans la fonction de rapporteur auprès de la commission d'Hygiène industrielle qu'Arthur Fontaine souhaite lui confier pour avancer dans ce dossier. Il lui explique qu'il a besoin de l'éclairage régulier d'un homme de terrain régulièrement confronté comme il peut l'être à des cas de charbon pour bien analyser les arguments des uns et des autres. Jean se dit très honoré de la proposition qui lui est faite et lui répond que si son inspecteur divisionnaire en est d'accord, il répondra favorablement à cette proposition.

Il profite de son déplacement dans la capitale, pour aller visiter le quartier de Montmartre dominé par la basilique du Sacré-Cœur, qui vient d'être rendue récemment au culte, malgré la poursuite de travaux toujours en cours. Il fait le tour de la place du Tertre déjà fréquentée par de nombreux artistes-peintres et passe devant plusieurs cabarets qui ont fait la renommée du lieu. Décidément, Paris lui plait et dans le train du retour sur Castres, il se promet d'y revenir en famille avec Germaine et Madeleine.

Indépendamment du dossier du charbon, durant le printemps 1907, il est confronté à un problème concernant l'aération et la ventilation des locaux de travail, dans un certain nombre d'entreprises textiles de Mazamet. En effet, pour respecter la réglementation qui exige d'avoir des fenêtres avec des châssis ouvrants alors que la plupart des fenêtres sont fixes, un certain nombre de patrons ont demandé à un artisan local d'aménager un petit carreau mobile placé très bas. Comme il a pu le constater lors de plusieurs visites, les ouvriers sont incommodés par ce carreau en raison de son emplacement trop bas et de fait ne l'ouvrent pas, empêchant ainsi une aération satisfaisante des locaux. Lors d'un passage chez les établissements Jules Tournier à la Chevalière, il rencontre l'artisan en question et convient avec lui et le patron d'une modification de l'emplacement du carreau mobile. Celui-ci sera placé plus haut de manière à ne pas entraîner un courant d'air gênant pour les salariés qui ainsi seront amenés à l'ouvrir régulièrement. Fort de cette solution technique satisfaisante, il dresse vingt-quatre mises en demeure pour exiger la réalisation des travaux dans toutes les entreprises concernées et quelques semaines plus tard, l'ensemble des entreprises se sont mises en conformité.

A compter du mois de mai, il suit de très près dans la presse locale, mais aussi au travers des rapports du commissaire de police que lui transmet régulièrement le sous-préfet les événements qui secouent la mégisserie de Bellerive. Cette entreprise qui constitue la plus importante mégisserie de Mazamet occupant cent soixante-dix salariés environ, appartient aux familles Galibert-Ferret et Sarrat.

Tout démarre le 16 mai 1907, quand l'attitude d'un surveillant qui tient régulièrement des propos menaçants et prononce des mises à pied injustifiées, met le feu aux poudres. Le soir, à la sortie de l'usine, les ouvriers se réunissent et décident la grève à l'unanimité. Les 17 et 18 mai, ils précisent leurs revendications, mutation du surveillant dans un poste sans aucun contact avec les ouvriers, aucun renvoi pour fait de grève et enfin en cas de diminution de la production, pas de congédiement mais répartition du travail entre tous. La direction répond rapidement qu'elle accepte de lever la mise à pied contestée et de procéder à une enquête sur les agissements du surveillant incriminé qui sera déplacé s'il a commis des fautes. Elle affirme qu'en cas de reprise rapide du travail, aucun salarié ne sera licencié pour fait de grève, à défaut elle sera amenée à fermer l'usine. Les ouvriers, sous l'influence forte d'Isidore Barthès et de représentants des mégissiers de Graulhet, refusent la proposition patronale et votent la poursuite de la grève. Le 21 mai, la direction prononce la fermeture définitive et durable de l'usine, un lock-out en quelque sorte, et invite les ouvriers à venir toucher leur dû. La mauvaise situation économique du secteur explique en grande partie cette décision, plutôt avantageuse pour la direction.

Quelques jours après, un acheteur de peaux envoie des charrettes à la mégisserie de Bellerive pour charger des cuirs, mais les grévistes s'opposent violemment à l'enlèvement des marchandises, des pierres sont lancées, dont une au visage du commissaire de police.

Les deux syndicats, dont les points de vue se rapprochent durant ce conflit, mettent en place une caisse de secours vis à vis des grévistes mais l'indigence de l'aide amène beaucoup de grévistes à chercher et à trouver rapidement du travail ailleurs.

L'affaire parait réglée quand, le 3 juillet on apprend que cinq anciens ouvriers viennent d'être repris par la direction. Le lendemain au pont des Barraques à l'entrée de l'usine, soixante personnes s'opposent vigoureusement à l'entrée des cinq personnes, accompagnées par les gendarmes. Des heurts violents s'ensuivent et se répètent à la sortie de onze heures, où le flot des manifestants a grossi. Le directeur tente à son tour de sortir, conduit par son cocher ; une grêle de pierres l'oblige à faire demi-tour. Il peut finalement sortir à pied escorté par deux gendarmes sous les huées et les injures. Un épicier qui venait porter des vivres au personnel dans l'usine, voit ses deux paniers jetés à la rivière, bien heureux de ne pas subir le même sort. Les affrontements les plus graves se produisent le soir lors de la sortie de la direction et des employés, encadrés par une dizaine d'agents de police et de gendarmes. Le désordre est tel et les pierres pleuvent si drues que Monsieur Bourgeois, le commissaire de police, ceint de son écharpe, doit sommer la foule de rentrer immédiatement dans l'ordre, sinon il menace d'employer la force des armes. Les gendarmes exécutent un mouvement de « haut le révolver » et cette attitude énergique entraîne la dispersion de l'attroupement. Pour calmer le jeu, la société Bellerive fait afficher un texte indiquant, que l'usine n'a pas été rouverte mais qu'il s'agit simplement de traiter des marchandises en souffrance. Le calme revient et on ne parle plus de Bellerive jusqu'en mars 1908 où, rachetée par la société Galibert et Sarrat, l'usine rouvre ses portes, une partie en mégisserie et une autre transformée en délainage.

Jean Cavaillé va consacrer l'été 1907 à écrire son troisième travail original qui sera publié en fin d'année dans le bulletin national. Il veut en effet compléter son travail précédent sur le délainage par une communication ciblée sur la septicémie charbonneuse et l'application de la loi du 9 avril 1898 sur les accidents du travail, comme le lui a suggéré Arthur Fontaine le directeur du Travail.

La lecture de deux publications récentes, le livre « le charbon industriel » du docteur Debray et l'étude du professeur Langlois « la maladie du charbon dans l'industrie » dans la revue scientifique de novembre 1906, l'incite aussi à écrire sur le sujet. En qualité d'inspecteur du travail, à la fois juriste et acteur de terrain, il veut défendre la thèse démontrant que l'infection charbonneuse est un accident du travail et qu'en conséquence les victimes du mal charbon doivent bénéficier des garanties de la loi de 1898.

Pour sa démonstration, il rappelle les éléments communément admis pour caractériser l'accident du travail et la maladie professionnelle :

— Dans l'accident du travail, la cause nocive est extérieure, soudaine, fortuite, isolée et elle se traduit par une lésion localisée, d'origine traumatique.

— A l'inverse, la maladie professionnelle est un état cachectique, déterminé par l'altération chronique de la santé, provoqué à la longue par la persistance d'influences morbigènes qui dérivent presque fatalement de l'exercice d'un métier.

L'accident survient par le fait d'une cause unique qui fait date, il éclate à l'improviste, brutalement ; la maladie de son côté s'éveille insidieusement, après imprégnation progressive de l'organisme et évolue par épisodes successifs. La victime est dans un cas un blessé, et dans l'autre un malade.

Il expose ensuite à la lumière de son expérience de terrain, les caractéristiques propres à l'infection charbonneuse, qui l'amènent à conclure que l'on est en présence d'un accident du travail. Le principe virulent du charbon, à savoir la bactéridie, pénètre dans l'organisme à la faveur d'une légère excoriation ; l'effet nocif se produit fortuitement, à un moment déterminé et en un point précis. La difficulté tient au fait que le point de départ, le moment précis de l'agression ne peut pas être fixé avec précision. C'est cette incertitude qui a fait assimiler l'infection charbonneuse à une maladie professionnelle, puisque les maladies professionnelles ne débutent jamais franchement, ex abrupto, mais évoluent chroniquement. Même si cela est vrai, les premiers symptômes sont bien le résultat d'une atteinte soudaine, accidentelle, portée à l'intégrité du corps humain, et c'est cette soudaineté qui rattache l'infection charbonneuse à l'accident.

Il fait ensuite l'historique de l'évolution de la jurisprudence en matière de charbon professionnel, au regard de la loi de 1898. Pour commencer, il fait état de décisions de justice relatives à des cas d'espèce tout à fait analogues au charbon. Ainsi la cour d'appel de Limoges en juillet 1904 regarde comme un accident du travail un durillon forcé en indiquant qu'il s'agit « d'un état morbide, qui dû à la pénétration des microbes dans les tissus, à la faveur d'éraillures de la peau, ne peut avoir pour cause occasionnelle qu'un choc, une violence, un traumatisme, fût-il léger au point de passer inaperçu, c'est à dire en d'autres termes, l'action soudaine et fortuite d'une force extérieure, un accident, en un mot ». Des décisions analogues ont été prises pour la syphilis professionnelle des souffleurs de verre à la bouche, ou pour la variole contactée par un ouvrier terrassier lors de la démolition de l'ancien hôpital des contagieux d'Aubervilliers. Dans ces différentes décisions, la relation de cause à effet est fondée non pas sur une preuve directe, non pas sur la constatation d'un fait tangible, de date certaine, mais sur des vraisemblances ou des probabilités enregistrées avec une précision suffisante.

Pour l'infection charbonneuse, le tribunal civil de Rennes a débouté la veuve d'un tanneur mort d'une pustule maligne au front, « attendu qu'il n'est pas établi que la piqure ou la lésion qui a déterminé l'inoculation, a eu lieu par le fait ou à l'occasion du travail, qu'il n'est pas impossible d'admettre que le fait générateur a pu se produire en dehors de la tannerie ».

De même, la cour d'appel d'Angers et celle de Paris en 1905 exigent que « la démonstration soit faite que l'inoculation s'est produite pendant le travail, par le fait ou à l'occasion du travail ».

Mais des décisions en sens contraire ont été prises également. Ainsi dans une tannerie du Loir-et-Cher, un ouvrier succombe, en janvier 1902 à une pustule maligne et la veuve intente une action en réparation sur la base de l'article 3 de la loi du 9 avril 1898. Le tribunal civil de Vendôme prescrit une expertise médicale pour élucider les faits de la cause et reconnaît l'accident du travail. La cour d'appel d'Orléans confirme pleinement et le patron défendeur introduit alors un pourvoi en cassation alléguant « que l'expertise est inopérante, par le motif que la loi de 1898 étant spéciale aux accidents du travail, exclut par cela même les maladies professionnelles ».

A la question posée, la Cour de cassation par son arrêt du 3 novembre 1903 répond très nettement « attendu que si la loi de 1898 ne s'applique pas aux maladies professionnelles auxquelles on ne saurait assigner une date précise et qui ne sont que la conséquence de l'exercice habituel d'une certaine industrie, il en est autrement des affections pathologiques accidentelles qui prennent leur origine et leur cause dans un fait déterminé ne rentrant pas dans les conditions normales de ce travail ». L'affaire est renvoyée au tribunal civil de Vendôme qui déclare que « l'infection ne peut avoir une cause autre que le contact, direct ou par l'intermédiaire de peaux contaminées, que la victime, dès lors, l'a nécessairement contractée au cours ou par la suite de son travail ... » et en conséquence, il condamne le patron. Aucun des arguments que soulève l'assimilation du charbon à un accident du travail n'a été laissé dans l'ombre et la décision finale de la Cour de cassation, passée en force de chose jugée, acquiert, à ce titre, une particulière autorité.

Quelques mois plus tard, le 27 juillet 1904, le tribunal civil de Castres devant lequel sont souvent portées des causes de cette nature, en raison de la fréquence du charbon à Mazamet, définit en ces termes l'esprit générateur de la doctrine constante qu'il a adopté en la matière : « attendu que le fait invoqué par le demandeur étant admis, l'on ne saurait nier qu'il constitue un accident du travail, dans le sens où l'ont entendu les auteurs de la loi de 1898 ; qu'une piqure charbonneuse qui, le plus souvent, entraîne à brève échéance, la mort de celui qui est atteint, est bien, en effet, le résultat d'une cause extérieure agissant d'une façon subite, imprévue, à laquelle il était impossible de se soustraire ; que, parmi les ouvriers de l'industrie dont la loi de 1898 a voulu assurer la protection, il n'en est guère de plus exposés que ceux occupés au délainage des peaux de moutons ; que les diverses exploitations industrielles n'offrent pas, pour les ouvriers que l'on y emploie un risque professionnel plus redoutable que celui auquel M... a succombé ».

Et dans le même ordre d'idée, Jean Cavaillé rappelle que l'an passé, en novembre 1905, dans sa section, le patron du Délainage de Lestrade ayant refusé de déclarer un accident mortel de pustule survenu dans son personnel a fait l'objet de sa part d'un procès-verbal pour infraction à l'article 11 de la loi de 1898. Le juge de simple police de Saint-Amans-Soult lui a donné gain de cause en condamnant l'industriel par jugement du 26 février 1906. De même, tout récemment un tanneur de Brassac a été poursuivi et condamné dans des circonstances identiques par jugement du 20 juin 1907.

Pour autant, Jean Cavaillé considère qu'au-delà du principe qui admet l'infection charbonneuse comme un accident du travail, la preuve de la relation de cause à effet qui reste à la charge du salarié peut dans certains cas d'espèce se révéler compliquée à administrer. Aussi il cherche dans la dernière partie de sa note à faire la démonstration de l'origine professionnelle de la maladie. Il réfute l'argumentation qui s'appuie sur le fait qu'il existe quelques cas isolés de charbon chez des sujets n'ayant aucun contact avec les produits utilisés dans les industries incriminées (laine, cuirs, crins, ...). Pour cela il appuie sa démonstration sur les statistiques anglaises établies par le docteur Legge et sur celles qu'il a établies lui-même sur la région de Mazamet. Il établit le taux de morbidité pour les sabreurs à 4,7%, pour les autres ouvriers du délainage (étuveurs, peleurs, marragos) à 0,55% et pour le personnel des industries annexes (lavage, triage de la laine, ...) à 0, 11%. Les différences observées attestent selon lui d'un risque professionnel spécial afférent à chaque genre de travail et conforte l'origine professionnelle de l'affection. Il fait ensuite la démonstration que les cas de charbon non industriels sont extrêmement rares. En France, depuis la quasi-disparition du charbon dans la population agricole liée à la mise en place d'une législation sanitaire sérieuse, les cas de charbon se concentrent dans la ville de Saint-Denis chez les ouvriers mégissiers et criniers, sur la région de Mazamet chez les ouvriers délaineurs, et dans les villes où l'on travaille du cuir, (tanneries, mégisseries, ganteries, ...) telles que Annonay, Graulhet, Saint Junien ou Millau.

Il conclut son propos en considérant que la preuve de l'origine professionnelle de l'infection charbonneuse ne doit pas être mise à la charge des ouvriers, car elle est, en raison des conditions matérielles de l'inoculation, difficile à rapporter. Au demeurant, elle est superflue car les observations de terrain et les statistiques établies tiennent lieu de preuves. La réparation des accidents charbonneux doit être abordée selon l'esprit même et les intentions du législateur de 1898. Ce droit nouveau rompt avec les traditions juridiques de droit commun et se dégage des conceptions séculaires de la faute, de la responsabilité personnelle, de la preuve à la charge du demandeur. La notion d'accident du travail doit être, selon lui, interprétée d'après sa portée vraie, à la fois très humaine et très juste, qui est d'entourer l'ouvrier de garanties spontanément efficaces, et de lui assurer « la certitude de la réparation qui doit le couvrir, depuis le moment où il se met à la disposition de son patron, jusqu'au moment où il reprend sa liberté d'action, quel que soit le lieu de son travail ou la nature du sinistre dont il est victime », tel que l'affirme le premier rapport sur l'application de la loi du 9 avril 1898.

Indépendamment de ce travail d'écriture, Jean Cavaillé est mobilisé durant cet été 1907, par son changement de résidence. En effet au mois de mai, son épouse Germaine a repéré sur une annonce affichée dans un magasin du centre-ville, la location d'une maison située au 29 bis sur le boulevard des Lices. Ses amies lui ont indiqué qu'il s'agissait d'une belle maison bourgeoise. Rapidement, elle prend rendez-vous avec le propriétaire pour aller visiter ce logement et revient séduite par ce nouveau logement plus spacieux que le leur, avec un beau jardin à l'arrière. Cette maison est beaucoup plus proche du centre-ville que l'avenue du Sidobre et cela va rendre service à toute la famille et particulièrement à Madeleine qui vient d'avoir onze ans et va rentrer maintenant au collège de jeunes filles. Jean pourra également emprunter plus facilement le petit train qui fait fonction de tramway dans la ville de Castres, à la gare voisine de l'Albinque. La proximité de la sous-préfecture facilitera aussi ses relations avec le sous-préfet et ses services. Bien sûr, le prix du loyer est plus élevé, mais Germaine promet à Jean de bien gérer leur budget et quand il bénéficiera du prochain avancement la hausse du loyer sera largement absorbée. Pour elle en effet, c'est un grand changement, car le centre-ville est là tout près et combien de pas économisés pour aller faire les courses, aller au marché de l'Albinque, au nouveau théâtre ou faire la promenade dans les jardins de l'Évêché. Après la réalisation de quelques travaux de rénovation nécessaires, elle organise elle-même le déménagement avec l'aide d'une petite entreprise locale de déménagement. Après Toulouse et Rodez, elle commence à avoir l'habitude d'emballer dans des caisses en bois toute sa vaisselle, ses ustensiles de cuisine, son linge, les livres de leur bibliothèque et le premier août, jour choisi pour le déménagement, le déménageur est surpris par la qualité du travail préparatoire qu'elle a réalisé. Le beau soleil qui brille ce jour-là sur la région de Castres permettra de tout transporter dans la journée et de prendre un premier repas au frais sur la terrasse située dans l'arrière-cour de leur nouvelle maison. Quand leur installation est terminée, elle convoque le photographe de Castres pour faire une photo de famille dans leur nouveau et beau salon, photo qu'elle n'aura de cesse de montrer à sa famille et à ses amies.

Le 1er octobre 1907, un nouvel inspecteur divisionnaire est nommé pour la neuvième circonscription, en remplacement de Monsieur Le Roy décédé brutalement quelques mois auparavant. Il s'agit d'Eugène Chambard, divisionnaire depuis 1898 à Nancy, qui va passer à Toulouse sa dernière année d'activité. Cela va soulager fortement l'inspecteur Foissac qui en sus de ses fonctions d'inspecteur départemental en Haute-Garonne assumait l'intérim de divisionnaire.

Jean Cavaillé prépare son rapport annuel d'activité. Il a réalisé mille quatre cent quatorze visites, dressé quarante-cinq procès-verbaux dont une trentaine pour des infractions au repos hebdomadaire. Il se plaint des effets de la loi d'amnistie du 12 juillet 1906, votée après l'élection du nouveau président de la République Armand Fallières, qui a pris effet en novembre 1906 et qui a entravé l'action du service en annulant l'effet moral sur lequel les inspecteurs étaient en droit de compter. Il fait état par ailleurs de l'exaspération qu'elle a créée chez les victimes des abus poursuivis. Enfin, il réclame des frais de bureau compte tenu de l'extension des charges créées par les nouvelles lois.

Chapitre 16

La circulaire du 18 février 1908

A l'automne 1907, l'épidémie redémarre et d'octobre 1907 à mars 1908, le délainage mazamétain va connaître sa plus grande vague de cas de mal charbon avec un total de douze incidences. C'est surtout la série de cinq cas, dont un mortel, survenus du 21 janvier au 6 février 1908 au sein du délainage de Montlédier au Pont-de-l'Arn, appartenant à Jules Cormouls-Houlès, qui retient l'attention et émeut l'opinion publique. Avec le docteur Sicard et parfois le sous-préfet Vassal en personne qui veut savoir de quoi il en retourne, ils observent un certain nombre de cas de pustules malignes et recueillent de nombreux renseignements.

Au délainage de Montlédier, ce sont d'abord deux sabreurs, qui après avoir pendant une quinzaine de jours travaillé des peaux suspectes venant d'Espagne, sont simultanément atteints le 21 janvier. L'un deux, Fernand G. âgé de quarante-deux ans va succomber des suites d'une pustule maligne à la nuque, alors que son collège atteint simultanément de deux pustules, l'une à la nuque et l'autre à la joue, va guérir.

Le 28 janvier, jour de l'enquête que Jean Cavaillé mène sur ces deux premiers cas, le patron Jules Cormouls-Houlès et son directeur lui demandent ce qu'il convient de faire. Il insiste fortement sur la désinfection immédiate et sur les soins de propreté à exiger du personnel. A l'issue de la visite, le patron réunit tous les ouvriers et invite l'inspecteur du travail à leur adresser quelques mots, ce qu'il fait volontiers. Jean recommande aux ouvriers de soumettre à l'examen du directeur tout bouton suspect. Au moindre doute, il faut prendre l'avis du responsable et aller consulter un médecin. Pour préciser ses explications, il met sous les yeux des ouvriers une gravure en couleur représentant fort bien la pustule aux différents moments de son évolution. En retournant à son travail, un sabreur dit à ses camarades :

— Peuh, tout le monde en a des boutons. En voici un, dont je ne me soucie guère !

Le lendemain, cet ouvrier ne revint pas à l'usine et le docteur appelé en toute hâte, déclara qu'il n'était que temps de procéder à la cautérisation. Un tel degré d'insouciance et d'irresponsabilité alors même qu'un collègue de travail vient de décéder, laisse l'inspecteur pantois.

Dans les jours suivants, les peaux en cause passent au retrempage, à l'étuvage et au pelage sans accident charbonneux. Mais lors du séchage des cuirots et des laines au calorifère, le 3 février, une trieuse de laines employée au séchage des laines contracte une pustule maligne. Jusque-là, la marche de l'épidémie était normale, la trainée infectieuse suivant le même chemin que celui parcouru par les matières infectées. Mais le 6 février, c'est une peleuse qui est atteint du charbon. Ce jour-là, les matières contaminées avaient quitté l'usine et il faut bien en conclure qu'un germe a dû rester sur le banc de la peleuse, sur ses ciseaux ou bien sur ses vêtements ou sous ses ongles, d'où l'intérêt de la désinfection totale des ateliers et des outils de travail qui aurait pu détruire la bactéridie.

Trois autres cas vont survenir jusqu' à la fin mars 1908 dans trois délainages distincts avec des peaux venant d'Espagne. Malgré des emplacements délicats aux joues et au cou, les trois jeunes ouvriers vont guérir rapidement, correctement pris en main par la médecine officielle.

Dans le rapport qu'il établit pour le ministère, Jean Cavaillé évoque une lettre reçue par la commission sanitaire de Mazamet émanant de l'Institut Pasteur qui met en doute la valeur des statistiques sur les cas de charbon observés dans les délainages. Il se sent particulièrement mis en cause dans la mesure où c'est lui et lui seul qui a établi une statistique fiable sur ce sujet depuis son arrivée à Castres six ans auparavant. Alors, il se défend et remet les choses en place, car quelque part c'est sa crédibilité personnelle vis à vis du Ministère qui est en jeu, au moment même où l'on fait souvent appel à lui dans le cadre des travaux d'élaboration du décret spécifique devant traiter de l'infection charbonneuse. D'après la lettre de l'Institut Pasteur, il n'est pas possible, étant donné les renseignements acquis sur la fréquence de la pustule maligne en France, que le nombre des cas soit aussi élevé dans la seule industrie du délainage. Certains cas supposés de charbon seraient en réalité des accidents infectieux analogues à la piqûre analogique des médecins, dus à l'inoculation, non du Bacillus Anthracis, mais de ptomaïnes cada vériques provenant de peaux en voie de putréfaction.

Jean se permet donc la réponse argumentée suivante, considérant que de ces deux affirmations, l'une est fondée sur une inexactitude et l'autre est purement hypothétique :

« Pour apprécier l'importance relative du nombre de cas de charbon observés signalés à Mazamet, il faut se référer, non à une statistique générale des cas de charbon en France, mais aux relevés partiels faits dans les centres industriels placés sous les mêmes conditions que Mazamet. Que disent ces relevés ? Parmi les ouvriers criniers et mégissiers de Saint-Denis (neuf cent vingt ouvriers), le docteur Le Roy de Barres a noté de 1875 à 1896, soixante-douze cas de charbon, ce qui donne un risque professionnel par année de 0,35 %. Dans le même centre, de 1897 à 1905 (douze cents ouvriers), le docteur Debray a relevé soixante-quatre cas, soit un risque de 0,59%. En Angleterre, le docteur Legge a constaté dans le groupe de quatre mille deux cent soixante-quatre ouvriers trieurs de laine et peigneurs de laine (groupe professionnel assez analogue aux ouvriers de Mazamet), cinquante-six cas en cinq ans, soit 0, 26%. Or à Mazamet, pour une population moyenne de trois mille deux cents ouvriers, la proportion est de 0,27%. Ce pourcentage est donc l'un des plus faibles que j'ai cités et défend la statistique que je donne contre tout reproche d'exagération.

Il ne faut pas oublier, d'autre part que Mazamet est le centre du monde qui traite industriellement la plus grosse quantité de peaux de moutons, environ vingt-cinq millions de peaux par an. Plus des quatre cinquièmes des peaux exportées de La Plata (Argentine et Uruguay) en 1907 sont venues à Mazamet. Cette énorme accumulation de matières animales qui sont loin d'être saines, pourrait même justifier un coefficient plus élevé de morbidité charbonneuse.

L'hypothèse que des cas d'infection signalés sont plutôt des accidents septiques analogues à la piqûre anatomique ne paraît guère fondée. Elle a le grave défaut de se heurter aux constatations et aux déclarations souveraines des docteurs qui ont reconnu la pustule maligne. Même sous la variété de ses aspects, la pustule maligne apparaît avec certains caractères typiques qui lèvent toute incertitude, chez le praticien qui a assisté de près à l'évolution du mal. Une erreur n'est possible qu'à titre exceptionnel et pour certains cas douteux, si bien que le docteur Gallard, analysant le rapport du docteur Legge, peut avancer que la responsabilité du diagnostic reste bien plus entre les mains du praticien, sur le terrain clinique qu'entre les mains du bactériologiste. Pour quatre cas des plus récents, le docteur Sicard, de Castres, médecin des épidémies, intervenant après le médecin traitant, a vu les malades et, sans hésitation, a reconnu les caractéristiques de la pustule maligne.

D'autres arguments peuvent être opposés à l'hypothèse qui est objectée par l'Institut Pasteur. La piqûre anatomique est généralement mortelle, malgré la rapidité des soins antiseptiques. Si l'on se rapporte à la totalité des cas observés dans le délainage mazamétain, l'on verra que sur quarante-six cas de pustule, onze ont eu une issue fatale, soit un taux de mortalité de 24%, taux qui se rapproche sensiblement des proportions notées dans d'autres pays 24,1 % en Italie, 26 % en Angleterre, et 31, 6 % en Allemagne.

La piqûre anatomique siège généralement aux mains, puisque c'est aux mains que l'opérateur se blesse soit par les outils de chirurgie, soit par les esquilles. La statistique mazamétaine, qui concorde d'ailleurs exactement sur ce point avec les statistiques dressées en Angleterre ou à Saint-Denis, établit que la pustule maligne, sur quarante-six cas n'a siégé à la main qu'une seule fois. La piqûre anatomique est consécutive à une vraie piqûre, à une coupure ; le traumatisme initial, à la faveur duquel le virus a pénétré dans l'organisme, ne passe pas inaperçu. Des blessures faites pendant le travail avec des outils infectés, peuvent donner naissance à des plaies très sérieuses où se développe la septicémie gangréneuse, par suite de l'envahissement des tissus par le vibrion septique. Ce genre d'infection a provoqué, il y un an, la mort d'un ouvrier mégissier à Graulhet. Ces plaies peuvent n'être pas toujours aussi graves et donner lieu à de l'œdème, à de la purulence, et se cicatriser après un temps plus ou moins long. Sur cent accidents déclarés en 1907 dans l'industrie du délainage, j'ai relevé trente-trois accidents dus aux blessures faites par des crochets d'étuve, des couteaux ou ciseaux de pelage ; les certificats médicaux les qualifiaient d'une formule quasi-unanime : plaie envenimée ou infectée. Pas un accident charbonneux ne s'est développé sur ces plaies et aucun de ces cas ne figure dans la statistique.

Est-ce à dire que tous les cas de pustule maligne sont exclusivement charbonneux et uniquement attribuables à l'infection bactéridienne ? L'inoculation accidentelle peut introduire dans l'organisme, en même temps que le Bacillus Anthracis, d'autres germes. Par suite, la pustule maligne peut être accompagnée de phénomènes de septicémie général avec ou sans agent spécifique, qui la déforment peut-être et l'aggravent sûrement. Mais la pustule garde son aspect non équivoque, sui generis ; de sorte que, et ceci soit dit pour résumer cette partie de la discussion, lorsqu'une série de certificats médicaux a parfaitement établi la fréquence parmi les ouvriers délaineurs, de la pustule maligne, il paraît peu admissible que l'on vienne, après coup et hypothétiquement, contester la valeur de diagnostics non concertés émanant de l'unanimité du corps médical de Mazamet et de la région avoisinante.

La statistique fondée sur de tels documents peut être acceptée comme un base sérieuse d'observations ».

Comme on le voit, le ton est acerbe et il n'hésite pas à ferrailler contre le prestigieux Institut Pasteur, affirmant par là sa connaissance approfondie du sujet et son grand professionnalisme. Au passage, il se fait le défenseur des ouvriers mazamétains en refusant que l'on minimise l'impact réel du mal charbon sur la région de Mazamet, ainsi que des médecins dont il défend le sérieux et la compétence. Car bien entendu, il informera les membres de la Commission sanitaire de Mazamet du contenu de sa réponse, renforçant par-là, la cohésion entre tous les partenaires qu'il a mobilisé pour lutter plus efficacement contre le charbon.

Au-delà des mesures collectives, d'aménagement des locaux permettant d'assurer une hygiène renforcée des ouvriers, de fournitures des protections individuelles indispensables, il insiste une fois de plus sur l'exigence de l'éducation des ouvriers :

« Il est évident que le succès de toutes les mesures prophylactiques proposées est subordonné à la bonne volonté des ouvriers et à leur clairvoyance. La vérité m'oblige à dire qu'à Mazamet l'une et l'autre font souvent défaut...

C'est aux industriels, aux directeurs qu'il appartient de faire le nécessaire et de surveiller leur personnel, afin que le moindre bouton soit traité sans retard.

Malheureusement, parmi les ouvriers de Mazamet, il règne un état d'esprit très fâcheux qui fait la gravité de la situation. Alors que le traitement classique de la pustule (c'est celui pratiqué à Saint-Denis par le docteur Le Roy des Barres) est employé couramment et avec succès par les médecins de Mazamet, la population ouvrière n'a pas confiance dans la médecine officielle, qu'elle considère comme impuissante à vaincre le charbon. Je pourrais citer deux cas récents où la victime et sa famille ont refusé jusqu'au bout, jusqu'à la mort pour l'un d'eux, tout recours médical. Parfois l'intervention du docteur est sollicitée, en vue seulement de la délivrance du certificat médical qui permettra de toucher les indemnités prévues par la loi de 1898 ; puis on l'écarte, on néglige ses recommandations, à moins qu'on ne les contrecarre. La confiance va, illimitée, aveugle, vers un empirique qui prétend détenir, et le garde comme un secret, le moyen de guérir le charbon. Les ouvriers sont, à l'égard de ce guérisseur d'une crédulité puérile et désolante. C'est lui qui supplante le médecin auprès des malades ; lorsque le médecin n'a pu être écarté du chevet du malade, l'empirique survient la nuit, impose ses prescriptions toujours écoutées et reçoit une forte rétribution garantie (le fait est tellement inouï que je n'ose l'affirmer sans réserves, bien que j'en sois certain) par la caisse d'un puissant syndicat ouvrier de Mazamet.

Cette question du charbon se présente donc à Mazamet sous un angle tout particulier et local et à un point de vue plutôt moral.

Il faut réagir, non par la violence, certes, mais par un effort permanent de persuasion, contre une mentalité qui fait trop de place à la superstition. Il faut faire l'éducation des ouvriers et notamment leur faire comprendre que si un danger trop réel les menace, la science médicale fournit le moyen sûr de conjurer ce danger. C'est cet esprit que je m'efforce de faire prévaloir dans mes relations soit avec les ouvriers, soit avec leurs organisations syndicales. Dans cette intention, j'ai rédigé, dès 1903, des recommandations aux ouvriers qui édictées sous forme d'affiches, se trouvent dans la plupart des délainages. Je me propose de poursuivre cette œuvre soit par voie de conférences, soit par voie de brochures ».

Son rapport, fait plutôt rare, sera publié au Bulletin de l'Inspection du travail de novembre-décembre 1907, fin février 1908 en même temps que sa note sur l'infection charbonneuse et la loi de 1898, ainsi que le rapport sur les prescriptions à édicter contre le charbon industriel établi par le docteur Le Roy des Barres.

En fait, ces publications précèdent de quelques jours, la circulaire ministérielle du 18 février 1908 sur les précautions à prendre face à l'infection charbonneuse, destinée à compenser le retard pris par la parution d'un décret spécifique. Les mesures prophylactiques mises en avant sont globalement celles prévues par l'avant-projet de décret, à savoir :

— Désinfection préalable à toute manipulation, à moins d'incompatibilité avec les nécessités du travail.

— Mise à disposition du personnel, de gants imperméables si les manutentions sont de nature à causer des ulcérations de la peau, de tabliers et de jambières imperméables si le corps est exposé à être mouillé.

— Dans les locaux où sont exécutés des travaux dangereux, le sol sera formé d'un revêtement imperméable ou jointif se prêtant facilement au lavage, les murs seront recouverts soit d'un enduit permettant un lavage efficace, soit d'un badigeon à la chaux, refait toutes les fois que la propreté l'exigera et au moins tous les trois ans.

— Dans les ateliers, les sols, les murs sur une hauteur de deux mètres, les tables, les établis, les sièges et les outils seront lavés aussi souvent que nécessaire avec une solution désinfectante.

— Le cube d'air ne sera pas inférieur à dix mètres cube et un renouvellement de trente mètres cube par travailleur et par heure doit être assuré.

— Pour les laines, crins, soies de porc et poils de provenance extra européenne, les manipulations seront faites autant que possible en vase clos ; les manutentions qu'il est impossible de faire de cette façon, comme l'ouverture des ballots devront être faites sur une aire à claire-voie ventilée efficacement.

— Un vestiaire renfermant des lavabos en quantité suffisante doit être mis à disposition des salariés. Ces lavabos seront munis de serviettes individuelles et de savon ; chaque ouvrier disposera d'une armoire fermant à clef avec double compartiment séparés : l'un pour les vêtements de travail, l'autre pour les vêtements de ville. Ces armoires seront nettoyées à fond chaque semaine.

— Des surtouts et coiffures exclusivement affectés au travail pour protéger efficacement la tête, le cou et les bras, doivent être mis à la disposition du personnel ; le chef d'établissement doit exiger que ces effets soient portés pendant le travail, et les faire laver et désinfecter toutes les semaines.

— Des soins médicaux doivent être donnés au personnel par un médecin attaché à l'établissement. Tout salarié qui a, soit un bouton, soit une coupure, écorchure ou plaie non cicatrisée, doit dans son propre intérêt, le déclarer immédiatement au chef d'établissement ou au médecin de l'établissement. Le chef d'établissement doit faire panser immédiatement tout ouvrier atteint de coupure, écorchure ou plaie non cicatrisée et l'écarter des travaux dangereux à moins de protection par pansement occlusif reconnu efficace par le médecin. Il doit également le faire examiner par le médecin et celui-ci doit inscrire à leur date sur un registre spécial toutes les circonstances des cas qu'il aura examinés, ainsi que le nom et l'âge de l'ouvrier, le travail auquel il était occupé. Tout cas de charbon qui se produit dans l'établissement doit être inscrit sur ce registre

— Enfin, une affiche portant le nom et l'adresse du médecin chargé du service médical de l'établissement et rappelant les dangers du charbon et les précautions à prendre doit être apposée dans tous les locaux de travail.

Cette affiche allait complètement dans le sens que préconisait Jean Cavaillé, à savoir l'insistance auprès des ouvriers à se faire soigner le plus vite possible. Pour le reste, il appréciait beaucoup le tour de passe-passe effectué par le ministère qui avec cette circulaire avait contourné toutes les oppositions. Même si ces dispositions n'avaient pas strictement un caractère règlementaire, elles allaient pouvoir servir de base à tous les inspecteurs du travail pour établir des mises en demeure sur la base de l'article 2 de la loi du 12 juin 1893 et du décret du 29 novembre 1904, sans grand risque d'être contesté devant un tribunal administratif. Au demeurant, les prescriptions imposées étaient souples et nuancées si bien que chaque inspecteur pouvait apprécier au cas par cas ce qui devait être strictement imposé ou pas, et par ailleurs on avait pris grand soin à ne pas enfreindre les grands principes déontologiques et notamment le secret médical. Les médecins étaient invités à inscrire sur le registre « les circonstances » des cas examinés, si bien que c'était eux et eux seuls qui appréciaient au cas par cas ce qui pouvait être dévoilé ou pas. Pour Jean Cavaillé qui avait un grande habitude de traiter des cas de charbon, cette circulaire n'apportait rien de véritablement nouveau, mais sa diffusion allait conforter son autorité sur le sujet. Il invita tous les patrons délaineurs à placarder la nouvelle affiche et surtout à indiquer clairement à leurs ouvriers le nom du médecin chargé du service médical de l'établissement. Cela devait dans son esprit servir à combattre sur le mazamétain la toute-puissance de l'empirique.

Une fois la circulaire du 18 février 1908 publiée, Arthur Fontaine poursuit son idée de donner à celle-ci un caractère réglementaire et demande à ses services de retravailler sur un projet de décret. Il demande au professeur Langlois de tenir le rôle de rapporteur au sein de la commission d'Hygiène industrielle et accepte l'idée de désigner Jean Cavaillé en qualité de co-rapporteur.

C'est ainsi que Jean va avoir l'occasion de participer à trois réunions de cette commission au cours desquelles le sujet du charbon professionnel est à l'ordre du jour. Cette commission mise en place par l'arrêté du 11 décembre 1901, est chargée de préparer au fur et à mesure des nécessités constatées et avant examen par le comité consultatif des Arts et Manufactures, les projets de règlements d'administration publique, relatifs à certaines industries ou à certains modes de travail. Elle est présidée par le docteur Duclaux, directeur de l'Institut Pasteur et comprend un conseiller d'État, en l'occurrence Arthur Fontaine, directeur du Travail, deux médecins, un professeur du conservatoire des Arts et Métiers, un professeur de droit, un représentant patronal et un représentant ouvrier, tous deux membres du Conseil supérieur du Travail, et un inspecteur divisionnaire du travail. Pour chaque projet de décret, il est adjoint à la commission, un certain nombre de membres choisis en raison de leur compétence spéciale dans les questions intéressant l'industrie ou le genre de travail en cause. En ce qui concerne le projet de décret sur le charbon, la commission s'est adjointe successivement Monsieur Combe, industriel, président honoraire de la Chambre syndicale des mégissiers et teinturiers en peaux, Monsieur Jossié, industriel, président de la Chambre syndicale des cuirs et peaux de Paris, Monsieur Le Mao, ouvrier tanneur, conseiller prud'homme, Monsieur Pin, membre du Conseil supérieur du travail et enfin Jean Cavaillé, inspecteur départemental du travail en qualité de co rapporteur.

La première réunion à laquelle il est convié se tient la deuxième semaine de juillet, et à cette occasion, il décide d'emmener sa petite famille à Paris où ils séjourneront une semaine dans un petit hôtel près de la gare Montparnasse.

Au cours de cette séance, le professeur Langlois qu'il assiste, présente l'architecture d'un nouveau projet de décret qu'ils ont travaillé ensemble durant les semaines précédentes. Par comparaison avec l'ancien projet élaboré en 1905, celui-ci met en avant dès l'article deux, le rôle du médecin désigné par le chef d'établissement qui doit procéder rapidement à un examen dans tous les cas d'apparition de bouton suite à des piqûres, ou écorchures.

Par ailleurs, les mesures prophylactiques complémentaires au droit commun seront réservées aux travaux de matières considérées comme dangereuses, en fonction uniquement de leur origine et du pays de provenance. Cela relèvera d'un arrêté commun du ministère du Travail et de celui de l'Agriculture. A cette occasion, Jean reprend la démonstration présentée dans ses rapports précédents sur, à la fois la nécessité d'une intervention médicale rapide, l'importance du critère de l'origine des produits travaillés et le degré de vigilance à apporter.

Leurs propositions sont reçues plutôt favorablement notamment par les deux représentants patronaux qui les jugent plus pragmatiques que les dispositions précédentes et il est convenu que l'on reverra le détail des articles lors d'une prochaine réunion.

Cette semaine passée à Paris constitue quasiment les premières vacances pour la famille Cavaillé, habituée jusque-là à séjourner à Toulouse dans le Tarn-et-Garonne ou le Gers chez leurs parents respectifs. On en profite pour visiter Notre-Dame, la tour Eiffel, les Champs Élysées, l'Arc de Triomphe, l'Hôtel des Invalides et pour se promener dans les lieux les plus prestigieux de la capitale. Germaine est impressionnée par la dimension des avenues, des places et des esplanades, ainsi que par les grands magasins et Madeleine par la circulation de tous ces engins automobiles qui peu à peu remplacent les chevaux. Mais le temps des congés passe vite et déjà il faut rentrer à Castres.

Deux nouveaux cas isolés de pustule maligne à la joue surviennent sur Mazamet en juin et en décembre 1908, avec la guérison au bout. Pour la première fois, il a à connaître de cas d'infection charbonneuse sur Graulhet, dans la mégisserie. Cinq cas se sont en effet déclarés au cours de l'année 1908, dont un mortel. Les enquêtes qu'il conduit l'amènent à considérer que certains cas sont dus à la persistance de la présence du bacille du charbon dans des cuirots délainés à Mazamet ; tandis que d'autres trouvent leur origine dans des matières premières, des peaux en laine achetées directement dans les mêmes pays de production que ceux auxquels s'adressent habituellement les délaineurs mazamétains. Les mêmes causes produisant les mêmes effets, il est amené à dresser un certain nombre de mises en demeure pour l'amélioration des conditions d'hygiène dans les mégisseries graulhétoises, et à développer les conseils d'hygiène auprès du syndicat patronal, du syndicat ouvrier et des médecins de la ville.

Jean se dit qu'il faut être patient et que les efforts qu'il poursuit depuis plus de sept ans maintenant finiront par porter leurs fruits. Mais ce dossier aussi important soit-il à ses yeux, ne constitue pour autant qu'une petite part de son activité globale.

Chapitre 17

1908, une année ordinaire

Le nombre global de salariés à contrôler a encore augmenté durant l'année 1908, et cette progression est le fait de l'industrie textile, qui constitue le groupe industriel le plus important du Tarn, puisqu'il occupe maintenant près de dix mille salariés. En dépit d'une crise pénible dans les deux principales branches textiles, le délainage des peaux de moutons et la fabrication de nouveautés pour hommes, le personnel a été conservé en prévision d'une reprise attendue. Mais les ouvriers ont dû subir des chômages intermittents. La fabrication des molletons et flanelles, encore si importante à Mazamet, la bonneterie, la broderie mécanique sont en revanche très actives et cette prospérité a entraîné une augmentation sensible du nombre d'ouvriers employés. En revanche le nombre d'établissements à contrôler a baissé. Jean Cavaillé observe en effet une transformation des moyens de production, caractérisée par une concentration des activités textiles dans des établissements moins nombreux et de taille plus conséquente. Prenons l'exemple précis de la fabrication des étoffes. Naguère, les principales opérations industrielles s'effectuaient dans des établissements distincts : c'étaient des façonniers qui pratiquaient la teinture, la filature, le tissage en atelier ou à domicile, le foulage et l'apprêt des draps. Le fabricant ne regroupait chez lui que quelques ouvriers ou employés qui ourdissaient la chaine, recevaient et vérifiaient la pièce de drap. Ce type de production n'a pas encore complètement disparu mais il se fait de plus en plus rare. Les industriels réunissent maintenant, dans un établissement unique dont ils gardent la direction et la surveillance, tout le personnel qui travaillait à façon dans des ateliers dispersés. Beaucoup de fabricants font encore filer à façon, mais presque tous ont leur tissage, mécanique ou non, et la plupart ont leur teinture et leurs apprêts. Par ailleurs, des usines proprement dites de teinture et d'apprêts se sont constituées qui, travaillant avec un personnel nombreux et un matériel perfectionné, produisent vite et à un bon prix. De sorte que la transformation opérée condamne à l'inactivité un nombre assez élevé de petits établissements, teintures, tissages à main, foulons, naguère prospères. Tous n'ont pas disparu, quelques-uns survivent, mais végètent, réduits à leur simple expression. Ce sont des ateliers familiaux qui, en raison du personnel qu'ils occupaient, faisaient partie des établissements à contrôler et qu'il doit rayer dorénavant de ses listes.

La durée de la journée de travail est maintenant généralement de dix heures, c'est le type de la journée normale, même s'il y a des exceptions. Dans les mégisseries à Graulhet suite à un mouvement de grève de courte durée, la journée a été fixée par un compromis conclu entre le syndicat patronal et le syndicat ouvrier à neuf heures pour les femmes et à neuf heures et demi pour les hommes. Le travail s'effectue normalement entre six heures et onze heures du matin et entre une heure et six heures du soir. Tout le personnel jouit d'un quart d'heure de repos dans la matinée et d'autant dans l'après-midi.

C'est aussi à la suite d'une grève que les ouvriers de trois minoteries importantes de Gaillac et Albi obtiennent que la durée du travail quotidien fixée à douze heures soit ramenée à onze heures. Il assiste à la même chose à Castres ; au cours de l'été, suite à une grève, deux industriels de la teinturerie qui avaient renvoyé leurs ouvrières il y a huit ans pour maintenir la journée de onze heures et demi, ont accordé la journée de dix heures.

En ce qui concerne les enfants, la tendance serait plutôt à les reprendre, là même où, dans un accès de mauvaise humeur, ils avaient été naguère remerciés. Ainsi un entrepreneur de travaux publics, contre lequel il avait relevé trois ans avant deux cent soixante-cinq contraventions, a ouvert cette année un nouveau chantier pour la prolongation de la voie ferrée vers Lacaune sur lequel il a intégré des enfants. Une briqueterie d'Albi a même rappelé des femmes qu'elle avait congédiées huit ans auparavant.

Dans son esprit, cela consacre cette vérité que les industriels finissent par reconnaître, sans oser l'avouer franchement, que les longues journées ne sont pas les plus productives. La réduction à dix heures de la journée de travail n'a donc porté aucune atteinte à la vitalité de l'industrie.

Une fabrique de draps « nouveautés » de Mazamet le sollicite pour une tolérance au dépassement de la durée journalière de travail pour les femmes, en raison d'un surcroit extraordinaire de travail. Après enquête, il refuse d'accorder la dérogation considérant qu'il existe d'autres façons de traiter ce surcroit de travail. Le chef d'entreprise en convient et accepte de mettre en place momentanément une équipe supplémentaire constituée avec les tisserands chômeurs des localités voisines, qui travaillent la nuit sur les métiers qui sont conduits le jour par le personnel ordinaire de l'usine. Il est satisfait de constater que son action permet d'améliorer le sort d'un certain nombre de salariés momentanément sans travail.

En ce qui concerne la nouvelle loi sur le repos hebdomadaire, il est amené à mettre en demeure un commerçant d'Albi de donner comme jour de repos à son unique employée, le dimanche. Une demande de dérogation ayant été rejetée par la préfecture, le négociant passe avec cette employée un compromis d'après lequel il donne à cette personne le titre de gérante. Les circonstances de fait constituant la gérance, énoncées par divers arrêts récents de la Cour de cassation, n'existant pas, il dresse procès-verbal. Malheureusement le Parquet classe l'affaire en s'appuyant sur le compromis de gérance et refuse de revenir sur sa position malgré les arguments juridiques qu'il produit. Le Parquet s'appuie pour cela sur la confirmation par la cour d'appel de Toulouse d'un jugement du tribunal correctionnel d'Albi acquittant un minotier poursuivi pour infraction à la loi de 1906, qui prétendait avoir deux gérants responsables. Jean Cavaillé n'est nullement convaincu mais doit s'incliner devant le principe d'opportunité des poursuites reconnu au Parquet.

D'une manière générale sur Albi, et jusqu'à ces derniers temps, le repos collectif du dimanche avait été respecté dans les magasins, auxquels des dérogations avaient été généralement refusées. Mais une société importante possédant plusieurs établissements dans le midi qui a fait valoir une diminution notable des recettes attribuées à la fermeture le dimanche, vient d'obtenir de la préfecture en fin d'année 1908, une dérogation analogue à celle qu'elle a obtenue dans d'autres villes. Et ce malgré l'avis défavorable que Jean Cavaillé a émis, considérant que la baisse des recettes mises en avant était surtout le résultat de la crise commerciale qui sévit depuis plusieurs mois. Immédiatement d'autres négociants ont introduit des demandes et il y a fort à craindre que cela fasse tache d'huile, la préfecture ne pouvant refuser à d'autres ce qu'elle vient d'accorder à ce grand magasin.

Enfin les maires des principales villes ont déclaré par arrêté municipal jours de fête locale, les dimanches précédants Noël et le jour de l'an : Castres pour quatre dimanches, Graulhet pour deux et Mazamet pour six. L'arrêté du maire de Castres prévoit que les commerçants ayant obtenu le bénéfice de ces dispositions devront donner à leur personnel un repos compensateur. Cette clause destinée à prévenir les réclamations des salariés ne lui paraît pas légale et en cas de non-exécution, il ne voit pas quelle sanction pourrait intervenir, en dehors, bien entendu, du refus par le maire d'accorder ultérieurement la même faveur.

Sur le plan sécurité, il est alerté par une déclaration d'accident de trois salariés ayant perdu connaissance dans une usine de broyage de silice près de Murat. Il monte sur place pour procéder à une enquête et entend les trois ouvriers en question. Ces trois salariés ont été victimes d'un empoisonnement par suite des émanations provenant soit du moteur à gaz pauvre, soit de son gazogène. En fait, les victimes lui avouent qu'ils avaient bu plus que de coutume avec le mécanicien monteur qui avait installé le moteur, et c'est pour cette raison qu'ils ont passé la nuit dans la salle du moteur et ont été victimes des émanations de celui-ci, heureusement sans conséquences fâcheuses. Pour autant, il dresse une mise en demeure, conformément aux prescriptions des articles 6 et 5 du décret du 29 novembre 1904, demandant non seulement la séparation par une cloison étanche du moteur d'avec le gazogène, mais aussi l'évacuation des gaz toxiques et l'aération des deux salles ainsi formées. Suite à cette enquête, il signifie une mise en demeure analogue dans deux autres carrières de la montagne tarnaise.

A l'automne 1908, du 23 octobre au 3 novembre, un mouvement de grève touche vingt-six mégisseries mazamétaines sur trente. M. Sarrat le patron de Bellerive préside également le Syndicat patronal des mégissiers, et refuse systématiquement toutes les revendications et notamment la suppression du travail aux pièces. Le conflit se conclut par une transaction dans laquelle les syndicats se contenteront de concessions minimes en matière d'augmentations de salaires.

Au mois d'octobre, Jean Cavaillé est convoqué par le sous-préfet qui doit proposer un avis pour son inscription au tableau d'avancement d'Inspecteur départemental de troisième classe. L'entretien se déroule cordialement et le sous-préfet l'assure qu'il proposera au préfet de faire remonter au Ministère un avis très favorable pour sa promotion.

Le 1er novembre 1908, Monsieur Herbo est nommé inspecteur divisionnaire en charge de la neuvième circonscription à Toulouse, en remplacement de Monsieur Chambard, qui part à la retraite. Il arrive de Paris où il était inspecteur départemental de première classe, après avoir exercé longtemps à la première section de Lille.

Lors de leur première rencontre à la mi-novembre pour une réunion de circonscription, Jean Cavaillé lui remet le nouvel article qu'il vient de terminer sur l'hygiène des ouvriers dans les verreries à bouteilles, qui paraîtra dans le Bulletin de l'Inspection du travail au titre des travaux originaux de janvier-février 1909.

Il compile dans cette note tout ce qu'il a observé et appris au cours des différentes visites qu'il a eu l'occasion de réaliser au cours des sept années précédentes au sein de la verrerie Sainte-Clotilde de Carmaux et de la verrerie Ouvrière d'Albi. Il y traite essentiellement du problème de la transmission des maladies contagieuses, tuberculose et syphilis, par la canne à souffler, ainsi que de la ventilation mécanique des verreries et de l'aspiration des fumées. Même si les conditions de travail restent difficiles dans les verreries, après l'allongement de l'arrêt dominical à seize heures pour donner à chaque ouvrier un repos de trente-deux heures consécutives mis en place en 1906, la réduction de la durée de la journée de travail à huit heures par la constitution d'une troisième équipe de nuit, intervenue en 1908, constitue un progrès considérable. Grâce à l'investissement qu'il a réalisé sur l'infection charbonneuse dans le sud du départemental, Jean Cavaillé s'est familiarisé avec les considérations médicales en matière de pathologie professionnelle et cela l'a fortement aidé pour appréhender les manifestations de syphilis et de tuberculose chez les souffleurs de verre à la canne. La solution radicale est bien sûr le soufflage mécanique qui supprime totalement le risque mais malheureusement le soufflage à la bouche est encore pratiqué dans la plupart des verreries. Aussi pour faire face au problème de la syphilis, il préconise d'imposer aux maîtres-verriers l'obligation de soumettre leur personnel souffleur à une visite mensuelle qui permettrait au médecin de relever à temps les signes précurseurs de l'infection et en éloignant le malade, de mettre les autres ouvriers souffleurs à l'abri d'une redoutable promiscuité. Décidément, l'idée d'une sorte de médecine du travail lui trotte dans la tête.

Par ailleurs, il fait état dans sa note des procédés de ventilation des halles de verreries de manière à rendre les conditions de température, surtout en période estivale, acceptables : celui mis en place en 1904 à Carmaux à l'aide de « pankas », en fait des grands éventails rectangulaires qui se balancent au-dessus de la tête des souffleurs, entrainés par la rotation de ventilateurs ; et celui mis en place tout récemment à Albi, en 1908, par un système de ventilateurs à ailettes à l'aplomb de chaque place. Enfin il évoque le système d'aspiration des fumées mis en place récemment à la verrerie d'Albi qui consiste à mettre en face de chaque moule à bouteille une canalisation aménagée dans la maçonnerie, sous les places, qui va déboucher dans un collecteur central, lequel aboutit à un ventilateur aspirant ; les fumées sont ainsi systématiquement aspirées et refoulées dans une cheminée métallique d'une douzaine de mètres de haut. Deux fours peuvent être ainsi accouplés et desservis par le même appareil d'aspiration. On obtient ainsi une pureté de l'air quasi irréprochable. Il termine sa note, en citant la réflexion mélancolique que lui a faite lors d'une visite récente un vieux verrier albigeois, :

— « Ah ! si l'on nous avait donné tout cela vingt ans plus tôt ! »

Enfin alors qu'au plan national le débat sur l'abus de l'utilisation des enfants notamment étrangers dans certaines verreries du nord et de l'est de la France fait rage, il se réjouit de ne pas avoir à déplorer ici pareilles vilénies, et cela il l'attribue à la forte présence syndicale qui dans ce nord du département a depuis longtemps interdit de telles pratiques.

L'année 1908 s'achève et quand il fait le bilan il compte encore mille quatre cent soixante-douze visites réalisées au cours de cet exercice, soit environ cent vingt visites par mois et huit visites par jour de contrôle. Certes, il y a beaucoup de tout petits établissements pour lesquels le contrôle est rapide, mais enfin avec les déplacements qui parfois prennent un temps infini, cela nécessite une belle énergie et parfois un brin de lassitude effleure son esprit.

Il est toutefois heureux de constater que son nom figure dans l'arrêté du 15 décembre 1908 établissant le tableau d'avancement pour 1909, pour autant son rang de classement le déçoit un peu car il n'est pas assuré d'être promu immédiatement.

Madeleine, de son côté, s'est bien intégrée au collège où elle a réalisé une très bonne classe de sixième, la cinquième est un peu plus ardue pour elle, en mathématiques notamment. Germaine pour sa part apprécie considérablement son nouveau logement. Sur les Lices, elle se sent beaucoup moins isolée que sur l'avenue du Sidobre. Cela lui a permis de rencontrer beaucoup de monde et de se faire quelques amies supplémentaires avec lesquelles elle va régulièrement faire les magasins dans le centre-ville. Tous les mercredis après-midi, elle rejoint un petit groupe qui se réunit dans un salon de thé sur la place Nationale. Elle lit beaucoup et échange avec ses copines ses impressions sur tel ou tel ouvrage qui vient de paraître. Une de ses nouvelles amies l'amène à la bibliothèque municipale et c'est ainsi qu'elle va devenir bénévole et tenir des permanences, procéder à l'achat d'ouvrages et contribuer au bon fonctionnement de cette institution, si importante pour elle à l'éveil des enfants à la culture. Cette activité lui permet de rencontrer du monde et de faire sa propre vie mais aussi de moins languir à attendre Jean, qui s'investit tellement et consacre tant à l'exercice de ses fonctions.

Chapitre 18

La grande grève des ouvriers délaineurs de Mazamet

(10 Janvier- 6 mai)

L'année 1909 va être marquée par le mouvement de grève le plus important de l'histoire du délainage mazamétain. Jean Cavaillé va suivre le déroulement des évènements au jour le jour, à travers les rapports du commissaire de police que lui transmet le Sous-préfet, et la lecture quotidienne assidue des articles de presse de la Dépêche et des autres organes de presse locaux. Tous les quinze jours, en effet, il doit faire remonter au Ministère du travail la fiche de suivi de toutes les grèves et conflits collectifs de travail pour la préparation des fiches nationales publiées dans le Bulletin mensuel de l'Office du travail. La grève de Mazamet avec ses trente-deux établissements concernés et ses mille deux cent trente grévistes va figurer au palmarès national durant presque quatre mois du 10 janvier au 6 mai 1909. De fait, il lui était très difficile de déterminer avec précisions le nombre de grévistes qui fluctuait tout le temps, alors il a choisi de faire figurer sur la statistique un nombre minimal mais assuré de grévistes. Le syndicat de la Fédération avait clairement posé les revendications dans une lettre du 22 décembre 1908, à savoir pour l'essentiel une augmentation de salaire en faveur des peleurs de 0,50 francs de plus aux cents peaux, et des marragos, un franc de plus pour les hommes et 0,50 francs de plus pour les femmes. Les patrons vont refuser ces demandes considérant que la question des salaires était solutionnée par la convention de 1903, et que tout au plus ils seraient prêts à examiner une répartition reconnue plus équitable entre les catégories des ouvriers délaineurs. Les syndicats dans une lettre du 6 janvier refusent catégoriquement cette proposition consistant à diminuer les uns pour augmenter les autres, qui n'a qu'un but à leurs yeux, celui de diviser les ouvriers. Pour autant, ils réduisent leurs prétentions salariales à 50 centimes par jour pour les marragos hommes et à 25 centimes pour les femmes. Malgré cela les patrons confirment leur refus considérant que leur souci essentiel est « de sauvegarder l'industrie de Mazamet qui, dans l'intérêt de toute la région, doit pouvoir lutter contre la concurrence étrangère. »

Et c'est ainsi que le dimanche 10 janvier 1909, les ouvriers réunis par les deux syndicats ouvriers votent la grève à une très large majorité (huit cent quarante-trois voix contre vingt-deux). Cette mise en grève est jugée brutale par les patrons qui reprochent aux ouvriers de ne pas avoir réalisé le travail « en périment », c'est à dire les peaux déjà mises à tremper et qui faute d'être travaillées rapidement peuvent périr, et ce, comme ils s'y étaient engagés dans l'accord de 1903. A la vérité, beaucoup de patrons ont soit anticipé cet arrêt brutal, soit se sont organisés pour terminer le travail des peaux avec les non-grévistes et les amis. Assez rapidement des contacts se nouent et une première rencontre entre les deux commissions ouvrières et patronales se tient le 16 janvier à la mairie. La discussion tourne court et l'on se sépare sans résultat.

Les grévistes s'organisent ; un comité de grève se met en place composé de quinze personnes dont les principaux responsables des deux syndicats et chaque jour se tient à la Bourse du travail, rue Méjanel, une assemblée générale au cours de laquelle Isidore Barthès prend la parole en occitan et fait le point sur les pourparlers en cours et l'organisation de la grève. Chaque réunion se termine par un vote à main levée et la grève est systématiquement reconduite.

Le préfet Giraud décide d'intervenir et demande à Jean Cavaillé de l'accompagner lors des rencontres successives qu'il organise le 18 janvier avec la commission ouvrière et la commission patronale. Il est en effet avec le commissaire de police, le fonctionnaire d'État qui connaît le mieux les différents protagonistes du conflit et par ailleurs il possède une totale maîtrise des aspects salaires, conditions de travail et d'emploi, ainsi que la situation économique de la profession. Avant la rencontre avec la délégation patronale, Jean insiste auprès du préfet pour tenter d'infléchir le président de la commission patronale à lâcher quelque chose sur les salaires. A ce stade du conflit, il est persuadé que si les patrons faisaient un geste même modeste, cela suffirait pour que les syndicats ouvriers appellent à la reprise du travail. La difficulté tient au fait que ce sont des jeunes patrons comme Pierre Nègre, surnommé « L'artilleur », qui tiennent les rênes de la commission patronale et ils ne vivent pas comme leurs pères qui ont lancé le délainage quelques décennies avant, dans la proximité de leurs ouvriers. Ils adoptent une attitude de grande fermeté aux accents quasi-militaires et le préfet échoue dans sa tentative de les voir faire un geste d'apaisement. Le lendemain, le préfet est de nouveau à Mazamet pour installer la chambre de Commerce et dans son allocution il dit son espoir de voir la nouvelle chambre aider à résoudre le conflit. Le 22 janvier, il convoque les deux commissions à une nouvelle réunion, à laquelle participe aussi l'inspecteur départemental du travail. En fait les patrons qui ne souhaitent pas répondre favorablement aux revendications salariales, déplacent les discussions sur un projet de caisse de garantie contre le sabotage ou l'abandon brusque du travail laissant la marchandise en souffrance. Isidore Barthès rédige un contre-projet mais les points de vue sur le but et l'usage de ce fonds de garantie sont tellement éloignés que les discussions achoppent rapidement.

Le sous-préfet relance les contacts qui aboutissent à une nouvelle entrevue entre les deux commissions le 5 février, sous la présidence du maire. On reparle des garanties mais rapidement les discussions s'enlisent. Pour Jean, il ne pouvait pas en être autrement dans la mesure où l'on refusait d'aborder le vrai sujet du conflit, à savoir les augmentations de salaires. Il est clair pour lui que l'on allait maintenant s'installer dans un conflit long qui allait se durcir au fil du temps.

Pourtant le 11 février, le juge de paix propose son arbitrage et dès le 15, les ouvriers acceptent de répondre à son appel et désignent une commission de cinq membres. En revanche la commission patronale répond par un refus considérant qu'elle ne reprendrait les discussions que lorsqu'une des parties aurait quelque chose de nouveau à proposer. Elle fait afficher sa réponse dans la ville comportant les passages suivants :

« Comme, pour notre part, il nous est impossible de faire la moindre concession sur la question des salaires, il nous semble inutile d'en recommencer la discussion. Sans vouloir, en effet, faire supporter à nos ouvriers les conséquences d'un abandon brusque du travail, laissant la marchandise en souffrance, acte qu'ils doivent regretter actuellement, il n'est pas moins certain qu'il nous est impossible de l'encourager en donnant une augmentation de salaires à ceux qui s'en sont rendus coupables. »

Cette affiche provoque une grande colère chez les ouvriers grévistes et met le feu aux poudres et après trente-six jours de calme les premiers incidents éclatent. Le 19 février, le syndicat rouge organise une première manifestation dans les rues de Mazamet et on y chante l'Internationale.

Par ailleurs, le soutien au personnel en grève s'organise. Le 21 février on inaugure les soupes communistes. Au tout début, les grévistes se montrent peu empressés pour s'y rendre et il faut que les camarades les plus hardis s'installent devant les tables pour donner l'exemple. Mais bientôt, elles tournent à plein régime et selon les moments, elles servent de six cents à quatorze cents repas par jour. Les dons en nature et en espèces permettent leur fonctionnement ; les commerçants, les paysans donnent de la charcuterie, du vin et des produits divers, et avec l'argent collecté, on achète ce qui manque, le pain, la viande, les légumes... Organisées pour assurer la survie matérielle, les soupes populaires comme les réunions et les manifestations soudent la cohésion des grévistes.

Le 23 février après-midi, les deux syndicats organisent une grande manifestation qui rassemble plus d'un millier de personnes. Drapeaux tricolores et drapeaux rouges en tête, le cortège emprunte deux fois les rues principales de la ville, la Grand' rue, le cours et la rue de la République. Ce jour-là, les charretiers se réunissent à la Bourse du travail et décident de rentrer dans le mouvement.

Chaque jour est émaillé d'incidents divers, de prises à partie de non-grévistes que l'on veut convaincre d'arrêter le travail. Des ouvrières se couchent dans la rue pour empêcher les charrettes de balles de laine d'avancer, on renverse des balles, on lance des pierres sur la vitrine du Grand balcon, le café des patrons, on s'en prend à la maison d'un directeur d'usine et à celle d'un patron, membre de la commission.

Le préfet soucieux du respect de l'ordre public, mobilise le 1er mars un escadron de dragons de Carcassonne et un escadron de hussards de Béziers pour prêter main-forte aux deux cent quinze gendarmes à cheval et aux cent dix gendarmes à pied déjà sur place. Mazamet est une ville assiégée !

Dans ce contexte tendu, les deux syndicats rapprochent leurs points de vue et organisent ensemble la popularisation du conflit dans toute la région. En retour, Dubreuil, de la Bourse du travail de Castres, est régulièrement présent à Mazamet. Calvignac, le secrétaire des syndicats des moutonniers de Graulhet, vient à Mazamet le 26 février et parle à la Bourse du travail devant une assistance nombreuse. C'est ensuite au tour de Marty-Rollan de la CGT de Toulouse et de Voirin, le secrétaire de la Fédération nationale CGT des cuirs et peaux, de venir apporter aux ouvriers délaineurs en lutte le soutien et les encouragements de l'ensemble du prolétariat. Deux journaux, le Midi socialiste et l'Humanité lancent une souscription et un appel pour envoyer des secours en argent ou en nature aux grévistes de Mazamet.

Face à l'enlisement du conflit, le préfet se laisse convaincre par des parlementaires radicaux d'aller rencontrer Clémenceau, le président du Conseil à Paris, accompagné d'une délégation ouvrière et de parlementaires tarnais. Le 5 mars, les ouvriers grévistes accompagnent en cortège à la gare leur délégation composée d'Isidore Barthès, de Louis Barthès et de Dubreuil, après avoir voté une motion par laquelle ils s'engagent à observer un calme absolu pendant toute la durée de la mission à Paris.

Le lendemain, la délégation ouvrière accompagnée par le préfet et les sénateurs radicaux est reçue par Clémenceau. Pour l'essentiel, il se contente d'écouter la délégation et rien de concret ne sort de cette rencontre, sauf la promesses d'un secours une fois le conflit terminé. Le président du Conseil exprime le souhait de rencontrer également une délégation patronale qui de fait sera reçue le 13 mars. Clemenceau essaye d'obtenir des patrons quelques concessions mais sans vraiment faire pression. Ce déplacement à Paris est l'occasion d'un meeting de soutien à la Bourse du travail parisienne au cours duquel le représentant de la CGT au niveau national considère l'espoir mis dans la rencontre avec Clemenceau, « le massacreur de Narbonne et de Draveil », comme une erreur. Pour lui, les grévistes ne doivent compter que sur eux-mêmes ! Ce sentiment d'inutilité de la démarche habite également l'esprit d'Isidore Barthès qui commente ainsi son déplacement parisien :

— « I soi anat e m'en soi tornat » (j'y suis allé et je suis revenu), et ce d'autant plus que les grévistes ont respecté strictement leur engagement de calme absolu durant cet épisode et que cela a permis aux patrons de reprendre partiellement une activité, les charretiers ayant suspendu leur mouvement. Pour autant le rapprochement des deux syndicats locaux se poursuit et le 7 mars, en présence de Voirin le secrétaire national de la Fédération CGT des cuirs et peaux, les deux syndicats mazamétains de la mégisserie, le jaune et le rouge décident de se regrouper pour ne faire qu'un.

Le 14 mars, commence l'exode des enfants vers les villes voisines visant à soulager la charge financière des familles en grève. Cinquante enfants sont accompagnés sous la neige à la gare en partance vers Castres et Albi où les attendent les familles d'accueil parmi lesquelles beaucoup d'ouvriers de la verrerie ouvrière d'Albi. D'autres iront à Graulhet, à Toulouse et à Sète.

Le sentiment d'avoir été dupé et victime d'une certaine connivence entre le gouvernement et le patronat fait vite remonter la tension et le 18 mars on assiste à de nouveaux incidents graves.

Alors que les grévistes sortent de leur réunion matinale à la Bourse du travail, rue Méjanel, des charrettes sans escorte sortent des magasins voisins de Galibert et Sarrat. Les grévistes y voient une provocation et la colère monte, les charrettes sont arrêtées, les balles renversées et éventrées. Les gendarmes à cheval arrivent, on leur lance des pierres et de la mêlée qui s'ensuit, on relève quelques blessés. Les gendarmes procèdent à huit arrestations, dont celle d'Etienne Alquier, le secrétaire de l'Union des syndicats rouges. L'après-midi, les grévistes se dirigent vers la gendarmerie pour tenter de libérer sans succès leurs camarades emprisonnés. Les esprits s'échauffent, les grévistes se regroupent et affluent de toutes parts et dans la soirée après la soupe communiste, c'est une foule de près de cinq cents grévistes qui dans un « silence farouche » se dirige vers la route de usines, remonte toute la gorge « comme un nuage », casse à coups de pierre les carreaux des usines, lance les blocs de pierre sur les toitures, scie les poteaux téléphoniques. Toutes les usines sont touchées et particulièrement celles de Guilhou, de Rives, de Louet, de Balfet et de Durand. Comme une vague à rebours, remontant le cours de l'Arnette, l'émeute est passée !

Monseigneur Mignot vient trois jours plus tard le dimanche 21 mars « en père et en ami » prêcher l'apaisement, demandant aux patrons d'imprégner leurs rapports avec leurs salariés de générosité et même de tendresse, aux ouvriers sans renoncer à leurs revendications légitimes de s'abstenir de tous moyens violents et à tous d'agir en catholiques.

Le dimanche 4 avril, c'est au tour de Jean Jaurès de venir tenir un meeting et d'haranguer la foule, de prêcher l'unité des travailleurs réunis dans la Confédération Générale du Travail et la socialisation des moyens de production pour mettre fin à la lutte des classes.

Dans ce contexte de fortes tensions, de nouvelles négociations s'engagent les 30 et 31 mars. Les positions bougent un peu, le principe de la création pour l'avenir d'une commission mixte formée de trois patrons et de trois ouvriers qui pourrait intervenir dans une certain nombre de situations conflictuelles, un licenciement contesté par exemple, est retenu. Mais surtout les patrons proposent une augmentation de salaire de 7%, pour les peleurs et les marragos, payable en une fois en fin d'année commerciale, le 30 juin, à condition seulement que pendant toute l'année il n'y ait pas eu d'abandon brusque du travail. Les ouvriers estiment que cela ne correspond pas à leurs revendications et une fois de plus malgré une tentative de médiation de Monsieur Guilhou, les négociations sont rompues et la grève est très majoritairement reconduite le 16 avril par un vote à bulletins secrets (892 voix contre 12).

Victor Griffuelhes, l'ex-secrétaire général de la CGT, récemment démissionnaire passe une semaine à Mazamet. L'œuvre patiente de Voirin qu'il est venu renforcr, aboutit le 20 avril à l'accord définitif sur la fusion de la Fédération des syndicats et de l'Union des syndicats qui se regroupent au sein dc la CGT.

Les grévistes s'exaspèrent de l'intransigeance du patronat, les violences et les troubles reprennent de plus belle, avec « l'attaque de Madagascar », des renversements réguliers de charrettes chargées de laine à Saint-Amans, à La Richarde, au délainage de

Linoubre. La nuit du 25 au 26 avril est particulièrement agitée, deux cartouches de dynamite explosent, l'une près d'une usine de la Gorge, et l'autre devant la maison d'un patron, sans conséquence humaine fort heureusement.

Le baron Reille tente alors de relancer les négociations en rencontrant successivement les délégations ouvrière et patronale. Mais sa médiation échoue car il aurait conseillé aux ouvriers d'accepter le principe de la prime-garantie, ce qu'ils refusent formellement.

C'est au tour du sénateur radical Vieu de relancer les discussions et le 27 avril, au moment où l'agitation atteint des sommets, il annonce aux grévistes que les patrons acceptent de discuter de l'augmentation des salaires. Les négociations peuvent enfin reprendre !

Le mercredi 28 avril, les deux commissions se réunissent chez le juge de paix mais les pourparlers ne donnent rien car les patrons restent sur une augmentation au paiement différé.

Dans la nuit, un rocher d'une tonne et demi tombe sur l'usine Guilhou crevant la toiture et les planchers. Il n'y a pas de blessés mais la garnison qui protégeait l'usine l'a échappé belle.

Le jeudi 29 avril dans l'après-midi, les deux commissions se retrouvent à l'Hôtel de ville gardé par la troupe. Lors de la reprise des discussions les ouvriers annoncent qu'ils sont prêts à accepter le paiement de l'augmentation par moitié à chaque quinzaine et par moitié en bloc à la fin de chaque semestre, à titre de garantie pour les patrons. Malgré cette concession, les patrons restent sur leur position et dans ces conditions la commission ouvrière considère que les pourparlers sont une fois de plus rompus et elle prévient qu'elle ne reprendra pas le dialogue avec la même commission patronale.

Quand on annonce la rupture aux grévistes massés sur la place de la mairie une fois de plus, c'est l'effervescence ! La foule hostile hue les gendarmes qui viennent reconduire la commission patronale au siège de son comité. La situation reste très tendue toute la soirée, avant que la pression ne retombe.

Le lendemain, le préfet hésite sur l'attitude à tenir vis à vis de la manifestation du 1er mai et il consulte Jean Cavaillé. Celui-ci lui conseille d'obtenir d'Isidore Barthès l'engagement que tout se passera dans le calme et s'il obtient son accord, d'autoriser la manifestation. Il a en effet suivi toutes les péripéties du conflit et rencontré de temps à autre les uns et les autres et il sent bien que les patrons se divisent et que beaucoup sont prêts à négocier. Aussi pour lui ce n'est pas le moment de se mettre à dos la commission ouvrière qui vient de faire un geste.

Le préfet suit son conseil et lors d'une entrevue avec Barthès, convient des modalités de la manifestation du lendemain. Tout se passe bien et malgré la tension qui règne dans la ville, malgré l'ampleur de la manifestation, le calme est maintenu et la bonne humeur est au rendez-vous.

Les jours suivants, certains patrons lassés de ce conflit interminable qui leur fait perdre beaucoup d'argent, font appel au baron Amédée Reille afin qu'il facilite de nouveaux pourparlers. Celui-ci rencontre plusieurs patrons qui suite à ces échanges acceptent de placer la discussion sur le terrain souhaité par les ouvriers. Une entrevue préliminaire a lieu le 4 mai au soir entre les délégations au cours de laquelle les patrons acceptent de modifier la composition de leur délégation.

Le lendemain 5 mai, la délégation ouvrière forte des engagements prometteurs de la veille, obtient les pleins pouvoirs de l'assemblée générale pour négocier en son nom. Dans l'après-midi, deux nouvelles entrevues ont lieu. Les patrons acceptent le principe d'accorder une partie de l'augmentation à la quinzaine et ils proposent une augmentation de vingt-cinq centimes par jour, payables à la quinzaine, plus dix centimes payables en fin d'année. Ils se rapprochent ainsi de la dernière concession des ouvriers qui proposaient vingt-cinq plus vingt-cinq. Les ouvriers font une nouvelle concession et indiquent qu'ils sont prêts à accepter vingt-cinq plus quinze, ces quinze centimes payables en fin de semestre et non en fin d'année. On est très proche d'un accord mais les patrons réservent leur réponse pour le lendemain.

Le 6 mai au matin, les patrons tiennent à leur tour une assemblée générale au cours de laquelle ils votent à bulletins secrets. Le résultat du vote restera lui aussi secret, mais lors de l'entrevue de l'après-midi, ils acceptent les cinq centimes supplémentaires et le paiement différé au semestre. Les deux commissions rédigent le soir même l'accord et le signent.

La nouvelle se répand dans la ville comme une traînée de poudre : un accord a été trouvé ! La détermination et l'unité des grévistes ont payé, la grève est terminée.

La joie est immense dans les rues de Mazamet, les gens s'embrassent et font la fête. A la Bourse du travail, on prépare un dernier repas, car ici aussi dans cette petite ville du sud du Tarn, les temps forts de la vie finissent toujours par des agapes et des chants. Après cent seize jours de grève, le travail va enfin pouvoir reprendre.

Durant les quatre mois de ce conflit, Jean Cavaillé continue son activité d'inspecteur du travail et il est notamment amené après enquête à autoriser pour cas de force majeure, la réduction à une demi-journée par semaine du repos hebdomadaire au personnel civil de l'hôpital de Castres, confronté à une épidémie inquiétante de fièvre typhoïde et méningite cérébrospinale. A l'inverse, il refuse d'accorder une tolérance pour lever l'interdiction du travail de nuit dans un mégisserie graulhétoise qui prétendait manquer d'eau alors qu'après vérification le débit de la rivière Dadou était normal pour la saison et ne justifiait donc pas d'un cas d'exception.

Cette année-là, le Tarn et le sud du pays en général connaissent des températures particulièrement élevées autour des fêtes de Pentecôte. Il est ainsi amené à accorder des tolérances à certains délainages qui ont repris difficilement leur activité à l'issue du conflit, ainsi qu'à deux blanchisseries de Castres qui doivent laver en urgence les effets des soldats d'un régiment d'infanterie stationné au camp du Causse.

Dans une bonneterie de Roquecourbe, il est confronté à un problème d'eau potable provenant d'un puits contigu aux cabinets d'aisance de l'usine. Il effectue un prélèvement et l'expédie au ministère pour analyse. Celle-ci ne révèle aucune contamination mais par sécurité, il convainc l'industriel de supprimer l'usage du puits et de mettre à disposition du personnel l'eau provenant d'une canalisation de la ville.

Il doit mettre en demeure un filateur de Mazamet qui n'assurait pas un chauffage convenable de ses ateliers prétextant que les assurances ne voulaient pas le couvrir s'il les équipait d'un système de chauffage. D'une manière évidente cet argument ne tenait pas et il s'agissait en fait d'un litige sur le montant des primes à verser.

Dans une usine de produits chimiques à Albi, il est confronté à un problème de sécurité incendie concernant l'escalier en bois desservant les deux étages auxquels travaillent cinq ou six salariés. Or, les murs de l'usine sont du sol au faîte en bois nu. Il prescrit que l'escalier soit construit en matériau incombustible ou en bois hourdé plein plâtre. Pour autant, il s'interroge fortement sur l'efficacité et l'incombustibilité d'un escalier enclos mais soutenu par une charpente qui serait dès le premier moment la proie des flammes. Il doute fortement qu'en cas de sinistre le personnel puisse se sauver et il propose que la réglementation exige que les murs des établissements comportant plus d'un étage soient construits en matériaux incombustibles.

Enfin, il découvre un peu tardivement que sur le chantier à Rabastens de construction d'un nouveau pont sur le Tarn, on utilise un caisson à air comprimé pour le fonçage d'une pile. Cette opération n'a duré qu'un mois avec un personnel d'une douzaine de tubistes, divisée en deux équipes. La pression intérieure du caisson était d'un demi-kilogramme, la masse d'eau à refouler provenant de la nappe souterraine d'infiltration et non d'une eau vive ou courante, étant au plus de quatre à cinq mètres d'épaisseur. Les travaux touchant à leurs fins, le jour du contrôle, il n'a pas jugé bon de faire une mise en demeure mais a invité l'entrepreneur à se conformer à l'avenir à toutes les dispositions du nouveau décret du 19 décembre 1908, prescrivant des mesures particulières de protection et de salubrité dans les chantiers de travaux à l'air comprimé.

Le 10 juin, le préfet Giraud laisse la place au préfet Jules Brisac. Lors de la cérémonie de son départ à la préfecture à Albi, Giraud en aparté remercie vivement Jean Cavaillé pour la qualité de sa collaboration. II lui dit combien il a apprécié ses conseils et son soutien surtout dans les moments difficiles comme ceux qu'ils ont connus en début d'année et il conclut par le constat que les fonctions d'inspecteur du travail sont particulièrement utiles au pays. Il revient à Castres en espérant que le nouveau préfet aura la même considération pour sa fonction et pour sa personne.

Le 26 juillet 1909, en lisant la Dépêche, il se réjouit comme tous les Français de l'exploit que vient de réaliser Louis Blériot, le premier à traverser la Manche en avion.

L'année 1909 s'achève. Il n'a pas été promu au troisième échelon étant trop loin sur la liste mais il figure en très bonne place dans le tableau d'avancement pour l'année 1910, fixé par l'arrêté du 20 décembre 1909. Il apprécie particulièrement le fait d'être numéro deux sur la liste au choix, car cela prouve qu'en haut lieu la qualité de son travail est reconnue.

Chapitre 19

La bataille du certificat médical

(septembre 1909/ avril 1910)

A l'issue des quatre mois de grève, l'activité a repris avec beaucoup d'intensité dans tous les délainages mazamétains, le cours de la laine a grimpé et les patrons s'apprêtent à engranger à nouveau de substantiels bénéfices. Le mal charbon lui n'a pas pour autant disparu et voilà qu'en plein cœur de l'été 1909, trois nouveaux cas de charbon sont signalés. Cette situation est évoquée par les ouvriers délaineurs syndiqués réunis en assemblée générale le 29 août qui mandate son secrétaire, Isidore Barthès pour écrire aux patrons par l'intermédiaire de la chambre de Commerce :

« Il y a à Mazamet parmi les ouvriers de l'exploitation de la peau de mouton des cas fréquents d'une maladie qui tue son homme.... Or le traitement officiel par les médecins patentés offre aux ouvriers atteints tellement peu de confiance qu'il n'en est pas un qui n'ait recours aux soins d'une personne étrangère à la médecine et dont cependant le traitement obtient d'indéniables succès. Et, comme, quand il s'agit de la vie on ne regarde pas aux certificats des guérisseurs, les ouvriers atteints vont se faire soigner par celui qui guérit sans certificat. Mais alors ce qui se produit c'est que la loi sur les accidents du travail ne joue plus. L'ouvrier ainsi traité, ainsi guéri, doit supporter les frais de traitement et la perte de travail résultant de la maladie. Ce n'est pas juste. Nous n'avons pas le temps d'attendre le résultat d'enquêtes qui, à en juger par le passé, ne s'ouvriront jamais. Nous ne pouvons d'autre part exposer chaque jour notre vie, notre santé, sans aucune garantie pour nous et les nôtres ».

En conséquence de quoi, il demande aux patrons de prendre en charge le paiement des frais médicaux et de l'indemnité journalière et ce, quelle que soit la personne qui a soigné le malade. Il conclut ainsi sa missive :

« Si ces conditions ne sont pas acceptées à la date du 15 septembre, nous vous avisons que, dès le lendemain, les ouvriers de l'exploitation de la peau de mouton se refuseront à sabrer, peler et manipuler toutes peaux suspectes du danger et notamment celles en provenance du Cap, du Maroc, d'Algérie, d'Espagne et d'Autriche-Hongrie ».

Dans un premier temps, le patronat ne paraît pas trop s'émouvoir de cette mise en demeure et la chambre de Commerce répond le 7 septembre qu'elle n'a pas le pouvoir de régler le problème de l'application de la loi de 1898, qui ne peut être résolu que par les services de l'État et les organismes publics compétents.

Cette affaire est prise plus au sérieux par les pouvoirs publics qui redoutent plus que tout un redémarrage du conflit. Aussi, le préfet Brisac qui vient tout juste d'arriver dans le département, demande au sous-préfet de Castres de suivre très attentivement ce dossier et de lui rendre compte régulièrement de l'évolution de la situation.

Le syndicat qui dans un premier temps avait paru se satisfaire de la réponse de la chambre de Commerce, se ravise soudain et au cours d'une réunion tenue sécrète, il décide le 11 septembre d'adresser une nouvelle lettre à la chambre de Commerce :

« La commission exécutive après avoir étudié le contenu de votre lettre, a décidé de vous demander d'avoir la bonté de faire nommer une commission patronale qui s'entendrait avec la commission ouvrière et ce dans le plus bref délai. Je crois, Monsieur le Président, que ce serait plus sage de la part des patrons de nommer cette commission qui étudierait, d'accord avec la commission ouvrière, de payer les frais de guérison et l'indemnité journalière occasionnée par le mal charbon, en attendant que l'administration compétente prenne des mesures pour obtenir la solution de la question. En cas de mort, je vous préviens, Monsieur le Président, que si les patrons refusaient de s'entendre sur ce point avec la commission ouvrière le syndicat ne prend rien à sa charge car au premier cas de charbon qui se déclarera dans n'importe quelle usine les ouvriers ne voudront plus travailler et par ce seul fait ils laisseraient le travail en souffrance et ils seraient obligés, malgré leur bonne volonté de violer les engagements pris entre patrons et ouvriers. Espérant que le syndicat recevra une réponse favorable... ».

Cette fois-ci, la menace est prise très au sérieux et la chambre de Commerce se réunit d'urgence en même temps qu'elle fait suivre le courrier au sous-préfet. Celui-ci apprend en même temps, par les services de gendarmerie qu'Isidore Barthès vient de quitter Mazamet pour une huitaine de jours pour se rendre à Fougères près de Rennes et soutenir la grève en cours. Rien d'important ne peut se passer durant son absence. Le syndicat patronal désigne une commission patronale qui déclare se tenir à la disposition de la commission ouvrière pour discuter du problème.

Malheureusement, un nouveau cas de charbon est signalé le 24 septembre et le sous-préfet Vassal convoque en urgence Jean Cavaillé et le docteur Sicard, médecin des Epidémies sur l'arrondissement et leur demande de se rendre immédiatement à Mazamet. Il convient selon lui de bien se coordonner pour connaître rapidement les conditions de l'accident, la provenance des peaux et les suites que ce cas peut entrainer. Jean qui a déjà travaillé avec le docteur Sicard, propose de partir dans la matinée et de recueillir les renseignements nécessaires pour la venue du docteur Sicard dans l'après-midi. Dès son arrivée à Mazamet, il se fait conduire jusqu'au délainage de L'Éclause appartenant à Armand

Guilhou, où est apparu le cas nouveau de charbon. Le patron lui donne les renseignements sur le salarié contaminé. Il se nomme Raynaud, est âgé de trente-neuf ans, occupe un poste de marragos et présente une pustule à l'avant-bras gauche. Il l'informe que le salarié est allé de lui-même l'avant-veille consulter son médecin traitant, le docteur Raspide et que normalement il doit revenir le voir cet après-midi. Cela convient parfaitement à l'inspecteur car cela devrait permettre au docteur Sicard de l'examiner.

Pour les peaux, Monsieur Guilhou affirme à l'inspecteur du travail, documents à l'appui, qu'elles proviennent d'Amérique du Sud. Ce n'est pas la première fois que des peaux en provenance de cet abattoir de la Plata provoquent des cas de charbon, aussi avait-il rappelé à son contremaître d'exercer une vigilance accrue, surtout avec la menace actuelle du syndicat. Il lui confirme qu'il ne délaine plus de peaux venant d'Espagne ou du Maroc, de son point de vue autrement plus dangereuses. Il assure à l'inspecteur que quoi qu'il arrive, il prendra en charge les frais médicaux et l'indemnité journalière du salarié. En effet, il ne veut plus d'histoires avec le syndicat, la grève ayant suffisamment créé de problèmes au sein de son usine.

Le rendez-vous chez le docteur Raspide étant fixé à seize heures cela laisse le temps à Jean de passer à la Bourse du travail pour, en l'absence d'Isidore Barthès, y rencontrer le secrétaire-adjoint du syndicat qui l'informe qu'un autre cas de charbon venait de leur être signalé. Il toucherait un salarié, marragos au délainage du Peigne d'Or appartenant à Monsieur Balfet et habiterait rue de la Finarié. Fort de ces renseignements, Jean Cavaillé se rend au domicile de ce salarié, qui lui dit avoir été soigné par le guérisseur Joseph Barraillé. Sur l'insistance de l'inspecteur du travail, il accepte d'être vu dans la soirée par le docteur Sicard.

Ainsi donc, quand ils se retrouvent en milieu d'après-midi chez le docteur Raspide, Jean est déjà à même de donner au docteur Sicard quelques informations importantes. Après avoir échangé entre médecins, le docteur Sicard ausculte Monsieur Raynaud et retrouve les caractéristiques d'une pustule maligne ayant fait l'objet d'un cautérisation récente, et confirme ainsi le diagnostic posé par son confrère. Au surplus, les deux médecins conviennent, au vu de certains indices remarqués dans les pansements du malade, que celui-ci n'a pas strictement observé les prescriptions de son médecin traitant pour permettre l'application de la médication de l'empirique.

Ils s'entretiennent par ailleurs de deux cas récents de charbon survenus cet été-là, que le docteur Raspide a eu à connaître. Dans le premier cas, il s'agit d'un charretier, Monsieur Rouanet, âgé de quarante ans, employé par le camionneur Bernard, qui présentait une pustule maligne à la joue. Dans le second, il s'agit d'un jeune sabreur de vingt-cinq ans, Arnaud Soham, travaillant au délainage d'Inkermann chez Auguste Bénézech, qui présentait un œdème malin à la joue. Au moment où il se disposait à procéder aux cautérisations nécessaires, les deux malades déclarant être effrayés par l'opération, l'ont abandonné et ont eu recours au service de l'empirique. Cela leur confirme une fois de plus l'emprise et la confiance que celui-ci a acquise auprès des ouvriers délaineurs de Mazamet.

Vers dix-sept heures, Jean accompagne le docteur Sicard jusqu'à la rue de la Finarié pour rencontrer le dernier cas signalé par le sécretaire -adjoint du syndicat ouvrier. Le docteur Sicard observe une cautérisation modifiant l'état des lésions, du reste beaucoup moins importantes que chez le premier malade. Si la nature charbonneuse du mal ne lui paraît plus douteuse, la défiguration imprimée ne lui permet pas de l'affirmer catégoriquement. Dans son rapport écrit, le docteur Sicard insiste fortement sur la nécessité pour tous les médecins de Mazamet d'être en mesure, aussitôt qu'un malade suspect de charbon se présente à eux, de recueillir séance tenante de la sérosité des lésions suspectes, qui sera confiée pour examen ultérieur à un laboratoire bactériologique. C'est comme cela que l'on obtiendra des diagnostics incontestables.

Dans ce but, il se propose de mettre à disposition de tous les médecins mazamétains des pipettes stérilisées afin de réaliser les prélèvements préconisés.

Ils reviennent à Castres par le dernier train et Jean avant de rentrer chez lui, passe à la sous-préfecture, faire un premier compte rendu oral de leurs investigations au sous-préfet Vassal. Celui-ci le remercie vivement, lui dit qu'il va faire immédiatement une note au préfet, et considère que leur intervention rapide fera la démonstration auprès du syndicat des ouvriers délaineurs de la diligence apportée par les services de l'État à leur problème.

Deux jours plus tard, le vingt-six septembre, intervient un fait surprenant. Joseph Barraillé sur l'insistance du syndicat ouvrier, écrit au maire de Mazamet pour lui faire savoir qu'il a décidé d'offrir gratuitement aux ouvriers délaineurs le remède avec lequel il guérit le mal charbon. Il s'engage à remettre aux autorités sous pli le contenu détaillé de sa thérapeutique et à solliciter l'autorisation d'appliquer lui-même son traitement.

Le sous-préfet est ainsi rendu destinataire par le maire du pli que lui a remis Joseph Barraillé et d'une pétition émise par la commission mixte ouvrière et patronale. Le préfet adresse le sept octobre, une note au ministère du Travail et de la Prévoyance sociale afin qu'il soit procédé à l'examen, d'une part de la valeur scientifique du procédé employé par l'empirique, et d'autre part des conditions dans lesquelles la loi sur les accidents du travail pourrait être appliquée aux ouvriers soignés par cet empirique. Le ministre du Travail répond au préfet qu'il vient de saisir le comité consultatif des Arts et Manufactures, de la pétition de la commission mixte relative à la valeur scientifique du procédé de l'empirique, et la direction de l'Assurance et de la Prévoyance sociales sur le deuxième point.

Ces démarches vont avoir pour effet de geler les discussions au plan local en l'attente des réponses de Paris mais les pouvoirs publics locaux restent très inquiets, car si un nouveau décès intervenait, cela pourrait immanquablement remettre le feu aux poudres.

Les médecins de Mazamet de leur côté font savoir le six octobre que vu les termes de la pétition envoyée par la commission mixte au ministère du Travail indiquant que « les ouvriers émettent très fermement l'avis que la science jusqu'à ce jour ne leur donne pas contre ce terrible mal un remède offrant toutes les garanties de sécurité voulues et en présence de cet état de choses, ils préfèrent avoir recours aux soins d'un homme empirique dans lequel ils placent toute leur confiance car, prétendent-ils, il les guérit d'une façon sûre et certaine », ils se considèrent absolument disqualifiés pour expérimenter et apprécier d'une manière quelconque le dit remède. Ils trouvent inutile et légalement inopérant de rencontrer Monsieur Barraillé et considèrent que la seule solution légale et rationnelle au problème consiste à soumettre le remède à l'autorité compétente tel que cela est prévu par l'article premier de la loi du 25 avril 1895.

En attendant que le procédé Barraillé soit apprécié au niveau national, le préfet demande au docteur Sicard, médecin des épidémies, de tenter de régler avec le syndicat des médecins le problèmes des certificats médicaux et des modalités de prélèvements. Malgré la position conciliante des docteurs Trilhes et Bonneville, respectivement président et secrétaire du syndicat, les médecins refusent d'effectuer les prélèvements et d'établir des certificats médicaux attestant le mal charbon considérant que cela consacrerait la valeur thérapeutique du remède Barraillé.

Dans ces conditions, le maire trouve, à titre provisoire un compromis avec le docteur Bonneville qui s'engage au nom de certains médecins mais pas tous. En cas de déclaration d'un cas de charbon en mairie, le maire requerrait le service d'un médecin pour effectuer les prélèvements de sérosité, en présence de deux témoins. Le préfet fait part au maire de son approbation sur cette procédure de réquisition. De même, l'Institut Pasteur précise au docteur Sicard les modalités des prélèvements à effectuer.

Aucun cas nouveau n'apparaît jusqu'au 21 janvier 1910, où les nouvelles modalités retenues vont être mises à l'épreuve des faits. Vers seize heures quarante-cinq, ce jour-là, Isidore Barthès envoie un télégramme à Jean Cavaillé lui signalant un nouveau cas de charbon. Celui-ci fait suivre l'information au sous-préfet et se rend immédiatement à Mazamet rencontrer Isidore Barthès. A l'issue de cet entretien, il téléphone au sous-préfet pour lui faire part de la demande du syndicat de voir le docteur Sicard effectuer des prélèvements de sérosité auprès du salarié contaminé. Le sous-préfet donne son accord de principe mais souhaite qu'il recueille au préalable le consentement du malade et s'assure de la présence du médecin traitant, en l'occurrence le docteur Clavel. Il précise par ailleurs qu'il se déplacera lui-même et accompagnera le docteur Sicard.

Isidore Barthès ayant donné l'assurance que ces conditions seraient remplies, le sous-préfet et le docteur Sicard arrivent à Mazamet vers vingt-et-une heures et rejoignent Jean à la Bourse du travail. Le sous-préfet échange avec Barthès mais aussi avec Augustin Salles le président du Syndicat des ouvriers délaineurs qui s'est déplacé spécialement. Ensemble, ils rejoignent le domicile du salarié, le sieur Assémat, âgé de cinquante ans, sabreur chez Gasc Frères. Le docteur Clavel qui a été prévenu les y attend également. A dix heures du soir, le docteur Sicard assisté du médecin traitant examine le patient qui présente une pustule maligne à l'avant-bras gauche, puis réalise les prélèvements de sérosité dans quatre tubes distincts, immédiatement clos. Deux tubes seront envoyés à l'Institut Pasteur, alors que les deux autres seront conservés localement par le docteur Sicard qui procèdera à des analyses et expériences, suivant les indications qui lui ont été communiquées par l'Institut. Un fragment de peau de la partie de l'avant-bras où a été localisée à l'origine la piqûre, de la grandeur d'une pièce de deux francs, est également prélevé dans un flacon pour envoi à l'Institut.

Un procès-verbal de toutes ces opérations est dressé par le sous-préfet Vassal à onze heures du soir à la mairie de Mazamet, où le maire de Mazamet est venu l'accueillir.

Les trois fonctionnaires rentrent bien tard à Castres avec la voiture du sous-préfet, mais ils savent que si les choses tournent mal et si la santé du salarié se dégrade rapidement, tout aura été fait pour que les droits de ses ayant-droit soient sauvegardés. Cette procédure de prélèvement et de constatation de l'infection charbonneuse par le docteur Sicard est reproduite en février quand un nouveau cas de pustule maligne à l'avant-bras droit survient chez un jeune sabreur de vingt-six ans travaillant, au délainage de Lestrade chez Alby, des peaux venant d'Espagne.

Pour autant, on attend les réponses de Paris pour avancer vers un règlement définitif de ce problème et elles arrivent vite. Un groupe d'experts examine le pli secret dans lequel Joseph Barraillé a consigné les modalités de son traitement empirique. Il indique utiliser trois produits :

1° L'anilec barraillline anti charbonneuse, en fait de la potasse caustique en pastilles liquides

2° L'élixir noir, obtenu par macération de huit grammes de thérixque, de quinquina, d'agaric, de rhubarbe, de zédoaire et de safran, de vingt à trente grammes de gentiane et d'aloès, le tout dans deux litres de rhum,

3° L'axonge rance bien lavée à l'eau froide, c'est à dire de la pommade à base de lard. Pour préparer cette pommade, il faut faire fondre du lard de cochon, vieux de huit à dix mois, à feu doux, le tamiser, verser de l'eau froide dessus et bien battre avec une fourchette. On doit renouveler l'opération cinq à six fois avant d'obtenir la pommade souhaitée.

Il décrit ensuite sa façon de procéder : Avec un tube de verre très pointu, trempé dans la potasse caustique liquide, on étend celle-ci sur toute la partie enflée, en ayant soin de ne pas trop mouiller, puis on trempe de nouveau le tube dans la potasse et avec la pointe on perce le bouton charbonneux et on y introduit ainsi le caustique que l'on passe de nouveau sur les petites bulles qui forment couronne autour de lui. Lorsque la douleur consécutive à cette cautérisation est calmée, on recouvre la partie cautérisée d'un linge enduit de la pommade d'axonge lavée, puis toute la partie enflée est ensuite recouverte avec de la pommade camphrée. Une seule cautérisation suffit.

Pour combattre l'altération du sang, il faut pendant huit à quinze jours au minimum traiter le malade avec l'élixir noir. Dans les cas les plus graves, on doit administrer trois cuillerées à soupe dans la journée et cela pendant trois jours consécutifs, puis une cuillerée à café le matin à jeun, pendant un à deux mois. Dans les cas légers, la cautérisation et le pansement suffisent, on peut cependant prendre tous les matins à jeun pendant une quinzaine de jours, une cuillerée à café d'élixir.

Lors de sa séance du 15 février 1910, l'académie de Médecine, saisie par le ministre de l'Intérieur, examine le procédé Barraillé sur la base des propositions que Monsieur Yvon, désigné rapporteur dans ce dossier, a consignées dans son rapport. Après discussion, elle rend les conclusions suivantes :

« Le traitement empirique proposé par Monsieur Barraillé ne s'écarte pas sensiblement du traitement ancien par la cautérisation et l'emploi de la soude caustique ne constitue pas une nouveauté. Il n'y a donc pas lieu d'accorder au pétitionnaire l'autorisation d'appliquer lui-même un traitement autrefois classique et dont l'insuffisance est depuis longtemps démontrée. Nous possédons aujourd'hui des procédés de traitement infiniment plus efficaces et dans le détail desquels nous n'avons pas à entrer. Cette question du traitement est d'autant plus importante que la pustule maligne peut être dans certains cas considérée comme un accident du travail et que la responsabilité du patron se trouverait engagée par suite d'un traitement insuffisant. »

Cette décision quand elle est connue, ne réjouit personne même si le corps médical mazamétain est satisfait que la demande de reconnaissance officielle de Barraillé n'ait pas abouti. Les représentants des ouvriers de leur côté sont déçus de cela, mais en même temps satisfaits d'entendre que le traitement ne s'écarte pas sensiblement des procédés conventionnels.

Par ailleurs, la direction de l'Assurance et de la Prévoyance Sociales confirme bien que le bénéfice des droits ouverts par la loi du 9 avril 1898 aux victimes des accidents du travail nécessite l'établissement d'un certificat médical de maladie et de guérison par un médecin.

Pour Jean Cavaillé la connaissance du détail du procédé de l'empirique confirme ce qu'il pressentait depuis longtemps et qui de fait n'était plus un secret pour personne sur Mazamet. Joseph Barraillé utilisait la potasse caustique pour effectuer la cautérisation des escarres charbonneuses et avec le temps et une pratique régulière, sa façon de procéder se révélait beaucoup moins douloureuse que la cautérisation au thermocautère pratiquée par les médecins de la ville. En fait, dans l'imaginaire de beaucoup d'ouvriers mazamétains, le thermocautère rappelait le fer rouge largement utilisé par le passé et la crainte que cela leur inspirait, les faisait fuir vers le guérisseur local. Le peu de pratique des médecins dans l'usage du thermocautère expliquait certaines mutilations jugées inacceptables par les ouvriers malades et leurs familles.

Au sein de la commission mixte, les discussions se poursuivent et on arrive enfin à un projet d'accord, mais le syndicat des médecins persiste dans son refus d'établir les certificats de guérison pour les ouvriers qui refusent les soins d'un médecin.

Devant ce blocage, Jean Cavaillé propose au sous-préfet de solliciter au ministère du Travail la venue du professeur Langlois, qu'il assiste au sein de la commission d'Hygiène industrielle. Les relations régulières et de qualité qu'il entretient depuis plusieurs années lui laissent penser qu'il saura convaincre les médecins de

Mazamet d'accepter un compromis. Et c'est ainsi que le professeur Langlois arrive à Castres au mois de mars 1910 pour un séjour de trois jours. Il est reçu et hébergé chez Jean Cavaillé qui a grand plaisir à lui faire découvrir la ville et la région, ainsi que la cuisine gastronomique du pays tarnais, que leur nouvelle domestique maîtrise parfaitement. Le professeur leur assure qu'à Paris, il n'a jamais trouvé de charcuterie aussi bonne que le « melsat » d'ici.

Après être allé s'entretenir avec le préfet et le sous-préfet pour bien comprendre les enjeux du dossier, le professeur Langlois va rencontrer le syndicat des médecins avec le concours du docteur Sicard et de l'inspecteur du travail. Il revient avec beaucoup d'insistance sur toutes les nouveautés récentes en matière de traitement de l'infection charbonneuse, sur les nouvelles techniques de cautérisation et principalement sur la sérothérapie à titre curatif avec laquelle plusieurs médecins ont enregistré des succès incontestables. Il leur parle aussi du traitement par la pyocyanase expérimentée par le professeur Fortineau à Nantes. Il insiste sur le fait que grâce aux progrès enregistrés dans les traitements, les salariés reprendront peu à peu confiance dans la médecine officielle car toutes ces nouveautés, l'empirique ne les possède pas. Pour autant cela va prendre du temps et on ne rattrapera pas les errements passés d'un coup de baguette magique. Alors il faut savoir se montrer conciliant et accepter la mise en œuvre des modalités du projet d'accord, car cela va dans le sens de l'intérêt des salariés qui à terme en seront reconnaissants à tout le corps médical. Il faut croire qu'il a été convaincant car quelques jours plus tard, le syndicat des médecins fait savoir à la commission mixte qu'ils acceptent de délivrer les certificats de guérison pour tous les salariés qu'ils auront examinés, à l'issue de maladie, sans les avoir nécessairement soignés.

Le litige est donc définitivement réglé par un accord signé en avril 1910, par lequel les patrons s'engagent à verser la somme forfaitaire de deux cent francs au syndicat ouvrier. Celui-ci paiera au malade l'ensemble des frais de soins, ainsi que l'examen de guérison, ainsi qu'un demi-salaire, et conservera le solde ou le versera en supplément. Par ce biais, les salariés sont assurés d'un régime d'indemnisation aussi favorable que celui prévu par la loi de 1898, quel que soit le mode de traitement, officiel ou empirique qu'ils choisiront.

Quatre autres cas de charbon surviennent en 1910 dans le délainage mazamétain, dont un cas mortel survenu en juin, touchant une peleuse de soixante-et-un ans, à l'usine de Trégas près de Labruguière, victime d'une pustule maligne à la joue.

Chapitre 19

La grande grève des ouvriers mégissiers de Graulhet
(4 décembre 1909- 28 avril 1910)

Début décembre 1909, presqu'un an après la grève de Mazamet, les ouvriers mégissiers de Graulhet se mettent en grève à leur tour. Le premier jour, le 4 décembre, les ouvrières payées deux fois moins que les hommes, votent la grève. Elles réclament une augmentation de salaire et obtiennent très rapidement satisfaction, leur salaire journalier passant de 2 francs à 2 francs 25 centimes. Fort de ce succès rapide, les hommes qui les ont soutenues dans leurs revendications leur emboitent le pas et exigent une réduction d'une demi-heure de la durée journalière de travail de neuf heures trente à neuf heures, par le bais de deux repos supplémentaire de quinze minutes. A travers cette revendication, ils souhaitent lutter contre le chômage saisonnier endémique qui règne tous les étés dans cette profession depuis l'introduction importante de machines. Plusieurs réunions de négociation se tiennent et certaines échouent de peu, mais au final les patrons ne lâchent rien. Alors la grève devient générale et illimitée avec des manifestations régulières et des réunions des grévistes tous les deux jours sous la halle aux grains pour tenir les assemblées générales et voter la poursuite ou non du mouvement. Calvignac et Bressolles prennent la tête du comité de grève.

Une réunion a lieu à la mairie à l'initiative du maire, avec une délégation de patrons, d'ouvriers grévistes et de commerçants mais après de longues discussions, personne ne veut céder.

Le préfet Brisac s'inquiète de la situation compte tenu de ce qu'on lui a raconté sur la dernière grève à Mazamet et des incidents qui se produisent le 29 décembre où après une manifestation, quelques grévistes brisent les vitres des usines Cathalo, se précipitent sur les balles de sumac, les éventrent et les répandent dans la boue. Il convoque une réunion en préfecture, à laquelle il demande au sous-préfet de Lavaur, Monry-Muzet et à Jean Cavaillé de participer. Le sous-préfet relate sa dernière intervention au cours de laquelle il a rencontré le comité de grève qui lui a promis de ne plus manifester la nuit et de ne plus chercher à pénétrer dans les usines. Lors de cette réunion, le préfet arrête la stratégie suivante ; le sous-préfet s'occupera en continu des problèmes de maintien de l'ordre public et lui fera un point journalier pour examiner les décision à prendre ; lui-même suivra les négociations, assisté si nécessaire par l'inspecteur départemental du travail. Ainsi comme pour la grève de Mazamet, Jean Cavaillé sans participer directement à la gestion du conflit, est amené à suivre au jour le jour le déroulement des évènements, à se rendre quelque- fois sur place, au côté du préfet et à produire des avis qui le plus souvent éclaireront ce dernier sur la conduite à tenir.

Ainsi, le préfet décide de se rendre dès le 4 janvier à Graulhet et il y rencontre le comité de grève et quelques patrons. Il promet à ceux-ci que la sécurité de leurs entreprises sera assurée par la troupe qui escortera les convois de marchandises et montera la garde devant chaque usine.

Le 8 janvier 1910, un pétard probablement chargé de dynamite éclate devant la maison de Monsieur Fonvieille, président de la commission patronale. Le poste d'infanterie détaché à l'usine Pagès doit mettre baïonnette au canon pour repousser des personnes qui étaient rentrées dans l'usine.

Le 9 janvier, le préfet Brisac revient animer une réunion de conciliation à laquelle il a invité Jean Cavaillé. Lors de cette réunion, les grévistes proposent de conclure un accord collectif pour une durée de deux ans sans nouvelle revendication. Le préfet, sur les conseils de l'inspecteur, propose de confier à une commission d'arbitrage le soin de rechercher une solution au conflit sur la base de la création par les patrons d'une caisse de chômage, puisque c'est le chômage saisonnier qui pose problème à Graulhet, en attendant qu'ils soient en mesure d'accepter les revendications des ouvriers. Les patrons indiquent qu'ils donneront leur réponse le 13 janvier.

Le 12 janvier Jean Jaurès, député du Tarn, vient à Graulhet soutenir les grévistes. Il rencontre une délégation patronale qu'il tente de convaincre d'accepter le contrat collectif proposé par le comité de grève. Le 17 janvier, il intervient à la Chambre des députés sur la grève de Graulhet et à l'occasion d'un discours enlevé, il dénonce la dureté des conditions de travail dans l'industrie du cuir, l'insalubrité de la profession et les conséquences que cela entraîne sur la santé des travailleurs. Il rappelle le risque d'infection charbonneuse qui a fait quelques victimes lors de l'hiver précédent et le fait que l'inspecteur du travail a dû procéder à plusieurs dizaines de mises en demeure pour améliorer les conditions d'hygiène grâce à l'installation de vestiaires et de lavabos. Enfin il précise que pendant six ou sept mois, les patrons mégissiers font travailler les ouvriers sans modération, pour ensuite imposer à certains d'entre eux cinq mois de chômage total. Il conclut en appelant à la réduction de la durée journalière de travail, comme solution à la double menace de l'insalubrité des ateliers et à la mécanisation des tâches. Jaurès a parlé et maintenant tout le monde connaît cette grève qui devient un enjeu national.

Dans les jours et les semaines qui suivent, on s'installe dans un conflit long et les grévistes organisent la solidarité ouvrière avec, comme lors de la grève mazamétaine, les soupes communistes et l'exode des enfants ; deux cents cinquante enfants sont envoyés à Albi, à Carmaux, à Decazeville dans l'Aveyron, à Castres et à

Mazamet. Par ailleurs, le conflit se radicalise, les violences, les heurts entre ouvriers et patrons, se multiplient. Des convois sont stoppés, des cuirs brulés et ce, malgré l'arrivée de bataillons d'infanterie et de cavalerie toujours plus nombreux. On va dénombrer jusqu'à trois mille soldats et gendarmes pour assurer le maintien de l'ordre public et la liberté du travail. Le 24 janvier, une usine est incendiée et un mannequin représentant le président du syndicat patronal est brûlé en effigie lors d'un rassemblement. Le 11 février, une bombe artisanale est placée devant la maison de Benjamin Gau, un patron mégissier.

Quelques usines et ateliers continuent de tourner et les heurts entre grévistes et non-grévistes sont fréquents. Certaines usines organisent des cantines pour ceux qui travaillent avec au menu viande, légumes et dessert, avec en prime vin et café.

Le 15 février, une délégation patronale va rencontrer à Paris René Viviani, le ministre du Travail qui les invite à faire un geste permettant de sortir de l'impasse. Les patrons proposent d'accorder les deux quarts d'heure de repos réclamés mais sans réduction du temps de travail qui doit rester à neuf heures trente. Ils pourraient envisager de payer pour ce temps de repos une prime qui viendrait alimenter une caisse dont le contenu garantirait le respect des engagements pris par les ouvriers. Sentant qu'il y a peut-être le début d'une solution, Viviani décide d'envoyer sur place un fonctionnaire du ministère du Travail, Monsieur Fagnot. Celui-ci demande au préfet et à Jean Cavaillé de préparer sa venue. Ce dernier rédige pour la circonstance une note détaillée de présentation de l'activité de mégisserie à Graulhet, ainsi qu'un historique des relations sociales et du conflit en cours. Il assiste à la réunion préparatoire qui se tient à la préfecture du Tarn à Albi.

Le 18 février, Monsieur Fagnot rencontre pendant trois heures à Graulhet, la délégation patronale pour mettre au point les bases d'un accord possible, mais son entrevue avec le comité de grève se passe mal, celui-ci considérant que la solution ne peut pas venir d'en haut. Le refus est catégorique, qui amène le délégué du ministre à repartir pour Paris le soir même.

A partir de là, le patronat graulhétois reste inflexible, il a le temps. Il a reçu des délais de paiement de ses fournisseurs, notamment mazamétains qui voient là une occasion de revanche vis à vis des syndicats ouvriers. Les banques leur accordent le report des traites venues à échéance. En clair, la solidarité patronale s'est organisée au niveau local et national, pour qu'à Graulhet les patrons ne lâchent rien sur la durée journalière de travail.

Le 20 février, les patrons décident par un vote à bulletins secrets d'interrompre les pourparlers avec les ouvriers.

Début mars, le préfet revient à Graulhet pour tenter de relancer les discussions mais chacun campe sur ses positions et rien ne bouge.

Le comité de grève de son côté rencontre deux patrons dissidents dont Monsieur Chabbal qui possède une des plus importantes mégisserie graulhétoise avec ses trois cent cinquante salariés. Celui-ci propose de ne plus travailler le samedi après-midi et d'adopter la semaine anglaise, ceci pendant six mois de l'année, sans que les salaires soient impactés. Cette proposition pour intéressante qu'elle soit ne correspond pas à la revendication exprimée et est finalement rejetée. Dans ces conditions, le 22 mars le patron Chabbal adresse un ultimatum à ses salariés. Il les conjure de reprendre le travail où alors ils seront considérés comme ayant abandonné leur poste. Vingt-cinq salariés reprennent le travail, escortés par les gendarmes. Des provocations, des heurts, des affrontements ont lieu aux portes de l'usine. Les violences redoublent, Aristide Cathalau est blessé sans trop de gravité à la tête d'un possible coup de revolver. Le 23 mars, le sous-préfet fait manœuvrer la troupe et empêche les manifestants de rejoindre le quartier des usines.

Début avril, le mouvement s'essouffle et petit à petit les ateliers de mégisserie et les usines reprennent le travail. Un ouvrier mégissier dissident est attaqué par des grévistes et reçoit un coup de couteau à la tempe droite ; le lendemain quatre grévistes sont arrêtés et poursuivis pour coups et blessures.

Le 28 avril, devant la lassitude des grévistes, la reprise progressive du travail et l'absence de perspectives de négociation, la fin de la grève est votée. Le conflit a duré cent quarante-sept jours, près de cinq mois et il laisse à tous les grévistes un goût amer car même si les femmes ont eu gain de cause, cela étant acquis au bout de deux jours, les patrons n'ont rien cédé sur la principale revendication des hommes. Certains patrons appliqueront toutefois la semaine anglaise avec l'arrêt du travail le samedi après-midi tel que l'avait proposé Chabbal.

La division des ouvriers entre grévistes et non-grévistes et une certaine intransigeance due en partie au récent succès de la grève mazamétaine ont eu raison de la forte mobilisation que les ouvriers de Graulhet ont démontrée, attestant comme dans beaucoup de conflits de cette époque, de la capacité et de l'énergie de la classe ouvrière à se mobiliser pour la défense de son idéal de justice sociale. Pour autant, cette grève est un échec et cela sera durablement ressenti par les ouvriers graulhétois.

Jean, pour sa part, a beaucoup appris dans le suivi de ces événements et cela lui sera fort utile pour la suite de sa carrière.

Chapitre 21

Le décret du 22 aout 1910 spécifique à l'infection charbonneuse

Le discours à la Chambre des députés de Jaurès en janvier 1910 à l'occasion du conflit des mégissiers de Graulhet, a interpellé le ministre du Travail, René Viviani et celui-ci a exigé de ses services la sortie rapide du décret sur l'infection charbonneuse en discussion depuis plusieurs années. En conséquence, Arthur Fontaine, le directeur du Travail, reprogramme l'examen du projet de décret devant la commission d'Hygiène industrielle, qui examinera le dossier deux fois avant de donner un avis favorable définitif. Jean se déplace à Paris en mars et en juin pour assister le professeur Langlois lors des derniers travaux de la commission. Le compromis trouvé pour dégager un consensus au sein de la commission, consiste à imposer les règles de prophylaxie les plus dures et les plus onéreuses aux seuls établissements qui traiteront des matières dangereuses, c'est à dire celles provenant de pays considérés comme à risque. Au surplus ces entreprises disposeront d'un délai de trois ans pour réaliser les investissements les plus lourds, en matière d'aménagements de vestiaires notamment.

C'est ainsi que le décret spécifique à l'infection charbonneuse paraît le 22 aout 1910. Arthur Fontaine souhaite que les principaux inspecteurs départementaux concernés soient réunis pour les informer en détail du contenu du nouveau décret et les instruire des modalités d'action à mettre en œuvre localement.

Jean en sa qualité de co-rapporteur du projet de décret devant la commission est bien évidement invité et on lui demande de présenter les dispositions techniques du décret. Il monte donc une dernière fois à Paris fin octobre pour participer à cette réunion avec son collègue aveyronnais concerné pour sa part par la ganterie de Millau. Il s'agit pour la direction du Travail de présenter le décret, d'en expliquer la construction et les subtilités et de préparer ainsi les agents de terrain à une mise en œuvre rapide et homogène sur l'ensemble du territoire.

En introduction, Arthur Fontaine rappelle l'esprit dans lequel la dernière version du décret a été pensée. Le principal souci afin de rendre le texte acceptable pour le plus grand nombre a été de circonscrire les travaux dangereux et de proportionner les efforts de prévention et la rigueur du règlement à la gravité et à la fréquence des risques qui menacent les salariés. Il laisse ensuite le soin aux co-rapporteurs du décret devant la commission de rentrer dans le détail de l'examen du décret.

Le professeur Langlois explique donc l'économie générale du texte et présente en détail les articles 1, 2 et 4 du nouveau règlement :

L'assujettissement au décret dépend de trois conditions : la nature des matières premières, à savoir les éléments de dépouilles d'animaux appartenant à des espèces tributaires du charbon ; l'état dans lequel ces matières sont reçues et manutentionnées, en distinguant l'état brut et les matières désinfectées ; et enfin leur provenance d'origine, les pays à risque étant déterminés par un arrêté interministériel. Il précise par ailleurs que l'entrée en vigueur de ce décret spécifique n'a pas pour effet de soustraire les établissements assujettis à l'application du décret général sur l'hygiène du 29 novembre 1904.

Aussi, il y a aura trois types de situation :

— Les établissements exclus du décret spécifique et qui appliqueront le seul décret de 1904 ;

— Les établissements qui manipulent des matières dangereuses provenant de pays autres que ceux listés comme à risque. Ils devront appliquer les seuls articles 2, 3 et 7 du décret, ce qui n'est ni gênant ni onéreux ;

— Les établissements qui traitent des matières dangereuses provenant de pays à risque qui devront appliquer tout le décret et surtout l'article 5 qui prévoit les mesures les plus contraignantes.

Placé en tête du décret, comme une première exigence, l'article deux prévoit qu'un médecin désigné par le chef d'établissement et payé par lui, doit procéder immédiatement à un examen dès que le chef d'établissement a connaissance qu'un ouvrier est atteint d'un bouton, d'une coupure, écorchure, gerçure, non cicatrisée après trois jours de pansement à l'usine, et doit à l'issue de l'examen indiquer les soins nécessaires. Le nom, l'âge de l'ouvrier, et le travail auquel il était occupé, l'origine des matières et le résultat des constatations doivent être inscrits sur un registre spécial. Une boite de secours contenant médicaments et objets de pansements doit être constamment tenue en bon état et placée dans un local facilement accessible.

L'article 4 liste les industries considérées comme dangereuses et soumises à l'application de l'article 5. Sans surprise on y retrouve les activités présentes dans le Tarn, le délainage, le lavage et le triage des laines, ainsi que la mégisserie et la tannerie pour les cuirs.

C'est au tour de Jean Cavaillé d'intervenir devant ses collègues et il commence par commenter l'article 3 qui prévoit la mise à disposition obligatoire de tabliers et jambières imperméables pour toutes les opérations où le corps est exposé à être mouillé par les eaux employées au travail des produits et dépouilles potentiellement contaminées. Il insiste ensuite sur le caractère central de l'article 5, qui fixe les mesures additionnelles aux mesures d'hygiène de portée générale, qui doivent être mises en œuvre dans les établissements exposés au risque charbonneux.

Dans les ateliers, les sols doivent être formés d'un revêtement imperméable ou d'un revêtement jointif se prêtant facilement au lavage. Les murs seront recouverts soit d'un enduit permettant un lavage à fond, soit d'un badigeon à la chaux. Ce badigeon sera refait toutes les fois qu'il sera nécessaire et chaque fois qu'un cas de charbon se sera manifesté. Les tables, les établis, les chaises seront lavées aussi souvent que nécessaire au moyen d'une solution désinfectante. Les outils seront soumis à des désinfections fréquentes.

Dans les magasins où sont entreposées des matières dangereuses, tout emplacement temporairement inutilisé devra être nettoyé avec l'emploi d'une solution désinfectante.

Les manutentions de laines ou autres matières charbonneuses devront être faites, autant que possible, en vase clos. En cas d'impossibilité, l'ouverture des ballots, ainsi que le dépoussiérage doivent être réalisés dans des conditions qui permettent de recueillir tous les détritus et de les détruire ultérieurement.

Un vestiaire-armoire devra être établi dans des locaux bien séparés des ateliers et magasins. Il devra être soigneusement entretenu, pourvu de cuvettes et de robinets en nombre suffisant, d'eau en abondance ainsi que de savon. Chaque ouvrier devra disposer d'une serviette remplacée au moins une fois par semaine.

Ces vestiaires seront munis d'armoires ou de casiers fermés à clef ou par un cadenas, les vêtements de ville étant séparés des vêtements de travail.

A défaut d'armoire individuelle à deux compartiments, chaque ouvrier disposera de deux patères placées sur les côtés opposés du vestiaire destinées à recevoir, l'une les vêtements de ville, l'autre les vêtements de travail. Les patères seront séparées par un intervalle de trente centimètres.

Enfin le personnel devra avoir à sa disposition des surtouts pour la manutention des marchandises brutes. Il disposera en outre de protège-nuque pour la manutention de marchandises devant être portées sur l'épaule. Sauf impossibilité, toutes les marchandises devront être portées sur chariot ou sur civière.

Un collaborateur de la Direction du travail qui a suivi toute la genèse du décret commente ensuite les trois derniers articles du décret :

L'article 6 prévoit la possibilité pour le ministère du Travail de délivrer par arrêté des dispenses temporaires pour les manipulations qu'il est impossible de faire en vase clos à la condition que l'hygiène des ouvriers soit assurée dans des conditions au moins équivalentes à celles fixées par le décret.

L'article 7 prévoit un certain nombre d'obligations administratives pour les employeurs. Ils doivent établir et afficher dans un endroit apparent des locaux de travail, un règlement d'atelier imposant aux ouvriers quatre obligations particulières :

1° Se servir des vêtements de travail et autres effets mis gratuitement à leur disposition,

2° Utiliser le vestiaire et les lavabos prévus à l'article 5,

3° Prendre des soins de propreté à chaque sortie du travail,

4° Ne pas apporter d'aliments dans les ateliers de travail.

Ils doivent également afficher un document indiquant les dangers du charbon, les précautions à prendre pour les éviter, et la nécessité pour les ouvriers de déclarer tout bouton, coupure, écorchure ou gerçure non cicatrisée, ainsi que le nom et l'adresse du médecin chargé de la surveillance de l'établissement.

Enfin l'article 8 fixe le délai d'exécution des mesures édictées par le décret à un an, à l'exception de certaines mesures de l'article 5 telles que l'aménagement des murs, des sols et des vestiaires-lavabos ainsi que la réalisation des manipulations en vase clos ou dans des conditions équivalentes, pour lesquelles le délai d'exécution est de trois ans.

A l'issue de cette présentation très complète, Arthur Fontaine après avoir remercié les trois intervenants, engage tous les inspecteurs présents à poser des questions et à débattre sur tel ou tel aspect du décret qui ne leur paraîtrait pas clair ou qui serait de nature à leur poser problème.

Il s'ensuit alors un débat très nourri où chacun peut faire état des difficultés qu'il entrevoit en fonction de sa connaissance du terrain.

Lors de sa première intervention dans ce débat, Jean revient sur les termes « à l'état brut » figurant à l'article 1 qui définit le champ d'application du décret :

— « Pour la laine, il n'existe pas à ma connaissance de procédé fiable de désinfection, qui serait pourtant la solution la plus évidente et la plus efficace pour éradiquer l'infection charbonneuse dans l'industrie. Il existe toutefois le procédé de stérilisation Deymour-Jones qui est en cours d'expérimentation, à base d'acide formique et de bichlorure de mercure. Ce procédé n'altère pas la qualité de la peau ni de la laine. Cette stérilisation si elle fonctionne devra se pratiquer dans les pays de production, au port d'expédition avant l'embarquement des peaux, mais il reste une autre inconnue, celle du coût de l'opération et de son acceptabilité par les acheteurs et le marché de la laine. En conséquence, si le décret ne rend pas obligatoire la stérilisation en amont, d'une certes façon il la recommande et l'encourage dans la mesure où le traitement de produits « stérilisés » dispense des principales dispositions onéreuses du décret ».

Il intervient ensuite sur les aspects relatifs aux conditions de travail :

— « A Mazamet, le transport à l'épaule a progressivement disparu, sous l'empire des règlements relatifs aux surcharges d'une part, et de la demande des syndicats ouvriers d'autre part, qui ont obtenu la limitation des charges portées par les adultes eux-mêmes. Les peaux et les cuirots sont maintenant véhiculés dans des wagonnets et non plus comme naguère sur l'épaule ou dans des hottes liées aux reins des porteurs. En ce qui concerne le port de gants, je constate une véritable répugnance des ouvriers à s'en servir car disent-ils cela les gêne dans la précision des gestes et peut même provoquer des maladresses et des blessures. Quant au port du masque, ce n'est même pas la peine d'y penser, les ouvriers n'y consentiront jamais car ils considèrent que cela les rend ridicules. C'est pour cela que nous n'avons pas donné à ces équipements individuels un caractère obligatoire même s'ils peuvent être fortement recommandés dans l'exercice de certaines activités. Enfin, je me réjouis particulièrement de la disposition de l'article 2 qui va permettre à un médecin d'intervenir rapidement, d'examiner le malade, de poser ou supposer un diagnostic et d'indiquer le traitement à suivre. Ce traitement médical rapide est pour moi le plus sûr moyen de limiter les cas de charbon mortel. En ce qui concerne l'éducation des ouvriers, j'aurais souhaité que l'on aille plus loin que les affichages prescrits qui sont pour l'essentiel déjà en place dans les délainages mazamétains, en obligeant les patrons avec le concours du médecin à réunir leurs salariés et à les instruire des dangers du charbon comme j'ai pu le faire dans certaines usines. Cela n'a pas été possible car il a fallu trouver un compromis acceptable pour tous mais globalement je considère que l'on a fait du bon travail et que la mise en œuvre de ce décret doit renforcer la protection des salariés contre l'infection charbonneuse ».

Dans la conclusion de cette journée de travail, Arthur Fontaine précise le point suivant :

— « Une circulaire prochaine va vous demander de procéder à une enquête complète sur chaque cas de charbon déclaré depuis le début de l'année, comme certains inspecteurs le font déjà depuis plusieurs années et encore une fois, je les en remercie. Cette enquête devra être faite d'après un questionnaire standard qui reprend les informations que le médecin doit consigner sur le registre spécial prévu à l'article 2 du décret. L'ensemble des rapports d'enquête devront nous remonter et nous établirons chaque année un rapport spécial qui nous permettra à la fois de disposer d'un suivi fiable de l'évolution du charbon professionnel dans notre pays, comme cela existe déjà en Grande Bretagne, en Allemagne ou ailleurs et d'apprécier dans le temps l'efficacité des mesures prescrites par le décret ».

A l'issue de la réunion, Arthur Fontaine remercie vivement tous les intervenants et particulièrement Jean Cavaillé car il mesure la contrainte particulière que constituent la longueur et le temps des déplacements vers Paris pour les gens du midi. Aussi, il est convenu que sa participation aux travaux de la commission d'Hygiène industrielle est terminée, maintenant que le décret est publié.

Nos deux inspecteurs sudistes reprennent le train pour un long voyage qui les ramène chez eux. Jean Cavaillé se dit que cette fois, c'est fait, le mal charbon possède sa propre règlementation et il est plutôt fier d'y avoir contribué.

Le 1er juillet 1910, Jean Cavaillé est enfin promu Inspecteur départemental du travail de troisième classe et ce n'est que justice compte tenu de l'investissement permanent qu'il met dans l'exercice de sa mission depuis près de dix ans. Cela porte sa rémunération annuelle à 4 000 francs par an et lui confère, malgré une retenue de cinq pour cent opérée à titre de cotisations de retraite, ainsi qu'à sa petite famille, un certain confort de vie. Ces fonctions l'apparentent à un notable local et ses revenus à la petite bourgeoisie de province.

Au cours de l'année 1910, Jean Cavaillé a dû traiter un certain nombre de dossiers particuliers.

Ainsi il a été amené à résoudre une difficulté dans deux délainages, au sein desquels le « dégarrage » ou l'enlèvement des « garres » qui consiste à enlever les brins de laine grossiers et durs qui recouvrent la tête et les pattes des moutons, afin d'éviter leur mélange avec la laine plus fine, opération habituellement réalisée par les hommes, était effectué par des femmes, qui pour cela commencent leur travail une heure avant l'arrivée des autres peleuses. Or ces femmes ne bénéficiaient pas des mêmes heures de repos en milieu de journée que leurs collègues. Il a donc demandé et obtenu l'harmonisation de ces horaires de travail.

A la Verrerie ouvrière d'Albi, lors d'un contrôle, il constate que deux femmes travaillent la nuit, chargées du service des commissions qui consiste à aller chercher des boissons à distribuer aux ouvriers verriers, lesquels sont servis sur la « place » et n'ont pas ainsi à descendre de leurs postes de travail et ne subissent pas ainsi de brusques variations de température. Il ne se résout pas à interdire ce travail de nuit à ces femmes considérant qu'il ne s'agit pas d'un véritable travail industriel mais plutôt d'un travail commercial pour lequel l'emploi des femmes la nuit n'est point prohibé.

A plusieurs reprises, le ministère et la hiérarchie insistent sur la nécessité pour les services de posséder les duplicatas des horaires de travail que doivent leur envoyer les employeurs. Pour sa part, Jean n'en possède que cent soixante-quatorze pour mille six cent cinquante-un établissements concernés. Pour autant, il fait valoir que sur Mazamet tous les établissements qui travaillent la laine ont les mêmes horaires, de même à Graulhet dans les mégisseries qui appliquent le même règlement d'atelier. Par ailleurs il considère qu'il ne faut pas s'illusionner sur la valeur de ces duplicatas d'horaires de travail qui ne font plus foi jusqu'à preuve du contraire. De plus, les employeurs verbalisés pour défaut d'envoi des duplicatas ont tous été relaxés par le tribunal de police.

Sur le plan hygiène et sécurité, il a eu à connaître le problème du nettoyage des sols dans les filatures de lainée cardée. Dans ces filatures où l'ensimage est très abondant, les matières grasses déposées sur le plancher agglutinent les fibres qui tombent, les brins métalliques qui se détachent de la carderie, les poussières diverses et la boue que les ouvriers apportent avec leurs chaussures. Il se forme ainsi une sorte de nappe noirâtre qui s'exhausse sans cesse, atteignant notamment dans les passages une certaine épaisseur. Il prescrit donc partout où cela est nécessaire l'enlèvement de ce dépôt. Dans une filature ils étaient si abondants qu'ils ont servi, à l'exclusion de tout autre combustible, à alimenter une machine à vapeur pendant vingt jours. Dans une autre usine, il a fallu dix hommes, pendant plusieurs jours, armés de pioches et de pelles, pour détacher ces dépôts, d'autant plus adhérents qu'ils reposaient sur un plancher en bois poreux auquel ils s'étaient en quelque sorte collés en séchant. Cette adhérence était telle que par endroits des éclats de bois ont été soulevés, des parties d'escaliers ont dû être remplacées, ou même le dallage en briques a dû être refait. Ce sont les ouvriers qui s'opposent au nettoyage régulier de ces sols car disent-ils à la différence des planchers nus toujours un peu gras qui sont extrêmement glissants, ces dépôts forment au sol un revêtement souple dont l'élasticité facilite la marche et protège leurs pieds nus, car à la belle saison ils travaillent pieds nus, contre les échardes de bois. Plusieurs ouvriers et en particulier le secrétaire et le président du syndicat des ouvriers du textile lui ont demandé instamment de ne point renouveler ses mises en demeure pour le nettoyage des sols.

Le 30 octobre, le préfet Edmond Fabre prend ses fonctions, en remplacement de Jules Brisac. La durée moyenne des mandats préfectoraux se réduit et cela chagrine un peu tous les fonctionnaires qui ont besoin d'une certaine stabilité pour nouer des relations de confiance, si nécessaires dans la gestion des crises.

L'année 1910 s'achève par le vote de la loi du 28 décembre, portant codification des lois ouvrières, qui complétée par le décret du 11 janvier 1911, instaure le premier Code du travail avec uniquement le livre un, concernant les conventions relatives au travail.

Cette même année, la deuxième Conférence internationale des femmes socialistes adopte l'idée d'une journée internationale des femmes qui sera célébrée le 19 mars l'année suivante, puis s'établira définitivement le 8 mars.

Chapitre 22

Son premier livre, « Le Charbon professionnel » (Juin 1911)

Dès l'été 1910, ayant terminé son engagement auprès de la commission d'Hygiène industrielle, l'idée de rassembler toutes les connaissances qu'il avait progressivement accumulées sur près de dix ans sur l'infection charbonneuse germe dans l'esprit de notre inspecteur bienaimé. Bien sûr il en parle avec le professeur Langlois qui trouve l'idée excellente car la plupart des écrits sur le sujet sont le fait de médecins et privilégient une approche scientifique. Qu'un inspecteur du travail dont la fonction sociétale est toute récente, décrive cette maladie professionnelle lui paraît être une excellente chose. Il lui a même lancé en forme de boutade :

— « Si vous faites le livre, je vous écris la préface ! »

Comme il relève le défi, le professeur Langlois doit tenir sa promesse. Jean se met donc à écrire un peu tous les jours, de préférence le matin car le soir après sa journée de travail souvent longue, il ne se sent plus le courage de se remettre au travail. Par ailleurs, c'est le seul moment qu'il consacre à sa famille, à sa fille Madeleine qui a maintenant quatorze ans et à son épouse qui souffre parfois, il faut bien l'avouer, de solitude. Alors il choisit de se lever un peu plus tôt, vers les six heures du matin et cela lui permet de consacrer selon les jours une heure ou deux à son projet d'ouvrage. Au départ, il s'est lancé directement dans l'écriture mais bien vite il se rend compte de la difficulté de structurer correctement son propos. Alors il se donne une méthode de travail ; il procède au classement de toutes les sources dont il dispose, il les relit soigneusement et rédige des notes de lecture. Ensuite, il établit grossièrement le plan, la colonne vertébrale de son ouvrage. Cela le conduit à approfondir certains sujets et à solliciter le ministère du Travail pour accéder à un certain nombre d'ouvrages disponibles uniquement sur Paris. Enfin il rentre dans le détail de chaque chapitre, à partir des notes de lecture préalablement établies.

Dans son projet d'écriture, il ne veut pas se contenter de rassembler tout ce qu'il connait du charbon professionnel à travers son expérience tarnaise sur Mazamet et Graulhet. Il souhaite parler du charbon professionnel dans sa globalité, décrire l'ensemble des professions concernées et appréhender le sujet au niveau mondial. Cela l'amène à investiguer auprès d'un certain nombre de collègues qui connaissent bien mieux que lui certaines activités confrontées au charbon, comme les criniers, les brosseurs ou les dockers du port de Marseille ; et à faire également du droit international comparé pour décrire les mesures prophylactiques que chaque pays met en œuvre pour tenter de répondre à ce problème.

Mais avant cela, il décrit dans un chapitre premier l'historique des connaissances sur le charbon, avant et après la découverte de la bactéridie par Davaine vers 1850. Il nous rappelle que le charbon est décrit par les textes les plus anciens, que Moïse en faisait le sixième fléau de l'Égypte. Les auteurs de l'antiquité, Hippocrate, Galien, en parlent comme d'un mal mystérieux, un feu sacré qui frappe aussi bien les troupeaux que les hommes. En fait, la compréhension du charbon commence à se préciser avec les travaux entrepris en Bourgogne vers la fin du dix-huitième siècle par l'Académie de Dijon, en raison des ravages que le charbon causait parmi les populations locales. Après de nombreux tâtonnements, ce sont les travaux de Davaine puis de Robert Koch en Allemagne qui permettent d'identifier clairement la bactéridie spécifique à l'infection charbonneuse. Enfin, c'est Louis Pasteur qui complète ces travaux en appliquant ses nouvelles méthodes d'expérimentations et grâce à l'emploi du microscope. Celui-ci démontre la différence entre septicémie et infection charbonneuse et met en évidence la reproduction de la bactéridie par scissiparité et sporulation.

Dans un deuxième chapitre, Jean décrit en détail la bactéridie, sa morphologie sous ses deux formes, le bacille et la spore. Il nous instruit sur sa biologie et son comportement face à tous les agents physiques et chimiques.

Il consacre les chapitres trois et quatre aux formes de charbon chez l'homme, charbon interne mais surtout charbon externe, sous la forme de pustule maligne ou d'œdème malin. Il décrit les différents traitements du charbon, y compris les traitements empiriques comme celui observé à Mazamet.

Le chapitre cinq est centré sur la présentation des diverses activités professionnelles exposées au charbon. C'est là que son regard d'inspecteur du travail trouve le plus à s'exprimer grâce à ses propres connaissances, accumulées sur près de dix ans dans le travail des peaux de moutons, la tannerie et la mégisserie des cuirs, mais aussi sur les informations recueillies auprès de collègues compétents sur le travail des crins, des soies, de la corne ou les activités de transport et de manutention de toutes les matières potentiellement charbonneuses. Il aborde même les cas de charbon para professionnels ou environnementaux dont peuvent être victimes les membres de la famille des travailleurs exposés.

Jean nous livre ensuite une série de statistiques et d'observations qu'il a réalisées lui-même avec méthode et rigueur en comparant toutes les données disponibles en France bien sûr, mais aussi en Belgique, Autriche, Allemagne et Angleterre. En ce qui concerne la Belgique il est entré en contact avec le docteur Thisquen, inspecteur du travail à Liège qui lui communique les résultats d'une enquête nationale réalisée par les médecins-inspecteurs du travail. En

Belgique, deux industries sont essentiellement concernées par le charbon, la tannerie sur Stavelot et la brosserie à Iseghem, petite ville de la Flandre occidentale. Dix-huit cent ouvriers sont occupés dans les brosseries et au cours des vingt-cinq dernières années, dix-sept cas de charbon ont été enregistrés dont cinq mortels. En revanche dans la région de Verviers où l'on travaille la laine aucun cas de charbon n'a été signalé. Cette situation paraît s'expliquer par un travail quasi-exclusif de laines-mères tondues sur des animaux vivants et par conséquent non charbonneux. Pour l'Angleterre, il s'appuie bien évidemment sur les travaux et les publications très détaillées du docteur Legge, médecin-inspecteur en chef des fabriques au Home Office.

Il effectue là un travail unique et novateur en déterminant un taux de morbidité dans différentes professions et différents pays.

Il consacre le chapitre sept à l'étude des causes et des modes de contagion. Au travers de sa propre expérience, il revient sur les phénomènes d'inoculation par traumatisme accidentel, érosion de la peau, piqures légères et grattage avec les ongles souillés.

Dans le chapitre huit, il décrit les mesures prophylaxiques mises en œuvre dans les pays d'origine et au sein des établissements industriels. Il explique comment la vaccination anti charbonneuse et la destruction complète des cadavres charbonneux ont permis l'éradication de la maladie dans certains pays. Il revient sur les difficultés posées par la stérilisation des matières premières et sur la nécessité de prévenir l'importation des produits charbonneux.

Il détaille enfin les réglementations étrangères et principalement celles de Grande-Bretagne et d'Allemagne. Ainsi au Royaume Uni, un règlement a été pris dès le mois d'octobre 1897 pour le triage de la laine et en avril 1900 pour les peignages. Ces règlements modifiés par le décret du 12 décembre 1905 ne s'appliquent qu'à quelques catégories de produits considérés comme dangereux et de fait ne concernent guère que soixante-six établissements. Ils prévoient l'ouverture des balles par des ouvriers experts à juger l'état des matières, l'ouverture des balles après trempage ou sur tamis de déballage munis d'une ventilation mécanique, la mise à disposition de vêtements de travail et surtouts appropriés et l'interdiction de consommer des aliments sur les lieux de travail.

Un décret d'août 1901, vise le travail des peaux de chèvres mohair, cachemire ou alpaga. Il concerne cent dix-huit établissements et son contenu est centré sur les mesures d'hygiène corporelle individuelle, et obligation de soin en cas d'écorchures légères avec interdiction de travail jusqu'à cicatrisation.

Enfin un décret a été pris le 20 décembre 1907 pour le travail des crins, qui exige la désinfection préalable des matières premières par lavage à la vapeur soumis à un agent de désinfection.

En Allemagne, la réglementation concerne essentiellement les filatures de crins et les brosseries. Une première ordonnance a été prise en 1900 suivie d'une deuxième en octobre 1902. Elles sont plus générales que les règlements anglais et s'appliquent à tous les crins, poils et soies d'origine exotique. Les deux textes s'inspirent des mêmes principes, désinfection obligatoire de la matière, isolement des produits non encore désinfectés, port de vêtements spéciaux, vestiaires, lavabos, réfectoires spéciaux affectés aux personnels chargés de mettre en œuvre des matières non désinfectées et interdiction d'emploi de travailleurs de moins de dix-huit ans.

Comme on le voit, Jean nous montre comment nos principaux pays voisins se sont dotés d'une réglementation spécifique bien avant nous, même si ces réglementations peuvent paraître très partielles et ne couvrir qu'un créneau spécifique des activités potentiellement concernées par l'infection charbonneuse.

Jean termine son ouvrage par la présentation détaillée de la réglementation française et du récent décret du 22 août 1910 à l'élaboration duquel il a pleinement participé, avant de reprendre dans un dernier chapitre, la note qu'il avait rédigée en 1907 sur la septicémie charbonneuse et la loi du 9 avril 1898, démontrant que le charbon était bien un accident du travail.

Ainsi en dix chapitres et trois cent quarante-six pages, Jean Cavaillé donne à connaître la somme de connaissances qu'il a pu et su accumuler durant une dizaine d'années sur l'infection charbonneuse. Avec le soutien du ministère du Travail et du professeur Langlois en particulier, il obtient le concours de la maison d'édition Berger-Levrault pour l'édition de son manuscrit dans la collection de la Bibliothèque d'enseignement administratif, placée sous la direction de Monsieur Saillard, chef de bureau au ministère de l'Agriculture.

Cet ouvrage qui sera publié fin juin, sera largement diffusé par le ministère du Travail qui passe commande d'une centaine d'exemplaires et servira de document de référence pour tous les inspecteurs du travail concernés par l'infection charbonneuse sur les deux décennies à venir. Par ailleurs, Arthur Fontaine, impressionné par la qualité de l'ouvrage publié propose à Jean Cavaillé de représenter la France à la sous-commission « charbon professionnel » de l'Association internationale pour la protection légale des travailleurs, ce qu'il accepte avec une joie non dissimulée.

En septembre 1911, quand lors d'une réunion de circonscription à Toulouse l'inspecteur divisionnaire Herbo remet un exemplaire de l'ouvrage à chacun des inspecteurs, Jean, que ses collègues inspecteurs félicitent pour la qualité de son travail, est particulièrement fier d'être arrivé à ce résultat.

Dans les semaines qui suivent la publication, il aura l'occasion d'offrir un exemplaire de son ouvrage au préfet Edmond Fabre et au sous-préfet de Castres lors de leurs cérémonies de départ respectives fin octobre 1911. En retour, le préfet pour récompenser son talent littéraire, ainsi que son passé d'enseignant, lui promet d'obtenir pour lui, les palmes académiques, ce qui sera fait début 1912. Il soigne particulièrement la dédicace de l'ouvrage remis au sous-préfet Vassal avec lequel il a été amené à travailler en bonne intelligence pendant près de cinq ans. Ce sous-préfet s'est particulièrement investi dans le dossier du mal charbon et l'a accompagné sur le terrain pour voir précisément de quoi il retournait, et cela Jean l'a particulièrement apprécié. Il envoie aussi un exemplaire dédicacé au docteur Sicard et au docteur Bonneville avec lesquels il a fortement œuvré sur ce dossier. Les Bourses du travail de Mazamet et de Graulhet, ainsi que la Chambre de Commerce et d'Industrie de Mazamet seront aussi destinataires d'un exemplaire de son ouvrage. Un certain nombre de patrons mazamétains et graulhétois se procureront son ouvrage et quelques-uns, rares toutefois, solliciteront même une dédicace lors de son passage. Même si certains lui reprochent d'avoir fait une mauvaise publicité à l'industrie locale, la plupart des industriels concernés lui seront reconnaissants d'avoir aidé la profession à rechercher des solutions sur un problème de santé professionnelle particulièrement important, qui exigeait la mobilisation de tous.

Au tout début de l'année 1911, par circulaire du 6 janvier, le Ministère diffuse le décret du 22 aout 1910 relatif à l'infection charbonneuse et précise que des instructions seront données pour l'exécution de ce règlement dès que les arrêtés prévus par le décret seront pris. Il demande par la même occasion à tous les inspecteurs départementaux d'établir un rapport d'enquête à l'occasion de chaque cas de charbon professionnel rencontré, en mentionnant précisément la provenance des matières travaillées à l'origine de la contamination. Jean ne rencontre quasiment pas de cas au cours de cette année 1911. En effet sur les quarante-deux cas de charbon signalés en France, un seul cas peu grave concernant un écharneur s'est produit dans une mégisserie de Mazamet où on travaillait des peaux de trois provenances : La Plata, Maroc et Espagne. Pour autant au niveau national, la provenance des matières à l'origine de contamination est très diverse et aucun pays en dehors de l'Espagne ne se signale particulièrement.

Jean attribue ces bons résultats sur Mazamet aux mesures d'hygiène que prennent maintenant les ouvriers et sur ce point il a le sentiment d'avoir été entendu ; son action et sa ténacité ont fini par payer. Bien sûr les industriels de leur côté évitent de plus en plus de travailler des peaux venant d'Espagne, réputées comme les plus dangereuses et celles-ci ne représentent plus que deux pour cent des peaux travaillées sur Mazamet.

Durant l'année 1911, Jean ne s'est pas seulement contenté d'écrire son livre et de traiter le dossier du charbon, il a poursuivi l'ensemble de ses activités d'inspecteur du travail. Cette année-là, il s'est plus particulièrement intéressé aux bureaux des Postes, établissements qu'il n'avait pas eu le temps de visiter jusque-là. Au début, il rencontre quelques difficultés avec certains receveurs qui contestent sa compétence à contrôler leurs établissements. Il en réfère au directeur départemental des Postes qui envoie une lettre circulaire à ses subordonnés pour leur rappeler les instructions de l'administration des Postes, ce qui va faciliter l'exercice de sa mission. Pour autant il est amené à soulever un point de droit dans la mesure où la circulaire mentionne que « Seuls les bureaux de poste dans lesquels le service est assuré par le seul titulaire, ou par ce dernier assisté par un ou plusieurs membres de sa famille ne sont pas visités par l'inspecteur du travail ». Il conteste fermement cette interprétation qui ferait des bureaux de poste des ateliers de famille car pour lui les membres de la famille sont salariés par l'État qui est leur seul patron et leur travail est organisé par celui-ci, représenté par le directeur départemental des Postes et non par le père de famille. Par ailleurs un grand nombre de ces bureaux comprennent des facteurs chargés de la distribution du courrier et ceux-ci ne peuvent être privés de la protection légale dont ils bénéficient, celle-ci ne pouvant être réservée au seul personnel sédentaire.

Lors de ces contrôles, il relève des défectuosités regrettables et à la fin de sa tournée de contrôle, il rédige un rapport à destination du directeur départemental des Postes et établit un constat sans concession :

Le nettoyage des sols se fait généralement mal et parfois même en présence du personnel. Alors qu'il serait selon lui facile de nettoyer les sols avec des serpillières humides et de la sciure de bois humide, on a recours le plus souvent au traditionnel balayage qui, à sec soulève les poussières ou, après aspersion d'eau fait de la boue. Ainsi, il constate sur le sol en carrelage de la grande salle publique de l'hôtel des postes d'Albi, de véritables arabesques faites de boue desséchée et dessinées par le balai. Dans un grand nombre de bureaux de poste de taille intermédiaire l'aération est défectueuse, les fenêtres sont rares, les plafonds bas et les murs souvent humides. Les peintures ne sont pas toujours bien fraiches. Il trouve même une recette où l'enduit des murs n'a pas été refait depuis au moins treize ans. Au bureau de poste de Castres, les cabinets d'aisance sont dans un tel état de vétusté que le siège s'écroula sous le poids d'une employée qui eût pu être gravement blessée. Les vestiaires sont généralement rudimentaires et les lavabos manquent. Dans le bureau le plus important du département, dans lequel plus de cinquante employés ou facteurs sont répartis sur deux étages, le lavabo est constitué par un unique robinet, placé au rez-de-chaussée, dans la cour.

Suite à cela, il met en œuvre la procédure particulière instituée par le décret du 2 mars 1905. D'une manière générale l'administration des Postes reconnaît le bien fondé de ses observations et déclare vouloir y donner satisfaction. Pour autant, elle conditionne souvent l'exécution des prescriptions à un changement de local.

Deux accidents du travail tragiques vont émailler l'année 1911 et donner lieu à une enquête conséquente de la part de Jean Cavaillé.

Un grave incendie ravage une importante filature de Mazamet toute une nuit et trois victimes sont à déplorer. Parmi les ouvriers drousseurs de nuit, deux ont péri carbonisés sous les décombres et le troisième a succombé des suites de ses brûlures. La salle où l'incendie a éclaté et où l'équipe de nuit travaillait était une sorte de rez-de-chaussée surélevé, terminé à ses deux extrémités par un terre-plein d'environ un mètre cinquante de haut et pourvu d'escaliers maçonnés. Dès que les premières flammes sont apparues, tous les ouvriers ont concouru à l'effort pour limiter le foyer, mais ont dû bientôt se sauver devant les progrès du feu. C'est en essayant de revenir dans la salle pour reprendre leurs vêtements abandonnés dans la panique, que deux ouvriers, surpris par les flammes, asphyxiés par la fumée ont trouvé la mort. Cet incendie provoque une vive émotion dans la classe ouvrière de Mazamet et pour les mieux informés, les syndicalistes de la Bourse du travail, cela évoque le terrible incendie survenu le 21 mars 1911 à New York, au sein de l'entreprise Triangle Shirtwaist à l'issue duquel cent quarante ouvrières, principalement des jeunes immigrantes italiennes et juives ont trouvé la mort en raison de l'absence de mesures de sécurité. En effet, les portes de l'atelier étaient verrouillées, l'employeur craignant des sorties anticipées et des vols. La Bourse du travail réclame la couverture par les contrats d'assurance des vêtements et des outils des salariés à l'instar de ce qui est prévu pour les machines et les installations appartenant aux industriels. Jean quant à lui tire de cet épisode dramatique l'enseignement suivant : il convient de compléter la réglementation par l'obligation d'un dispositif organisé de lutte contre le feu et d'évacuation du personnel.

Alors que les travaux du prolongement de la voie ferrée jusqu'à Murat se terminent, un terrible accident survient lors du percement du tunnel du Gourp Fumant, où un salarié a été littéralement pulvérisé par l'explosion d'un coffre où la dynamité était déposée. Au cours de son enquête, Jean constate plusieurs imprudences et infractions. Ainsi au sein des coffres qui contiennent la provision journalière d'explosifs, il trouve des amorces en fulminate de mercure et des pièces métalliques, robinets en cuivre et tubes en acier ou en fonte. Par ailleurs les coffres à explosifs au lieu d'être installés dans un endroit isolé et protégé du tunnel, étaient placés à même le sol de la galerie, à cinquante mètres à peine des rails d'une locomotive Decauville. Ils étaient donc exposés, du fait de la circulation des wagonnets et du personnel dans la galerie obscure, à toutes sortes de chocs pouvant provoquer une déflagration. Par ailleurs, aucun appareil spécial pour le dégel des cartouches n'avait été mis à la disposition du personnel qui faisait dégeler la dynamite en la plongeant dans des seaux d'eau que l'on avait placés sur le foyer de la forge. Suite à ces constatations, il dresse procès-verbal et l'entrepreneur est condamné pour infraction à l'article 2 de la loi du 12 juin 1893.

En fin d'année, il s'est préoccupé de la mise en œuvre des décrets du 8 octobre 1911 relatif au soufflage à la bouche et à l'âge d'admission des enfants à certains travaux dans les verreries, même si ce dernier décret ne s'appliquera qu'à l'issue d'un délai d'un an. Le nouveau décret sur le soufflage à la bouche exige qu'un médecin désigné par le chef d'établissement et payé par lui soit chargé du service médical. Les ouvriers ne peuvent être admis à un travail comportant l'usage en commun des cannes que sur l'attestation écrite de ce médecin constatant qu'ils ne sont atteints d'aucune maladie contagieuse.

Dans les verreries à bouteilles, ce qui est le cas des deux verreries tarnaises, l'attestation doit être renouvelée une fois chaque quinzaine, ce qui est plus strict que les recommandations que Jean Cavaillé avait formulées dans sa note de 1909. Les principales objections viennent des médecins eux-mêmes qui prétendent que le secret professionnel ne leur permet pas de délivrer des attestations qui pourraient nuire aux ouvriers. Ainsi, il observe que le médecin de la verrerie de Carmaux lors d'une visite du 7 janvier 1912 a porté la mention suivante sur le registre : « A l'heure actuelle, aucun ouvrier du soufflage à la main ne présente aucun symptôme apparent de maladie contagieuse ». Cela ne le gêne pas dans la mesure où les visites sont effectivement passées, et cela doit pouvoir conduire à écarter un ouvrier qui présenterait des signes manifestes de maladie contagieuse professionnelle ou non.

En matière de repos dominical, il a suivi et favorisé le règlement de la situation des commerces non alimentaires sur la ville d'Albi. A la suite d'une campagne menée par des employés de commerce et parallèlement par une association regroupant des petits commerçants, les arrêtés accordant des dérogations à dix maisons de commerce ont été retirés en bloc par la préfecture sur sa proposition. Suite à cela tous les employés de commerce, à l'exception de ceux qu'occupent les commerces d'alimentation, jouissent d'un repos dominical complet.

Quand il fait les comptes, il se rend compte qu'il a effectué un peu moins de contrôles que les années précédentes, mais cela s'explique par le temps passé lors de chaque visite à donner des explications sur la mise en œuvre de la loi du 5 avril 1910 sur les retraites ouvrières et paysannes, tel que cela a été demandé à tous les inspecteurs du travail par le ministère du Travail et de la Prévoyance sociale. Il lui a fallu en effet expliquer en détail à chaque employeur ce qui relevait du régime de cotisations obligatoires, ainsi que les différentes possibilités pour s'acquitter de ces obligations.

L'année 1911 tire à sa fin et durant la semaine qui précède Noël, avec son épouse et Madeleine âgée de quinze ans maintenant, il va la nuit venue écouter le Nadalet joué au carillon de l'église Notre-Dame de la Platé. Les carillonneurs qui perpétuent cette tradition depuis le seizième siècle doivent gravir cent vingt marches pour accéder au clavier. Tout commence par le grand balandran où les trente-trois cloches se mettent en branle et font raisonner dans la nuit noire leurs mélodies joyeuses et pleines d'espoir. Après les neufs coups de la vieille cloche huguenote « Louise », commence le « Nadal comptador » (Noël compteur), qui est joué huit fois le premier soir, sept fois le second et ainsi de suite jusqu'au 23 décembre. Et il s'ensuit un petit concert de chants de Noël traditionnels. Jean aime beaucoup ce rituel fortement ancré dans la culture occitane de ce terroir castrais.

Chapitre 23

La circulaire du 7 juin 1912, grosse déception !

L'année 1912 avait bien commencé avec la publication le 11 mars de deux arrêtés d'application du décret du 22 août 1910, l'un portant sur l'avis prévu à l'article sept et l'autre sur la composition de la boite de secours prévue à l'article deux. Dès leur parution, Jean Cavaillé relaie l'information auprès de toutes les parties concernées, aussi bien sur Mazamet que sur Graulhet. Dans cette ville, il note avec beaucoup de satisfaction, l'initiative prise par la Chambre syndicale des patrons mégissiers qui fait l'acquisition collective de soixante-dix boites réglementaires, des avis et règlements à afficher, pour les distribuer à chacun de ses membres. Par ailleurs, le bureau de la Chambre a donné des instructions à ses adhérents pour leur faciliter l'organisation du service sanitaire, en particulier la désignation du médecin d'usine, dont le choix, bien entendu a été laissé à la convenance de chaque industriel. Sur Mazamet, ces nouvelles dispositions se mettent également en place, d'une manière globalement satisfaisante mais plus individuelle et certains s'adressent à lui pour des indications d'ordre accessoire. Ce qui pose le plus problème dans le délainage, c'est l'utilisation des tabliers et de jambières imperméables par le personnel. Car, en effet, certains ouvriers résistent et beaucoup de sabreurs qui ont pris l'habitude de se protéger des projections d'eau, en s'enveloppant le corps de peaux brutes avec de la laine, étendues et liées par des ceintures de cuir ou de simples ficelles, veulent conserver leur accoutrement bizarre qu'ils jugent efficace. On retrouve là le vieil atavisme conservateur de cette population de la montagne Noire. Alors l'inspecteur insiste beaucoup tant auprès de la Chambre patronale que du Syndicat ouvrier, pour que l'on abandonne ce type de protection un peu trop primitif, par un moyen plus moderne répondant mieux aux prescriptions de l'article trois du décret et les deux parties se concertent pour retenir un genre de surtout efficace et pratique pouvant être généralisé dans toutes les usines de délainage.

Au demeurant, un seul cas est survenu en ce début d'année au délainage de Versailles à Caunan appartenant à Casimir Durand qui travaillait des peaux provenant du Maroc. L'étuveur en question, Édouard G. a été vite soigné et rapidement guéri. En revanche un jeune garçon étuveur pendeur de cuir a eu moins de chance, décédé des suites d'une complication septique consécutive à une légère piqure faite au doigt par un crochet de séchoir. Cet accident du travail n'a pas été considéré comme un cas de charbon, l'analyse bactériologique n'ayant pas révélé la présence de la bactéridie charbonneuse.

C'est dans ce contexte qu'est publiée la circulaire du 7 juin 1912 par laquelle le nouveau ministre du Travail, Léon Bourgeois, annonce qu'aucun arrêté ne sera pris en application de l'article quatre du décret. En effet, un arrêté commun au ministère du Travail et à celui de l'Agriculture devait lister les régions de provenance des matières considérées comme dangereuses, pour lesquelles des mesures les plus exigeantes du décret prévues à l'article cinq devaient s'appliquer. C'est pour lui une grande déception car il avait beaucoup travaillé sur la rédaction de cet article cinq et il pensait que ces mesures applicables dans les situations où l'infection charbonneuse était le plus à redouter, apportaient une véritable garantie de prévention aux salariés concernés. Le professeur Langlois, toujours membre de la commission d'Hygiène industrielle, avec lequel il a pu échanger au téléphone, lui explique que les membres de la commission étaient très partagés mais que la vraie difficulté tient au fait qu'à l'issue de l'enquête nationale lancée par la circulaire de janvier 1911, aucune région du monde n'est apparue comme fortement plus problématique qu'une autre. Dans ces conditions, on n'a pas voulu mettre à l'index telle ou telle région, ce qui aurait pu par ailleurs créer des difficultés diplomatiques avec certains pays amis, tel que le Maroc ou l'Espagne.

Pour autant, le ministre annonce que si, et seulement si, plusieurs cas de charbon se produisaient à intervalles rapprochés, qui pourraient être attribués d'une façon certaine à des matières provenant d'une région nettement déterminée, l'attention des gouvernements des pays intéressés serait appelée, par la voie diplomatique, sur la nécessité dans laquelle le gouvernement français pourrait se trouver, s'il se produisait de nouveaux cas provoqués par des matières provenant de cette région, de prendre un arrêté désignant cette région comme suspecte au sens de l'article quatre du décret du 22 août 1910.

Jean Cavaillé n'est pas totalement convaincu par cet argumentaire et pense que c'est un enterrement de première classe pour l'article cinq du décret que les représentants patronaux n'ont jamais véritablement accepté. En ce qui le concerne, cela n'aura pas de grandes conséquences car le travail qu'il a accompli sur Mazamet et Graulhet depuis des années en se basant sur les principes édictés par la circulaire de 1908 et les dispositions générales du décret relatif à l'hygiène, lui a permis d'obtenir des résultats satisfaisants. Pour autant au plan national, il s'agit pour lui d'un échec et cela le confirme dans l'idée que la prévention des travailleurs contre les accidents du travail est un combat qui doit être mené patiemment mais sans relâche.

Par ailleurs, toutes les autres dispositions du décret sont commentées et il est bien précisé que des examens bactériologiques permettant de confirmer sans contestation possible le diagnostic visuel du médecin, doivent être systématiquement pratiqués. Il va donc exiger des industriels de la laine et du cuir de faire réaliser systématiquement cet examen suite aux prélèvements réalisés par les médecins d'entreprise et ce, en lien avec la faculté de Médecine de Toulouse qui procédera aux analyses.

Le 16 avril 1912, une information reprise par tous les journaux laisse le monde entier dans un état de sidération : lors de son voyage inaugural entre Southampton et New York, le Titanic, ce paquebot flambant neuf a heurté un iceberg avant de couler avec mille cinq cent personnes à son bord. On ne compte que sept cent rescapés. Ce que retient Jean Cavaillé de ce qui constitue l'une des plus grandes catastrophes maritimes, c'est le nombre de places dans les canots de sauvetage notoirement insuffisant et l'absence de procédure d'évacuation d'urgence.

La transposition dans la législation française de la Convention internationale de Berne du 26 septembre 1906, relative à l'interdiction du travail de nuit des femmes est intervenue fin 1911, au travers de la loi du 22 décembre et du décret du 27 décembre.

Dans le Tarn, la portée de ces nouvelles dispositions vise essentiellement le travail de nuit dans les deux verreries d'Albi et de Carmaux, qui jusque-là bénéficiaient d'une dérogation en qualité d'usines à feu continu et occupaient des femmes la nuit pour le triage et le rangement des bouteilles.

Cette question était cependant des plus délicates puisqu' elle pouvait avoir pour conséquence, tant à Albi qu'à Carmaux, le licenciement de cent quarante-deux femmes, réparties entre trois postes fonctionnant parallèlement, avec les mêmes horaires de relève, aux trois équipes d'ouvriers adultes qui se partageaient la journée de vingt-quatre heures, à raison de huit heures chacune.

La solution eût été singulièrement facilitée si les heures de relève qui se font actuellement à trois heures trente du matin, onze heures trente et dix-neuf heures trente, avait pu être fixées à cinq heures du matin, treize heure et vingt-et-une heures du soir. Il eût ainsi suffit de remplacer simplement par des hommes adultes les femmes travaillant dans l'équipe de nuit légale.

Mais pour des raisons diverses, les ouvriers verriers ne veulent pas renoncer à leurs habitudes concernant les heures des alternances des équipes

Jean Cavaillé décide d'intervenir et indique clairement que dans son esprit il est hors de question de voir les deux tiers des femmes renvoyées et remplacées par des hommes. Après discussion avec les directions et les syndicats, une solution est trouvée qui garantira le maintien dans l'emploi de l'intégralité des femmes concernées. Le service du triage et du rangement des bouteilles devient un service autonome, réparti entre trois équipes, dont deux composées de femmes qui se partagent les seize heures de travail de jour de cinq heures à vingt-et-une heures, et la troisième formée d'ouvriers adultes qui assurent le poste de nuit. Le tiers restant de femmes est affecté à des travaux extérieurs de jour, et ainsi l'ensemble des femmes ont pu conserver leur emploi.

Au mois de juin, alors qu'il effectue une série de visites de nuit dans les boulangeries, il est victime d'un délit d'obstacle de la part d'un boulanger d'Albi qui refuse obstinément de le laisser pénétrer dans son fournil. Il n'a d'autre recours que de dresser procès-verbal, mais à sa grande surprise, ce dernier est acquitté par le tribunal qui estime que si le texte invoqué de la loi du 12 juin 1893 donne formellement le droit d'entrée dans tous les établissements que visent ces lois, aux inspecteurs et inspectrices du travail, il ne dit rien de plus et ne précise pas que ce droit leur est accordé la nuit comme le jour. A la demande de Jean Cavaillé, le parquet fait appel mais la cour d'appel de Toulouse confirme l'acquittement du boulanger pour les mêmes motifs que le premier juge. Il est fortement contrarié de voir de telles décisions de justice, qui de fait affaiblissent son action sur le terrain, alors que la chambre criminelle de la Cour de cassation a une jurisprudence bien établie sur le droit des inspecteurs à pénétrer la nuit pour l'accomplissement de leur mission, dans les ateliers en cours de fonctionnement.

Début novembre 1912, le divisionnaire Herbo s'en va rejoindre le poste de Dijon et il est remplacé par Berthiot qui était précédemment inspecteur départemental chargé du contrôle dans la première circonscription à Paris.

La loi du 26 novembre et le décret du 28 novembre 1912 viennent compléter la codification des lois ouvrières en créant le livre deux du Code du travail, relatif à la règlementation du travail comprenant cent quatre-vingt-sept articles répartis en quatre titres : un titre premier sur les conditions de travail, un titre deux sur l'hygiène et la sécurité des travailleurs, un titre trois sur l'Inspection du travail, et enfin un titre quatre sur les pénalités. Ainsi, toutes les lois précédentes sont abrogées et remplacées par les articles du Code du travail.

Dans le Tarn, la valse des préfets continue de plus belle. Après Gaston Bordenave resté un an en 1911, il voit passer Louis Méjean pour deux mois, du 16 juillet au 6 septembre 1912, remplacé par Marcel Maupoil qui lui va rester jusqu'au 10 mai 1913.

Chapitre 24

Le voyage à Bradford (Angleterre)

Début 1913, il est convoqué par l'Office international du travail pour une première participation de la sous-commission « charbon professionnel » de l'Association internationale pour la protection légale des travailleurs qui siége à Bâle en Suisse. Il organise son déplacement en train via Paris jusqu'à la capitale suisse, et se rend à la réunion. Au cours de cette réunion, il est décidé sur proposition du docteur Legge que les membres de la sous-commission qui le souhaitent, effectueront un voyage d'étude en Angleterre sur la lutte contre l'infection charbonneuse dans ce pays. Le voyage est prévu pour le mois d'avril 1913 et dans les semaines qui précèdent, Jean, qui a décidé d'y aller, prépare activement son déplacement.

Raymond Poincaré est élu président de la République, Louis Barthou a pris le relais d'Aristide Briand comme président du Conseil et Henri Chéron est le nouveau ministre du Travail et de la Prévoyance sociale.

Le 10 juillet 1913 est publié un décret qui porte règlement d'administration publique pour l'exécution des dispositions relatives à l'hygiène et la sécurité des travailleurs qui remplace le décret du 29 novembre 1904. Jean Cavaillé ne soupçonne pas que ce décret va servir de base au travail de plusieurs générations d'inspecteurs du travail et ce, jusqu'à la fin des années 70.

Le 11 mai 1913, Paul Bouju, ancien sous-préfet de Béziers, prend ses fonctions de préfet du Tarn. Il va rester en poste jusqu'au 7 avril 1917 et cette continuité change des habitudes de passage, parfois éclair.

Le 1er juillet 1913, Jean Cavaillé est promu inspecteur départemental de deuxième classe et cela le réjouit fortement. Cela lui permettra notamment l'achat d'un gramophone avec son beau pavillon, que Germaine rêve de posséder comme certaines de ses amies, pour pouvoir écouter chez elle des chansons et de la musique classique.

Début avril, le moment du voyage en Angleterre est arrivé. Un certain nombre de membres de la délégation se retrouvent à Paris et voyagent ensemble jusqu'à Londres. Il y a là le docteur Koelsch de Munich et le professeur Schûrner de Vienne. Il leur faut sept heures via Calais en train puis en bateau pour rejoindre la capitale londonienne. Le temps cette semaine-là sera très variable avec une journée de pluie interminable, pour autant cela ne va pas altérer la bonne humeur du petit groupe.

A leur arrivée à Londres, ils sont reçus au Home Office par le ministre chargé du Travail qui leur décrit l'organisation anglaise pour le contrôle des lois sur la santé au travail, avec la dualité de fonction des inspecteurs du travail et des médecins certificateurs. Suite à cela le docteur Legge leur présente le parcours et le programme de visites qu'il leur a concocté. L'essentiel du voyage va se concentrer sur la région de Bradford, dans le Yorkshire de l'ouest, avec au retour un passage par Worcester pour visiter une des plus grandes manufactures de crins d'Angleterre.

Le docteur Legge fait ensuite un exposé sur l'état de l'infection charbonneuse en Angleterre et l'historique des actions menées et de la réglementation progressivement mise en place. Pour Jean Cavaillé l'Angleterre est un modèle car c'est le pays qui le premier a mis en place une réglementation de prophylaxie contre le charbon dès 1897 pour le travail des laines ; mais les Anglais l'ont fait à leur manière, bien différente de notre esprit latin. Ici pas de réglementation à caractère universel devant répondre à toutes les situations comme on a cherché à le faire en France pendant près de dix ans. On a pris des règlements spécifiques pour chaque activité concernée, le travail de la laine, le travail des peaux et le travail des crins. Par ailleurs, cette réglementation ne s'applique qu'aux entreprises qui travaillent des matières considérées comme dangereuses en raison de leur origine. C'est le pragmatisme anglais qui s'impose, on ne réglemente que si on a une raison sérieuse voire impérieuse de la faire. De même, on est remonté à l'origine du mal et on a su déterminer grâce aux enquêtes menées par les agents consulaires du Foreign Office, les pays du monde à risque, et cela en fonction de leurs modes d'élevage, de leurs régimes sanitaires, en prenant en compte les errements et les fraudes qui rendent possibles l'exportation de produits dangereux, et la livraison à l'industrie des dépouilles souillées. Ainsi, les rapports des consuls britanniques ont permis aux services du travail anglais d'avoir des informations précises sur les ravages causés par la fièvre charbonneuse en Chine, en Asie centrale et occidentale, en Amérique du Sud, au Cap, au Maroc, ... et de définir les provenances à risque, en fait exactement ce que nous n'avons pas su faire en France. Enfin, il observe au travers des dires du docteur Legge que les industriels anglais ont été assez souvent à l'initiative d'actions de prévention et ont anticipé le traitement des problèmes d'hygiène et de sécurité au travail, sans attendre la mise en place d'une réglementation. Cela change fortement avec le comportement anti-réglementation qui caractérise la plupart de ses interlocuteurs tarnais.

En route donc pour Bradford, la capitale mondiale incontestée de la laine. Avant de visiter des entreprises, la délégation est accueillie par le docteur Eurich qui dirige l'Anthrax Investigation Board. Il s'agit d'un bureau d'études sur le charbon fondé en juillet 1905, sous les auspices de la chambre de Commerce de Bradford. Il a reçu mission de déterminer les différents sortes de laine les plus dangereuses, d'examiner bactériologiquement des échantillons de laine, de sang, de poussières recueillis dans les établissements industriels, de contrôler les cas douteux de charbon humains par l'examen des sérosités ou du sang prélevés sur le malade, et de rechercher tous les moyens préventifs susceptibles de supprimer ou limiter les risques d'infection dans l'usine même ou hors de l'usine. Le Board est devenu une sorte d'institut d'observation et de vérification qui d'une centaine de prélèvements annuels réalisés la première année est passé à près d'un millier, sept ans plus tard. Ses rapports annuels ont contribué à élucider différents points de vue que soulève la question du charbon et à stimuler et diriger la prophylaxie.

Le voyage se poursuit par la visite d'usines et la rencontre avec certains industriels des différentes activités concernées par le charbon. Ainsi ils visitent la fabrique de tissus de sir Titus Salt, à Saltaire, les peignages et filatures de laine de Campbell et Harrison à Shipley, ceux de Georges Ackroyd à Bingley, ainsi que la fabrique de couvertures de James Walker à Mirfield. Ces établissements spécialisés dans la préparation de laines classées comme dangereuses présentent des installations de dépoussiérage et de collecte des poussières très remarquables, même si la captation absolue de toutes les poussières dégagées n'est pas possible à réaliser. Certaines laines considérées comme les plus dangereuses, tel le van mohair ou les laines de Perse sont travaillées à l'humide après trempage. Ce procédé, s'il protège les ouvriers qui déballent ou trient les laines humides, expose davantage les peigneurs et les cardeurs, les germes retenus par les fibres mouillées étant libérées pendant les opérations ultérieures. Toutefois, il donne lieu à débat et pourrait être remis en question.

Chez Ackroyd, la délégation s'intéresse à la contagion par les parties sanglantes. Le docteur Legge explique que pendant longtemps en Angleterre on a résonné sur le postulat suivant : « pas de poussières, pas de danger charbonneux ! », et c'était une erreur. Le Board a mis en évidence que tout le danger des dépouilles animales charbonneuses provient du sang qui les macule et des propriétés adhésives qui agglutinent le sang séché aux fibres laineuses. Il a suggéré un procédé de recherche et d'élimination systématique des parties sanglantes au cours du triage préliminaire. La recherche du sang est aisée pour les laines blanches ou légèrement colorées mais plus compliquée pour les laines naturellement colorées. En cela, le toucher est un guide sûr. Les caillots de sang desséché ont sous les doigts une rudesse toute particulière qui les fait distinguer d'autres substances, goudron, graisse, etc., dont l'aspect à première vue n'est guère différent. L'entreprise Ackroyd qui a adopté ce procédé depuis déjà quatre ans, a vu disparaître les cas de charbon.

Chez Titus Salt, Jean est frappé par la propreté et la blancheur des murs et on lui précise que le blanchiment à la chaux est refait systématiquement tous les ans.

Il observe la place importante qu'occupe le port des protections individuelles et le respect des règles d'hygiène dans le système de prophylaxie anglais.

Lors du retour vers Londres, ils font une halte à Worcester chez Webb, la plus grande manufacture de crins de cheval du royaume. Ils assistent au déballage d'un lot de crins de Chine lavés. Il suffit de les secouer un peu pour provoquer le dégagement de très fines et très abondantes poussières, le lavage pratiqué par les indigènes étant trop sommaire et insuffisant pour triompher des poussières adhésives du sang collé aux fibres. L'ouverture des balles et le triage des crins sont les deux seules opérations qui en Angleterre sont tolérées avant stérilisation. L'ouverture des balles de crins est réalisé par un ouvrier spécialiste et expérimenté dont le corps est entièrement protégé par un surtout, un couvre-tête et des gants. Il procède à un premier et rapide triage, au-dessus d'un tamis ventilé. Le crin est ensuite étalé en minces couches sur des claies formées d'un cadre et d'un treillis métallique. Les claies sont superposées sur un wagonnet que l'on introduit dans un autoclave pour stérilisation par vapeur sèche à zéro vingt-cinq atmosphères de pression et une température de deux cent vingt-cinq degrés Fahrenheit, durant vingt minutes. La stérilisation n'est pas absolue mais suffisante pour rendre les spores charbonneuses inoffensives, et cela sans apporter le moindre dommage à la matière.

De retour au Home Office à Londres, le docteur Legge fait un bilan des résultats obtenus sur plus de quinze ans de lutte contre l'infection charbonneuse en Angleterre. Sur sept cent vingt-cinq cas de charbon recensés, on déplore cent soixante décès soit un pourcentage de vingt-deux pour cent. Pour finir, il tire les conclusions suivantes :

1° Depuis 1907, le pourcentage de décès est toujours à la baisse ce qui marque les progrès durables de la prophylaxie engagée.

2° C'est maintenant le groupe « autres industries » qui fournit le taux de décès le plus élevé. Il s'agit le plus souvent d'activités où l'apparition de cas de charbon est rare et où le personnel sans méfiance et sans défense est surpris par le mal et rapidement terrassé.

3° La mortalité générale est en décroissance, notoirement dans les industries règlementées. Deux facteurs atténuent la baisse enregistrée, ce sont la forte croissance des tonnages travaillés et la fréquence du charbon interne chez les lainiers.

Le docteur Legge a réservé la dernière demi-journée du voyage à la visite des principaux monuments londoniens, le palais et l'abbaye de Wesminster, l'ancienne Tour de Londres et le récent Tower Bridge. Il a prévu ensuite une petite ballade à Hyde Park, avant d'inviter tous ses collèges à partager un repas dans un pub tenu par l'un de ses amis à Piccadilly Circus, où l'on peut boire fort tard de l'excellente bière.

Jean a beaucoup appris de ce voyage et de la fréquentation durant une semaine d'éminents spécialistes de la question du charbon. Sa connaissance du terrain et de la spécificité du délainage mazamétain a en retour été fortement appréciée de tous ses collèges.

Cette semaine d'échange lui a tellement plu qu'il propose à l'Association internationale que la délégation vienne dans le Tarn à Mazamet. Il indique qu'il va examiner avec les autorités françaises si un tel projet est envisageable. Le ministère du Travail donnera son accord pour prendre en charge les frais de séjour mais pour un nombre de participants limité seulement.

Aussi, c'est une délégation restreinte composée du docteur Legge de Londres et du docteur Koelsch de Munich, qui se rendra à Mazamet. Jean prépare activement un programme de visites pour la dernière semaine de juin.

Il fait un grand beau temps et la montagne Noire resplendit avec toute sa gamme de vert foncé et cela contraste beaucoup avec la grisaille anglaise du mois d'avril dans le Yorkshire.

Au cours de la semaine, à laquelle participe également le nouvel inspecteur divisionnaire Berthiot qui découvre la région, ils vont visiter les entreprises où l'on a au cours des dix dernières années enregistré le plus de cas de charbon, le délainage de Montlédier de Joseph Cormouls-Houlès, celui de Lestrade de Felix Alby et enfin celui de Pech-Galibert en ville. Les deux invités savent déjà beaucoup de choses sur le délainage à travers les écrits de Jean Cavaillé et ce qui les intéresse c'est de comprendre pourquoi les cas de charbon ont quasi-disparu en 1912. Ils rencontrent également à la chambre de Commerce, des représentants du syndicat des patrons délaineurs et à la Bourse du travail, le syndicat des ouvriers délaineurs. Jean Cavaillé a aussi prévu une rencontre avec les médecins de Mazamet, le docteur Bonneville en tête, à laquelle il a associé bien évidemment le docteur Sicard.

Les témoignages sont nombreux qui attestent du rôle essentiel qu'a joué l'inspecteur du travail Cavaillé dans la mobilisation de tous les acteurs pour les tirer tous dans le sens d'une plus grande prévention du mal charbon. Beaucoup signalent son obstination et sa farouche détermination à faire bouger les choses au profit d'un meilleur niveau d'hygiène dans une activité qui reste salissante, pour ne pas dire malpropre.

Ils comprennent que c'est la mise en œuvre de la circulaire de 1908 qui constitue le vrai tournant pour le délainage mazamétain, le décret de 1910 ayant surtout apporté la présence systématique et régulière d'un médecin auprès de chaque usine.

Pour agrémenter le voyage, il emmènera ses collègues à Albi pour une visite de la vieille ville et de la cathédrale Sainte-Cécile.

Durant les derniers mois de l'année 1913, Jean prépare un rapport pour l'Association internationale et une note pour ses collègues français reprenant les enseignements de son voyage d'études en Angleterre. La note paraitra dans le Bulletin de l'Inspection du travail à la rubrique « travaux originaux des inspecteurs du travail » début 1914. Il gardera longtemps un souvenir prégnant de ce voyage qu'il considèrera comme un sorte de récompense du travail qu'il a accompli dans la lutte contre le mal charbon.

Malheureusement, le projet d'une réglementation internationale sur la prévention du charbon professionnel qui devait être examiné fin 1914, sera enterré comme beaucoup d'autres, sous l'avalanche d'obus qui va s'abattre sur le continent européen pendant plus de quatre ans.

Le rapport annuel pour l'année 1913 confirme la tendance à la baisse des cas de charbon professionnel en France. Sur les soixante-six cas signalés, aucun ne relève du délainage mazamétain qui par le passé constituait l'un des principaux foyers de l'infection charbonneuse. La situation paraît maintenant bien maitrisée, mais Jean Cavaillé sait que le risque reste toujours présent.

Au cours de l'année 1913, Jean ainsi que ses collègues voient arriver à Toulouse auprès de Foissac, Madame De la Ruelle, première inspectrice du travail nommée dans la neuvième circonscription. Ce n'est pas la première en France, puisque quinze femmes inspectrices ont été recrutées dès 1892 mais pour l'essentiel, elles sont en poste à Paris et dans quelques très grandes villes de France. L'arrivée d'une femme dans les réunions de circonscription change un peu les choses et dans ce cénacle très masculin chacun doit dorénavant mesurer ses propos parfois empreints d'un certain machisme. Les blagues de mauvais goût n'ont pas duré très longtemps car il faut bien avouer que Madame De la Ruelle sait se défendre et certains l'ont rapidement appris à leur dépens.

Dés les origines, dans la loi du 2 novembre 1892, les femmes ont trouvé leur place dans l'inspection du travail, l'article 18 prevoit en effet que le service comprendra des inspecteurs et des inspectrices départementaux. Pour les fonctions de divisionnaires en revanche, le texte de loi ne prévoit que des inspecteurs. En ce qui concerne les pouvoirs propres, le droit d'entrée dans les établissements, présentation de divers documents,le pouvoir de sanction et le caractère probant des procès-verbaux, l'indemnisation des frais de tournées, la loi ne fait aucune différence entre les inspecteurs et les inspectrices.

Pour autant, l'instruction générale du 19 décembre 1892 va restreindre considérablement la place des femmes en précisant que les inspectrices sont chargées de surveiller uniquement les ateliers n'employant qu'un personnel féminin et dans lesquels il n'existe aucun moteur mécanique. Cet a priori d'une compétence moindre des femmes à contrôler les aspects d'hygiène et de sécurité va toutefois évoluer à partir de la circulaire du 3 février 1908, sous l'impulsion politique de René Viviani. A cette époque, la majorité des industries se sont motorisées, ce qui enlève de la compétence des inspectrices, bon nombre de secteurs d'activité qui sont traditionnellement sous leur contrôle. Il s'agit notamment des ateliers de couture, broderie, cartonnage, reliure, fleuristes, ... qui emploient pour l'essentiel des femmes On autorise donc les femmes à retrouver leurs attributions naturelles, même si des mécanismes à moteur existent, car on considère qu'elles sont assez compétentes lorsque l'outillage est simple. Le but inavoué de cette réforme est toutefois de permettre un allègement du travail de leurs homologues masculins.

Début 1914, Madame De la Ruelle sollicitera une mise en disponibilité pour élever son enfant et sera remplacée par Madame Deslaurier, inspectrice stagiaire. Elle réintègrera le 15 janvier 1915, à l'occasion de la mutation de sa collègue pour Paris, avant de quitter définitivement le service fin 1917. Elle sera alors remplacée par Madame Lacroix qui arrive de Bordeaux. Ces trois femmes, toutes les trois, très appréciées de leur collègues masculins, ont écrit avec eux les premières pages de l'inspection du travail sur Toulouse.

Jean va terminer l'année 1913, en rédigeant deux autres notes dans le cadre des travaux originaux, l'une sur la prévention des accidents causés par les machines à écharner, ébouter et mettre au vent dans les mégisseries et l'autre sur la ventilation artificielle des halles de verreries à soufflage mécanique.

Il faut dire qu'il y a longtemps que le projet de note sur les machines de mégisserie lui trotte dans la tête car depuis une douzaine d'année, il suit régulièrement ce dossier sur la cité graulhétoise. Mais depuis deux ans, il a vu apparaître des innovations techniques intéressantes et il souhaite en faire part à tous ses collègues.

Il rappelle tout d'abord que les procédés mécaniques du travail des peaux en mégisserie ont été introduits récemment et sont liés à la généralisation de nouvelles techniques de tannage : plus le tannage est hâtif, plus le façonnage des peaux doit être rapide.

Les nouvelles machines écharneuses, ébouteuses, et mises au vent sont conçues sur le même principe et présentent trois éléments essentiels :

1° Un cylindre travailleur pourvu de lames d'acier à arête vive, disposées en hélices.

2° Un rouleau élastique, en caoutchouc, sur lequel repose la peau.

3° Un dispositif actionné par une pédale qui permet de déplacer ce rouleau et de présenter les différentes parties de la peau au travail des lames.

La peau est fixée dans une sorte d'étau, appelé pince-peau, qui peut coulisser sur deux guides. Avec son corps l'ouvrier pousse tout d'abord le pince-peau pour engager à l'aide de ses mains l'extrémité libre de la peau entre le rouleau élastique et le cylindre travailleur, puis il agit sur une pédale pour rapprocher les deux cylindres et tire à lui le pince-peau, en même temps que le cylindre travailleur tend à entraîner la peau dans son mouvement de rotation. Ainsi, d'une part l'ouvrier est astreint toute la journée à déployer un effort musculaire de traction, qui est d'autant plus pénible et exténuant que les peaux à travailler sont épaisses. De même, la pression à exercer sur la pédale pour obtenir le rapprochement des cylindres doit être forte. De l'autre, il risque de se faire happer les mains par le cylindre à lames chaque fois qu'il engage la peau sur le tambour.

L'introduction de ces machines, depuis une dizaine d'années, a ainsi créé une grave cause d'insécurité pour le personnel. En effet, si la partie arrière et supérieure du cylindre est pourvue d'un carter en bois qui l'isole, la partie avant reste à découvert. Ainsi l'ouvrier est à la merci de la moindre fausse manœuvre, du bref instant d'inattention. En lançant la peau, en voulant l'étaler correctement, en la rattrapant si elle est entraînée dans les rouleaux, l'ouvrier peut voir sa main aller au contact du cylindre travailleur.

Les blessures observées peuvent être superficielles ou très graves ; si par réflexe, l'ouvrier appuie sur la pédale, le bras entier peut être entraîné jusqu'à ce que l'épaule vienne coincer la machine, occasionnant alors des blessures horribles, le bras est labouré, tailladé par les lames souillées et l'amputation s'impose, urgente.

Sur une douzaine d'années, on a ainsi enregistré un total de quarante-six accidents, dont un mortel et neuf ayant entrainé une incapacité permanente.

Les constructeurs de machines ont recherché un moyen pratique de parer à de tels dangers. Les appareils tels que tringle, planchette ou grille de rabattement masquant le point dangereux, cumulaient le double inconvénient d'être gênant et inefficace et on a dû renoncer à leur emploi. La persévérante ingéniosité de deux inventeurs locaux paraît avoir apporté une solution à ce difficile problème de sécurité industrielle.

Un premier dispositif est dû à Monsieur L. Faguet, contremaître de mégisserie à Graulhet. Il consiste essentiellement dans une grille mobile qui s'abaisse quand l'ouvrier soulève le rouleau qui porte la peau au contact de l'hélice. Si la main est entraînée, elle vient heurter contre la grille protectrice. L'organe de protection fonctionne automatiquement, son jeu étant solidaire de celui du pédalier et c'est là que réside l'intérêt de ce système.

Un deuxième dispositif de protection a été mis au point par Monsieur Sicard, constructeur de machines à Graulhet. Il s'inspire de la même idée qu'il réalise d'une façon un peu différente et plus complète. Il s'agit d'un disque, d'un quart de tour, placé en avant sur toute la longueur du cylindre à lames. Ce disque en tôle ajourée constitue un véritable rideau mobile en avant des lames hélicoïdales. La claire-voie du disque permet à l'ouvrier de vérifier l'état de l'arête des lames. Le disque oscille au moyen d'un système de bielles, de leviers, réunis par un bras à la tige coulissante et prend deux positions correspondant aux deux moments de travail de la machine. Lors du premier temps, l'ouvrier lance et dispose la peau, le disque protecteur est interposé entre le cylindre et le rouleau élastique et masque totalement les couteaux. Lors du deuxième temps, le disque protecteur se soulève en même temps que le rouleau actionné par la pédale. Si pour une cause quelconque, l'ouvrier doit prendre la peau avec les mains et que celles-ci soient brusquement entraînées, elles viendront buter contre le rideau à claire-voie mais il n'y aura pas d'accident.

En fait, la note ultérieure établie en 1925 par Joseph Baret qui succédera à Jean Cavaillé dans le Tarn, nous apprend que l'emploi de ces dispositifs ne s'est pas généralisé, en raison d'une fiabilité technique insuffisante qui limitait les rendements et le problème de sécurité n'a pas été résolu. Des aménagements apportés dans les années vingt, consistant notamment à assister l'ouvrier dans le tirage de la peau, lui évitant ainsi une fatigue importante et améliorant considérablement la productivité des machines en doublant la production, ont alors été adoptés par le plus grand nombre d'entreprises et ont amélioré grandement la sécurité des travailleurs.

Enfin, afin d'étancher pleinement sa soif d'écriture, Jean rédige une dernière note sur la ventilation artificielle des halles de verreries à soufflage mécanique. Il s'agit dans son esprit de compléter la note qu'il avait publiée en 1909, par la description des nouveaux systèmes de ventilation mis en place à la Verrerie de Carmaux. En effet, les soufflages mécaniques tendent à remplacer progressivement le soufflage à la bouche et la configuration des postes de travail change considérablement. On n'a plus d'encombrement sur la « place », plus d'ouvriers qui se croisent et qui se heurtent. Seul le cueilleur va et vient de l'ouvreau à la machine à souffler, suivant une trajectoire rectiligne et constante. Au bas de la plate-forme, le mouleur lui est assis, immobile devant sa machine.

Le dispositif de ventilation adopté par la Verrerie Sainte-Clotilde de Carmaux est aussi simple qu'ingénieux. Pour un four de dix « places », un ventilateur à basse pression aspire l'air pris à l'extérieur de la halle, dans un endroit frais et refoule l'air capté dans une tuyauterie cylindrique de gros diamètre. Cette tuyauterie aérienne se ramifie en deux grandes branches, à section décroissante, disposée en hémicycle au-dessus de la plate-forme de travail. De cette double conduite se détache, à l'aplomb de chaque « place », à peu près au-dessus de la machine, une tubulure de descente verticale qui bifurque en deux tuyaux, dont l'un est dirigé vers le cueilleur et le second vers le machiniste. Les tubes se terminent par deux mâchoires mobiles, chaque bouche distribuant l'air suivant la direction exacte et avec l'intensité de débit souhaité par chaque ouvrier. Pour le cueilleur, c'est une nappe d'air frais qui s'écoule horizontalement du tuyau vers le four et qui forme ainsi un couloir dans lequel il va et vient. Quant au mouleur, il oriente le débit d'air de telle sorte que son corps se trouve baigné par « une brise rafraichissante ». Cette ventilation n'a rien de superflue pour lui, car il se trouve exposé à la radiation de la machine qui s'échauffe lentement au point que si le volant de commande des moules n'était pas protégé d'un calorifuge, l'ouvrier ne pourrait pas l'actionner. Il y a là comme un foyer de chaleur secondaire d'autant plus incommode que l'ouvrier se trouve à proximité immédiate. Dans les fours mécaniques, la réfrigération de l'air est plus indispensable pour le mouleur en bas de la place que pour le cueilleur qui est sur la place même. Pendant la « saison chaude », un filet d'eau pulvérisée est projeté dans l'ouïe du ventilateur. Il s'agit non pas d'humidifier l'air, ce que les dimensions du local et le volume d'air débité ne permettraient pas de réaliser, mais seulement de le rafraîchir ce qui s'obtient par la vaporisation instantanée des gouttelettes d'eau entraînées.

Ainsi se termine cette année 1913, qui va durablement rester « le temps d'avant ». Le dix-neuvième siècle et la Belle époque s'achèvent et dans six mois, plus rien ne sera jamais comme avant.

Chapitre 25

L'Inspection du travail au service de l'effort de guerre (1914 -1918)

Grâce à la lecture quotidienne de « la Dépêche », Jean Cavaillé se tient régulièrement informé de l'actualité nationale et internationale et bien sûr il ressent une certaine tension entre les empires européens. Le vote en 1913 de la loi portant à trois ans la durée du service militaire en permettant de mobiliser en permanence huit cents mille hommes, en réponse à l'augmentation des effectifs permanents de l'armée allemande l'inquiète un peu, mais il est persuadé que la diplomatie saura comme toujours régler les différences d'intérêt entre les uns et les autres.

Madeleine, âgée maintenant de 18 ans, vient de terminer avec succès ses études au sein de l'école primaire supérieure et d'obtenir le Brevet supérieur. Elle a par ailleurs réussi son concours d'entrée à l'école normale d'Albi pour se préparer au métier d'institutrice.

Pour l'été 1914, les Cavaillé ont décidé de prendre leurs vacances en famille et ils ont choisi comme destination la station thermale de Cauterets dans les Hautes Pyrénées, où ils doivent séjourner du 20 juillet au 5 août à l'hôtel Continental. Ils s'adonnent surtout à la randonnée pédestre jusqu'au Pont d'Espagne, la vallée du Marcadau et un jour, ils atteignent même le lac de Gaube. Quel bonheur de respirer cet air si pur de la montagne, quel plaisir de profiter de ces paysages pyrénéens si beaux ! Bien sûr, il consacre quelques matinées à la pêche à la truite dans le gave et le torrent de la vallée de la Fruitière.

Certes le 28 juin, il y a eu l'attentat de Sarajevo mais la presse a considéré cela comme un fait divers qui n'aurait guère de conséquences. Bref, les Français vivent un été ordinaire, comme tous ceux qui l'ont précédé sans se douter qu'il allait se terminer de façon abrupte et prématurée par un grand saut dans l'inconnu, la guerre.

Le samedi 1er août, il apprend par la presse que Jean Jaurès a été assassiné la veille au soir au café du Croissant à Paris. Même s'il ne partage pas toutes ses idées, la mort violente de Jaurès le touche profondément, car il a eu l'occasion de le croiser à plusieurs reprises et comme tous les Tarnais, il considère qu'il portait haut et fort les couleurs de son département. Le jour même, le gouvernement déclare la mobilisation générale et il reçoit un télégramme du préfet Bouju demandant à tous les fonctionnaires de responsabilité de rejoindre immédiatement leur résidence administrative. Il faut donc à la hâte faire ses valises et abréger ce séjour particulièrement agréable au cœur des Pyrénées. Sur le trajet du retour dans toutes les gares, c'est l'effervescence, les hommes mobilisés courent dans tous les sens. A Castres, les jeunes adultes, ouvriers et paysans, arrivent de tous les cantons du sud du Tarn et se rendent dans les casernes. L'atmosphère est électrique, certains sont tout excités, on va montrer à l'empereur Guillaume de Prusse de quel bois on se chauffe et cela va être vite réglé. D'autres, les plus nombreux, se taisent ne sachant trop ce qui les attend.

Le 3 aout, l'Allemagne déclare officiellement la guerre à la France et le lendemain à la Chambre des députés est scellée l'Union Sacrée de tous les Français dans l'effort de guerre, avec le ralliement à la guerre de la SFIO et de la CGT.

Jean Cavaillé vient d'avoir quarante-trois ans. Il fait partie de la réserve de l'armée territoriale et à ce titre n'est pas concerné par la mobilisation générale. Pour autant, bon nombre d'inspecteurs du travail âgés de moins de quarante ans sont mobilisés et les divisionnaires voient les effectifs disponibles dans les départements se réduire de plus d'un tiers.

Une fois rentré à Castres, il se rend une fois par semaine à Albi aux réunions organisées par le préfet et presque quotidiennement à la sous-préfecture.

Les circulaires télégraphiques tombent régulièrement du niveau national. Dès le 2 août, il est demandé aux inspecteurs divisionnaires d'accorder toutes les heures supplémentaires règlementairement possibles, sans en référer au ministère, demandées par les entreprises pour l'exécution de travaux intéressants la sûreté et la défense nationale. Le 5 août, les inspecteurs divisionnaires sont invités à faire rentrer immédiatement à leurs postes tous les inspecteurs et inspectrices qui ne sont pas appelés par l'armée. Il est expressément demandé aux inspecteurs départementaux du travail de faire passer au second plan, leur service ordinaire et de se préoccuper avant tout de contribuer à maintenir la plus grande intensité possible à l'activité nationale. Il leur est demandé de rechercher les établissements industriels et commerciaux qui pourraient continuer à fonctionner en employant des adolescents, des femmes et des hommes âgés, en remplacement des hommes mobilisés et de transmettre ces informations aux préfets et aux maires des villes. Enfin ils doivent se mettre à la disposition des préfets pour rechercher les moyens d'occuper les femmes sans ressources par suite de la mobilisation et consacrer toute leur activité à cette œuvre. En clair, il leur est demandé d'oublier leur mission de contrôle et de tout faire pour faciliter le maintien de la production surtout celle qui touche à l'effort de guerre.

Jean comme tous ses collègues se met immédiatement au travail et établit des listes en fonction des informations et surtout de la connaissance du terrain et du tissu économique tarnais qu'il possède. Le préfet se rend vite compte que c'est lui qui connaît le mieux le Tarn industriel et il est particulièrement satisfait de leur collaboration.

Un nouvelle circulaire du 14 août, demande aux inspecteurs du travail d'adopter la plus grande tolérance en matière d'application des lois règlementant le travail pour favoriser la production nationale. Des procès- verbaux ne doivent être dressés qu'après avertissement et dans le cas exceptionnel où un chef d'établissement continuerait, malgré l'avertissement, des pratiques susceptibles de compromettre la santé du personnel. Le 21 août, il est demandé aux inspecteurs divisionnaires d'établir un rapport sur les conditions dans lesquelles l'activité du service s'est recentrée sur les nouvelles priorités affichées et sur les résultats obtenus.

Jean doit donc à la hâte détailler sa nouvelle activité et préciser les dossiers essentiels sur lesquels il a été amené à travailler. En dehors du dossier des Houillères de Carmaux dont le suivi est confié à l'ingénieur de mines, il établit une liste des établissements à suivre en priorité : on y retrouve, les établissements sidérurgiques et métallurgiques, les aciéries du Saut du Tarn en tête, les cimenteries, les verreries et l'industrie textile, avec la fabrication de draps, de vêtements et bien sûr les bonneteries, ... Pour le reste, ne pouvant aller partout, il propose et prépare à la signature du préfet qui l'accepte, l'envoi d'un courrier aux maires de toutes les villes chef-lieu de cantons leur demandant de recenser toutes les entreprises en difficulté de fonctionnement du fait de la mobilisation d'une partie du personnel.

Le 21 août, une circulaire insiste sur la nécessité du partage du travail dans les établissements qui demandent des dérogations pour des heures supplémentaires alors que des entreprises voisines, du fait de la désorganisation de l'économie qu'a créée la mobilisation générale, sont sans travail. Les inspecteurs sont invités à proposer au sein de ces entreprises le régime du demi-temps, c'est à dire de réduire la durée de la journée de travail de moitié afin de pouvoir occuper un personnel plus nombreux.

A partir du mois d'octobre, Jean comprend comme beaucoup de Français que la guerre va durer. Sur le front, les positions se sont figées et les combattants commencent à s'enterrer. Sur un total de cent quatorze inspecteurs départementaux, soixante-six sont mobilisés et trois postes sont vacants. Alors il est difficile pour ceux qui restent en fonction de remplir correctement leur mission antérieure car les principaux industriels sont au courant des instructions reçues par les inspecteurs du travail et on les leur rappelle systématiquement dès qu'ils se montrent un peu trop exigeants. Alors, Jean a défini en lien avec le divisionnaire, son nouveau positionnement. Il exécute en priorité les instructions et les tâches nouvelles qui sont imposées par l'état de guerre du pays, mais il continue par ailleurs à faire régulièrement des visites de contrôle d'entreprises sans mise en œuvre de mesures de coercition. Cela présente, à ses yeux, l'avantage de conserver les effets des efforts déployés par le passé pour assurer la difussion et le respect des lois ouvrières.

Chaque matin, il commence sa journée par la lecture dans « la Dépêche » des informations sur la guerre et l'état d'avancée des combats. Ainsi pendant quatre ans, il suit au jour le jour les offensives et contre-offensives des deux belligérants sur la Marne, à Verdun, au chemin des Dames, ... Il comprend vite que cette guerre moderne ne ressemble en rien aux guerres précédentes et que la technologie mobilisée, les canons, les avions, les premiers chars d'assaut, les gaz, vont faire des millions de morts. Deux jeunes inspecteurs départementaux mobilisés, Boulin et Lhussier tombent au champ d'honneur.

Courant septembre, la Croix-Rouge ouvre un hôpital auxiliaire sur le site de l'école Notre-Dame et recherche des bénévoles Cet hôpital qui commence à fonctionner avec trente-quatre lits, voit ce nombre porté rapidement à soixante-dix en octobre puis à cent lits. Des amies de Germaine se sont engagées en qualité d'aide-soigantes et les plus habiles font vite fonction d'infirmières, capables de faire des piqures et et de poser la plupart des pansements que réclament les blessés de guerre qui arrivent à flot continu du front. Germaine est ainsi sollicitée mais ne peut se résoudre à ces tâches sanitaires. En revanche, elle accepte de devenir. la correspondante de la bibliothèque municipale pour le nouvel hôpital. Petit à petit, elle s'entretient avec certains blessés de guerre surtout les plus jeunes et elle les encourage à lire et à s'instruire en leur fournissant les livres qu'elle récupère pour eux à la bibliothèque. Elle maintiendra son engagement tout le temps de la guerre et conservera longtemps un souvenir ému de ces années au travers des rencontres qu'elle aura pu faire.

Dès le mois d'octobre, Jean Cavaillé met à profit ses déplacements dans les différents cantons pour aller rencontrer les maires des villes chef-lieu de canton et faire un point précis avec eux sur la situation des entreprises locales, repérer celles qui peuvent contribuer à l'effort de guerre, celles qui connaissent des difficultés de main d'œuvre, ... Il donne ainsi des conseils utiles aux maires pour agir localement et organiser des bureaux locaux de placement permettant de gérer au mieux la ressource locale disponible. En retour cela lui permet d'informer les sous-préfets et le préfet de la situation de terrain et ces informations sont particulièrement appréciées.

De nouvelles instructions arrivent en octobre et novembre 1914, réclamant le concours des inspecteurs du travail : ainsi ils sont invités à s'intéresser à l'accueil et au placement des réfugiés auprès des entreprises confrontées à des besoins de main d'œuvre, à repérer tous les établissements qui possèderaient le matériel nécessaire à la fabrication d'obus, ...

Enfin et cela va devenir une tâche régulière dans les années de guerre qui vont suivre, les inspecteurs du travail sont invités à vérifier que les salaires payés aux ouvriers et notamment les travailleurs et travailleuses à domicile par les entrepreneurs travaillant pour l'armée ne soient pas sensiblement inférieurs aux salaires normaux payés dans la région. En effet, le ministère de la Guerre attache une importance particulière à être informé sur les faits de ce genre. Il estime avec raison qu'il est inadmissible que touchant un prix très rémunérateur pour leurs fournitures, ces entrepreneurs n'assurent pas aux personnes qu'ils emploient un salaire convenable. La loi ne prévoit aucune sanction pénale à ces situations, pour autant l'autorité militaire peut donner des suites administratives aux constatations des inspecteurs du travail, notamment quand les cahiers des charges des marchés passés avec l'armée contiennent des clauses relatives aux salaires.

En fin d'année, compte tenu de la situation des effectifs d'inspecteurs, l'établissement des tableaux statistiques d'activité et du rapport annuel d'ensemble est ajourné.

Durant le premier semestre 1915, de nombreuses précisions sont données aux inspecteurs divisionnaires et aux inspecteurs départementaux sur les enquêtes à mener sur les salaires payés par les entrepreneurs travaillant pour l'armée et le respect du décret du 19 août 1899. Les premiers contrôles ont montré que ce sont le plus souvent les sous-traitants qui ne respectent pas les salaires prévus dans les cahiers de charges. Alors pour toute enquête révélant un abus, un rapport précis doit être envoyé au service local de l'Intendance de manière à lui permettre de prendre éventuellement des sanctions et le cas échéant de décider de ne plus passer de marchés avec les titulaires de marchés responsables d'abus caractérisés tels que le paiement de salaires nettement inférieurs aux salaires courants.

La loi du 10 juillet 1915 prévoit des dispositions permettant de fixer des barèmes de salaires minima, au temps, à la pièce ou des prix nets de façon, pour les ouvrières à domicile dans l'industrie du vêtement. Ces minima sont fixés par un Conseil de salaire, mis en place au niveau de chaque département par le préfet, après avis de l'inspecteur du travail sur le choix des personnes constituant ce comité, parmi les responsables des groupements professionnels concernés. Dans le Tarn, c'est essentiellement l'industrie textile et notamment les nouveautés et la bonneterie qui est concernée. Tous les fabricants faisant exécuter des travaux à domicile doivent informer l'inspecteur du travail qui leur accuse réception. Ils doivent tenir un registre composé de feuilles reliées sur lequel figurent les noms et adresses de toutes les ouvrières à domicile. Les inspecteurs ont droit d'entrée dans tous les locaux des entrepreneurs à domicile dans lesquels les ouvrières attendent et dans ceux où s'effectuent la remise des matières premières et la réception de la marchandise après exécution. Ils peuvent se faire présenter les souches des bulletins et les registres d'ordre sur lesquels doivent être exactement reportées les mentions portées sur les bulletins ou carnets remis aux ouvrières. Ainsi dès le mois d'aout 1915, Jean va s'attacher à aller vérifier auprès des entrepreneurs employant des ouvrières à domicile si toutes ces nouvelles obligations sont respectées. Quand il rencontre des infractions telles que le défaut d'affichage des prix à façon ou des différences entre les prix affichés et ceux figurant sur les bulletins remis aux ouvrières, il donne un avertissement et réexplique les nouvelles obligations. En revanche s'il retrouve des irrégularités lors d'un second contrôle, il dresse systématiquement procès-verbal. Toutefois il n'a pas compétence pour sanctionner le non-respect des tarifs minimum fixés par le comité des salaires. Lorsqu'il constate des manquements, il les signale à l'employeur et aux ouvrières concernées, qui en cas de refus de régularisation par l'employeur ont la possibilité d'intenter une action civile devant le Conseil des prud'hommes. Enfin, quand il s'agit de l'exécution de commandes de l'État, il signale systématiquement les infractions à l'administration intéressée qui peut prendre les sanctions prévues par les décrets.

A la même époque, il doit répondre à l'enquête nationale sur la fabrication de drap, de couvertures et d'articles de bonneterie. Il doit lister dans trois tableaux les établissements qui fabriquent ces produits et préciser également ceux qui ne fabriquent pas ces produits actuellement mais seraient susceptibles d'en fabriquer en précisant les conditions dans lesquelles ces derniers établissements pourraient entreprendre ces fabrications. Il est ainsi amené à adresser à son divisionnaire plusieurs rapports au fur et à mesure qu'il rencontre des entreprises prêtes sous certaines conditions à se lancer dans ces fabrications.

En 1916, il collabore avec le service public de placement nouvellement créé dans le Tarn sur l'emploi des mutilés de guerre. Il évoque systématiquement le sujet avec les employeurs qu'il rencontre et quand il reçoit un écho favorable, il le signale systématiquement au nouveau bureau de placement. De même, il s'intéresse à l'entrée en apprentissage des orphelins de guerre.

Durant toutes ces années de guerre, son activité a profondément changé. Pour autant, il s'évertue à conserver autant que faire se peut le bénéfice de son action passée dans le respect des lois du travail et notamment dans le domaine de l'hygiène et la sécurité au travail. Pour cela, il doit faire preuve de beaucoup de diplomatie et de force de persuasion car la possibilité de sanctionner est fort réduite. Il fait souvent appel au sentiment patriotique des employeurs et des ouvriers également, soulignant combien il est important de bien faire son travail pour soutenir ceux qui se battent et souvent laissent leur vie pour la défense de la Nation. Mais il est souvent déçu de constater que pour une partie de la population qui n'a pas un proche au front, la guerre est loin et la concerne peu.

Chaque six mois, il doit produire et faire remonter à son divisionnaire, un rapport sur l'activité industrielle et commerciale. Il y consigne toutes les informations qu'il recueille lors de ses visites d'entreprises mais aussi lors de ses contacts avec les chambres de Commerce et de temps à autre il passe quelques appels téléphoniques aux patrons des entreprises les plus importantes du département.

Début 1917, il est mobilisé pour délivrer des attestations sur les besoins avérés des entreprises de bonneterie en aiguilles ou accessoires de métier à tricoter, leur permettant d'obtenir des certificats pour l'importation de matériel auprès des services des Douanes.

De même, il est amené à s'intéresser à toutes les innovations permettant d'économiser de la main d'œuvre et de temps à autre il fait remonter des informations à ce sujet. A mi-1917, tous les inspecteurs du travail sont invités à anticiper la transformation des usines de guerre en vue de fabrications de paix. Pour lui, dans le textile, la bonneterie et la métallurgie il évoque surtout l'anticipation de l'arrêt de certaines productions et de certains marchés et leur remplacement par d'autres produits ou articles auprès des principaux industriels concernés.

Durant toute la durée de la guerre, la réglementation du travail dont l'application a été mise entre parenthèse évolue peu. Pour autant, le ministère du Travail insiste sur la lutte contre l'alcoolisme initié par le décret du 10 juillet 1913. La loi du 6 mars 1917 prévoit l'interdiction d'introduire des boissons alcoolisées autre que le vin, le poiré, la bière et l'hydromel non additionnés d'alcool sur les lieux de travail et à l'interdiction de laisser séjourner des personnes en état d'ivresse dans les mêmes lieux de travail. Il faut dire qu'avec la guerre la consommation d'alcool et de vin a fortement augmenté sur le front bien sûr, mais aussi dans tout le pays. Dans ses campagnes de communication, le ministère de la Santé recommande au travailleur d'éviter de boire un quatrième litre de vin par jour. Jean relaie cette campagne nationale, tant il sait que l'alcool est un fléau destructeur des personnes et des familles.

Par ailleurs, une loi du 11 juin 1917, institue au bénéfice des femmes ouvrières des industries du vêtement la semaine anglaise, à savoir le repos durant le samedi après-midi. Cette disposition n'est prévue que pour la durée de la guerre et peut être suspendue à tout moment par décision du ministère de la Guerre pour les ouvrières travaillant pour la confection militaire. Les conditions de mise en place de ce repos doivent être déterminées par des règlements d'administration publique qui se réfèreront, là où ils existent, aux accords passés entre les syndicats patronaux et ouvriers de la profession et de la région. Jean Cavaillé va tenter d'amener les patrons de la bonneterie à passer un accord mais cela ne va pas se faire et ce dispositif va rester lettre morte dans le Tarn, comme dans beaucoup de territoires français, à l'exception du département de la Seine.

En avril 1917, le préfet Bouju s'en va, nommé dans les Côtes-du-Nord. Il est remplacé par Etienne Coyne, puis en décembre par Paul Bacou qui ne reste que cinq mois. Début mai 1918, Pierre Magre arrive et sera le dernier préfet avec lequel Jean Cavaillé va travailler.

Le 16 janvier 1918, un nouvel inspecteur divisionnaire est nommé à Toulouse en remplacement de Berthiot qui part rejoindre le poste de Lyon. Il s'agit de Monsieur César, ancien inspecteur départemental des Ardennes à Charleville-Mézières, détaché à Nantes depuis le début des hostilités.

Par arrêté du 2 avril 1918, Jean Cavaillé est inscrit au tableau d'avancement d'inspecteur départemental de première classe pour l'année 1918 et par ailleurs il figure au tableau d'avancement d'inspecteur divisionnaire en seconde position. Sur les quatre inspecteurs départementaux retenus, il est le seul inspecteur départemental de deuxième classe, ce qui le réjouit particulièrement et montre qu'en haut lieu on le juge digne d'assumer une telle fonction. Il sait, pour autant, que pour bénéficier d'une promotion à ce grade, il devra quitter Castres, où il se trouve si bien depuis plus de quinze ans déjà.

A compter de 1918, on tente de revenir à la normale en matière d'application de la réglementation du travail, y compris dans les usines travaillant pour la défense nationale. En matière de durée du travail, on revient progressivement à l'application des tolérances sur la base des critères d'avant-guerre, en matière d'hygiène et sécurité, on revient aux exigences anciennes, même si en matière de mises en demeure les inspecteurs sont invités à tenir compte de difficultés spéciales d'exécution.

En avril, le ministère souhaite un rééquilibrage du nombre de procès-verbaux qui s'était littéralement effondré dans les zone proches du conflit et il invite les inspecteurs à poursuivre fermement l'application de la loi, par la sanction pénale le cas échéant.

En septembre, on revient sur la tolérance accordée à certains patrons verriers de faire travailler des enfants de moins de treize ans. En fait, sans que l'on n'en sache rien, tout cela annonce la fin de la guerre et le retour progressif à la normale.

Le 18 juillet 1918 vers seize heures, Jean Cavaillé est chez lui quand retentit une première explosion qui fait trembler toutes les vitres de sa maison. A intervalles réguliers d'autres explosions vont suivre. Le moment de stupeur passé dans toute la ville, les gens sortent se demandant ce qui se passe. L'inspecteur va se renseigner à la sous-préfecture toute proche et on lui apprend qu'une explosion en chaîne vient de se produire dans les ateliers de l'Arsenal de Castres. Il n'en saura pas plus car les autorités civiles ont pour ordre d'observer un silence complet sur cet accident industriel particulièrement grave, où seules les autorités militaires ont accès.

La « canonnade » va durer près de seize heures avec l'explosion successive de cinq cents mille bombes de crapouillots et six magasins d'explosifs. Certains obus ont été projetés jusqu'à Lautrec ou Roquecourbe où on les a retrouvés. Un immense nuage de fumée s'élève au-dessus de la ville, rapidement visible de tout le sud du département. En ville, c'est la panique et le sauve-qui-peut généralisé. La population est invitée à se mettre à l'abri dans les caves et certains complètement paniqués s'enfuientt vers Lafontasse et sur la route d'Albi. Jean Cavaillé reste auprès du sous-préfet et s'active avec d'autres collaborateurs à mettre en forme des consignes de sécurité à destination de la population. Les dégâts sur un rayon d'une dizaine de kilomètres sont considérables, les maisons les plus proches sont détruites, le quartier de la gare dévasté et plus d'un millier de bâtiments sont endommagés. De nombreuses personnes, psychiquement traumatisées, doivent être relogées et un large mouvement de solidarité se met progressivement en place entre les castrais. Plus tard, il apprendra que c'est un baril de cheddite, de perchlorate de potassium, qui a pris feu dans l'entrepôt numéro trois et l'incendie qui n'a pas pu être rapidement maîtrisé s'est étendu aux cinq autres ateliers touchés. Sur le site de l'Arsenal, les explosions ont fait cinq morts et vingt-et-un blessés, parmi les deux cent cinquante salariés que comptaient l'établissement dont une trentaine de « munitionnettes ». Le sentiment général est qu'on s'en tire bien, compte-tenu de l'ampleur de la catastrophe, classée « secret d'État ».

Durant toutes ces années de guerre, l'établissement des rapports annuels d'activité par les inspecteurs du travail a été supprimé et, dans une certaine mesure, remplacé par les rapports périodiques à fournir sur l'activité économique de leurs sections.

Jean doit pour autant établir à chaque fin d'année, un petit nombre d'états statistiques portant pour l'essentiel sur le nombre de visites effectuées, le nombre d'établissements employant des ouvrières à domicile dans l'industrie du vêtement, la nature des infractions relevées par procès-verbaux et les suites données à ceux-ci, l'application des règlements concernant l'hygiène et la sécurité, et les accidents du travail.

De même, il fait remonter chaque année un rapport sur le suivi de l'infection charbonneuse mis en place à partir de 1911. Durant les cinq années de conflit, il n'a recensé que 11 cas de charbon dans le délainage, ce qui confirme la tendance baissière observée à partir de 1910. Trois cas sont survenus sur Mazamet, trois dans les deux délainages de Caunan, trois autres à l'usine du Val Thoré à Saint Amans et un à l'usine Galibert et Sarrat à Albine, mais aucun de ces cas n'a été mortel. Le volume d'activité s'est certes contracté et cela a réduit les risques, mais sur les cas qui sont survenus et sur lesquels il a enquêté, il a constaté que les traitements sont intervenus plus précocement.

Le 23 octobre 1918, le ministère du Travail publie une circulaire sur les mesures à prendre dans les usines contre l'épidémie de grippe. En effet, le virus arrivé en France avec le contingent des combattants américains commence à circuler fortement et à faire de nombreuses victimes. A l'hôpital de Castres, on enregistre au moins cinq décès par jour. Jean Cavaillé, en appui du docteur Sicard qui l'a mobilisé sur le sujet, diffuse largement l'avis des recommandations établi pour les usines de guerre. On y recommande particulièrement le savonnage des mains avant les repas, la proscription des crudités, fruits, légumes et salades, le brossage des dents matin et soir, la désinfection du nez et de l'arrière-gorge au moyen de vaseline goménolée, les gargarismes deux à trois fois par jour à l'eau bouillie additionnée d'eau oxygénée, et enfin « d'éviter les réunions nombreuses qui peuvent être des centres de contagion lorsque des mesures de propreté et d'hygiène ne sont pas prises d'une façon méthodique. »

Le 11 novembre 1918 à onze heures, toutes les cloches des églises de Castres sonnent à la volée pour annoncer l'armistice signée, la fin des combats, le retour prochain des soldats, des prisonniers, bref la paix retrouvée. Les gens sortent dans les rues et des scènes de liesse collective s'improvisent. On chante la Marseillaise et on danse sur la place nationale. Jean, son épouse et sa fille participent à ces réjouissances et partagent ce sentiment de bonheur retrouvé. Ils n'oublient pas pour autant ces douze mille soldats originaires du Tarn qui ne rentreront pas auprès des leurs et reposeront à jamais loin, si loin de leur terre natale.

Dans ce contexte d'après-armistice à Paris dans les ministères, c'est l'effervescence. Il faut au plus vite que les services de l'État retrouvent leur fonctionnement antérieur et il faut au plus vite pourvoir les postes les plus importants dont certains sont vacants depuis plusieurs années maintenant. C'est ainsi que dès le 15 novembre, on lui propose de prendre le poste d' inspecteur chargé du contrôle dans la première circonscription à Paris, en qualité d'adjoint du divisionnaire Boulisset, poste qui relève du grade d'inspecteur départemental. Ce poste vacant depuis plusieurs mois est particulièrement important pour relancer au plus vite les contrôles sur Paris. On lui laisse trois jours de réflexion. Il faut dire qu'il hésite un peu, certes Paris est une belle ville pour y passer huit jours en villégiature, mais y vivre en permanence, c'est autre chose. La campagne tarnaise qu'il aime tant, les randonnées, le vélo, la pêche tout cela va lui manquer grandement. Et puis Boulisset est un personnage haut en couleur avec une sacrée réputation, alors il se demande si leur entente sera possible. Finalement, il se dit qu'il faut faire confiance au destin, aller là où on l'appelle et ainsi tracer son chemin. Son divisionnaire César l'encourage dans ce sens, en lui faisant observer qu'il va y avoir beaucoup de mouvements et d'opportunités dans les mois et années à venir et lui qui est encore jeune ne doit pas se poser de questions, il a l'étoffe d'un divisionnaire, il doit foncer. Alors, en accord avec son épouse, il répond favorablement à la proposition du ministère.

Il lui faut maintenant s'organiser rapidement. Il décide de partir seul durant un ou deux mois, et de loger provisoirement dans une chambre d'hôtel, le temps de trouver un appartement. Germaine, son épouse met ce temps à profit pour préparer leur déménagement vers Paris, la capitale, qui à la fois la fascine et lui fait peur.

Il lui faut pour autant organiser son « pot de départ » et en accord avec le préfet Magre et le sous-préfet Remyon, il est décidé que cela se passerait à la sous-préfecture de Castres. Le nombre de personnes invitées a été restreint compte tenu de la période, mais bien sûr les autres sous-préfets sont là, avec les autorités judiciaires, les principaux chefs de service de l'État, les principaux parlementaires et élus du département. Jean a souhaité privilégier la présence des partenaires sociaux avec lesquels il été amené à travailler et les présidents ou secrétaires de syndicats patronaux et salariés les plus importants du département sont là. Il a tenu à ce que Foissac son prédécesseur qui va bientôt partir en retraite soit présent, ainsi bien sûr que le divisionnaire César. Et puis un certain nombre d'amis, parmi lesquels Sicard, le médecin des épidémies et le docteur Bonneville de Mazamet avec lesquels il a tant œuvré sur le mal charbon. Le préfet s'est déplacé pour faire le discours qui convient et vanter les mérites de celui qui pendant près de vingt ans a assuré une effectivité certaine du droit du travail dans cette terre tarnaise. Il rappelle son grand dévouement au service de ce territoire, de ses entreprises et de ses travailleurs, hommes, femmes et enfants dont il a recherché constamment l'élévation sociale et morale. Il évoque les principaux dossiers sur lesquels Jean Cavaillé a dû intervenir et le rôle important de médiateur qu'il a su jouer en gagnant dans la durée la confiance des uns et des autres. Enfin il souligne le rôle de sentinelle qu'il a assuré auprès de toutes les entreprises petites et grandes durant toute la durée de la guerre et il dit combien sa connaissance du tissu industriel du Tarn a été précieuse. Pour tous ces bons et loyaux services, le préfet annonce qu'il proposera au gouvernement de nommer Monsieur Cavaillé au rang de Chevalier dans l'Ordre de la légion d'honneur. En réponse, Jean se dit très honoré et remercie Monsieur le préfet pour ses propos sûrement trop élogieux. Il insiste beaucoup sur le plaisir qu'il a eu d'avoir pu travailler avec des gens le plus souvent raisonnables et responsables et remercie tous les présents pour les facilités qu'ils lui ont offertes pour conduire à bien sa mission, certes parfois difficile mais ô combien exaltante. Il termine en remerciant son épouse pour le soutien constant qu'elle lui a apporté pour lui permettre cette disponibilité et cette réactivité essentielle dans l'exercice de la fonction d'inspecteur du travail. Enfin, il évoque son bonheur d'avoir pu passer avec sa famille près de vingt ans dans ce département si beau, avec ses paysages si variés, ses sites et ses monuments remarquables. Il termine en invoquant son futur parisien et émet le souhait de pouvoir un jour revenir travailler dans le sud de la France où décidément il fait bon vivre.

Chapitre 26

Paris, son second livre « la journée de huit heures » (1919)

Le 1er décembre 1918, Jean Cavaillé arrive à Paris et pour la première fois de sa vie professionnelle, il se rend dans un bâtiment administratif où est regroupé l'encadrement des quinze sections qui participent à l'action de l'inspection du travail sur la ville de Paris autour du Divisionnaire Boulisset. Il occupe la fonction d'inspecteur chargé du contrôle. Compte tenu du nombre conséquent d'inspecteurs et d'inspectrices dans la première circonscription, cette fonction a été créée pour assurer le rôle de supervision et d'appui auprès des inspecteurs et inspectrices du département de la Seine et décharger d'autant l'inspecteur divisionnaire qui assure la direction générale du service et suit en direct les inspecteurs des deux autres départements.

Ce poste va lui permettre de se familiariser avec les fonctions de divisionnaire et le fait de bénéficier de la présence et de la proximité de Boulisset, divisionnaire particulièrement expérimenté, lui facilite grandement la tâche. La difficulté à Paris, c'est que du fait de la proximité du ministère, les affaires locales deviennent vite des affaires nationales dans lesquelles la dimension politique est souvent présente. Jean Cavaillé est peu habitué à cela, mais au côté d'un « vieux briscard » comme Boulisset, il apprend vite et cela va lui servir grandement pour la suite de sa carrière.

Il découvre par ailleurs la réalité de la fonction d'inspectrice départementale qu'il n'a quasiment pas connue jusque-là, si ce n'est lors de réunion de circonscription avec la collègue de Toulouse.

Durant cette année 1919, la mission prioritaire des inspecteurs et inspectrices est de rappeler sans cesse que la parenthèse de la guerre est terminée et que l'ensemble des lois du travail ont à nouveau un caractère obligatoire. Cela ne va pas tout seul, beaucoup d'employeurs sollicitant des délais pour continuer à ne pas appliquer telle ou telle disposition légale.

Mais la grande affaire de l'année 1919, c'est la loi du 23 avril sur la journée de huit heures. Jean Cavaillé va profiter de sa présence à Paris pour suivre de près les travaux préparatoires de cette loi, notamment à la Chambre des députés où il a la chance de pouvoir assister à quelques séances historiques. Compte tenu de l'intérêt qu'il porte à cette loi, Boulisset lui propose d'écrire un texte qui pourrait servir à tous les inspecteurs et c'est ainsi qu'il nourrit l'idée d'écrire un deuxième livre. Il va passer une partie de son temps de travail mais aussi quelques soirées et temps libre à écrire cent quinze pages, qu'il publie au mois d'octobre 1919, à la librairie des Sciences politiques et sociales Marcel Rivière, dans la collection

« Bibliothèque d'administration et de droit usuel », sous le titre « La journée de huit heures, la loi du 23 avril 1919, l'historique, l'esprit, le mécanisme d'application ».

Dans cet ouvrage, il revient sur l'historique de la revendication ouvrière déjà ancienne concernant la journée de huit heures portée par les syndicats ouvriers dans tous les grands pays industriels. Il rappelle qu'en France, avant la guerre seuls trente-cinq mille salariés relevant des établissements industriels de l'État, bénéficiaient d'une durée journalière de travail de neuf, huit heures et demi ou huit heures. Dans le privé, environ quinze mille salariés à peine étaient concernés par un tel horaire, sur un total de trois millions deux cent cinquante mille, le plus souvent travaillant en trois équipes en continu dans la métallurgie ou les verreries, ainsi que dans l'imprimerie.

Ce qui est remarquable à la sortie de la guerre, c'est la rapidité avec laquelle cette loi est adoptée, ce qui contraste totalement avec le long travail parlementaire et l'inertie constante qui présidait lors de l'adoption des lois novatrices sur le champ de travail avant-guerre.

Une première négociation a lieu à la demande du ministre du Travail Colliard, dès le 15 mars au sein de la Commission des traités internationaux du travail. Au départ les points de vue sont divergents mais après cinq séances seulement, la discussion aboutit à un accord le 7 avril. Les patrons considèrent que la réalisation de cet objectif dans plusieurs pays voisins les oblige à un examen pratique et patriotique de la question. Pour les délégués ouvriers la limitation de la durée journalière de travail ne nuira pas à la production mais au contraire l'accroîtra et ils se déclarent disposés à examiner les délais, les dérogations et tous les tempéraments susceptibles d'apaiser les inquiétudes des industriels.

Le texte adopté par la commission est déposé à la Chambre des députés sous la forme d'un projet de loi par le gouvernement dès le 8 avril et immédiatement examiné par la commission du travail qui l'amende légèrement sur la forme. Il est ensuite examiné par la Chambre qui l'adopte à l'unanimité le 17 avril et transmis au Sénat qui fait de même le 23 avril. Le texte est publié au journal officiel du 25 avril. On n'a jamais fait aussi court. Il faut dire que la guerre est passée par là et a fait taire les longues controverses qui avaient précédé l'adoption des lois de 1892 et de 1900. Pour Jean Cavaillé, dans l'évolution des sociétés, cinq ans de guerre comptent plus qu'un demi-siècle de paix. On a promis aux combattants des changements et maintenant il faut tenir les promesses faites « aux soldats qui viennent reprendre l'outil posé pour l'arme ». Il importe par reconnaissance et par dignité que les choses changent, mais cela est-il compatible avec la nécessité de reconstruire le pays ? La guerre par l'énormité des hécatombes qu'elle a déchainées a rehaussé le prix de la vie humaine et une œuvre de repopulation, d'aménagement nouveau de la vie ouvrière, de large protection du travail s'impose. La réforme des huit heures répond à cela, elle est portée par la grande vague d'idéalisme démocratique soulevée par la guerre. La paix intérieure entre les pays est liée aux réalisations de justice sociale. La guerre a par ailleurs obligé à des efforts de productivité considérables et les patrons reconnaissent enfin que la production nécessite une main d'œuvre en bon état physique et moral et cela passe par des journées de travail plus courtes. Elle a rendu nécessaire la collaboration entre le capital et le travail et des accords intersyndicaux ont été passés principalement dans les entreprises soutenant l'effort de guerre.

La Conférence internationale de la paix met les questions sociales à l'ordre du jour au même titre que les autres sujets diplomatiques et rapidement les principaux pays européens adoptent le régime de la journée de huit heures, la France ne pouvait pas rester en reste.

Dans son ouvrage, Jean précise ensuite le contenu de la loi. Son champ d'application est très large. La loi concerne tous les travailleurs et abroge définitivement toute diversité de traitement antérieur, sans distinction d'âge ou de sexe. Elle vise toutes les catégories d'entreprises industrielles et commerciales, comme l'avait fait auparavant la loi de 1906 sur le repos hebdomadaire. Seuls les ateliers et commerces « de famille » c'est à dire ceux où ne travaillent que des membres de la famille, y échappent. Les établissements industriels et commerciaux relevant de l'État, des départements ou des communes sont concernés. Les travailleurs agricoles en revanche sont exclus au prétexte des aléas climatiques. Enfin un régime spécial respectueux du principe général est prévu pour les travailleurs des mines et les gens de mer.

L'article premier de la loi prévoit que le décompte des heures ne peut excéder, soit huit heures par jour en moyenne, soit un maximum de quarante-huit heures par semaine, ou toute autre limitation équivalente sur une décade, une quinzaine, un cycle pour les usines en continu, un mois, ou l'année.

La durée s'entend en temps de travail effectif. Ainsi le temps de séjour au vestiaire, aux lavabos n'est pas pris en compte sauf si un texte rend obligatoire un nettoyage particulier, tel que le risque de saturnisme qui exige la prise d'un bain chaud par semaine. De fait, le temps de travail effectif, c'est la période comprise entre le signal de commencement du travail et celui fixant l'arrêt du travail. Les équipes discontinues ou chevauchantes restent comme par le passé interdites.

L'article deux de la loi traite des salaires et prévoit que la réduction des heures de travail ne pourra, en aucun cas, être la cause déterminante d'une réduction des salaires. Cette disposition est totalement nouvelle dans la législation du travail qui jusque-là s'était totalement abstenue de toute stipulation concernant les salaires, laissant cela en dehors de toute réglementation, et de la seule volonté des parties au contrat.

Dans la pratique, les ouvriers payés à la journée, à la semaine ou au mois, voient leurs salaires antérieurs maintenus, et ceux travaillant à l'heure bénéficient d'une majoration de vingt-cinq pour cent du taux horaire.

Le mécanisme d'application de la loi est simple. La loi s'applique lors de la publication d'un règlement d'administration publique, qui peut reprendre les modalités convenues dans un accord ou être pris d'office après consultation des parties concernées. Le règlement peut étendre le champ d'application d'un accord à des professions voisines.

Cette loi donne en fait pour la première fois une grande place aux partenaires sociaux dans l'élaboration et la définition même de la réglementation du travail, et en cela elle s'inscrit parfaitement dans le contexte de l'autre loi sociale importante du moment, celle du 25 mars 1919, qui consacre le droit conventionnel du travail en donnant pour la première fois une définition juridique de la convention collective.

La loi fixe le contenu des règlements d'administration publique qui doivent prévoir, la répartition des heures de travail dans la semaine ou dans une autre période, les délais d'application, les dérogations permanentes ou temporaires. En général sont visées par les dérogations permanentes des catégories restreintes de salariés qui assurent des travaux préparatoires et complémentaires à la production, la conduite des fours et chaudières, les ouvriers d'entretien et de nettoyage, les chefs d'équipe, les opérations de grosse métallurgie. Dans certaines professions, comme les gardes-barrières, les employées des petites boutiques de village, les gardiens et les conducteurs d'automobiles, on distingue temps de travail et temps de présence. La durée maximale de travail est remplacée par une durée maximale de présence en tenant compte de la fréquence des repos réels, évalués forfaitairement. Les dérogations temporaires visent généralement l'exécution de travaux justifiés par des accidents survenus ou imminents, les travaux relevant d'une nécessité d'ordre national, et les surcroits extraordinaires de travail, qui sont possibles dans toutes les industries et les commerces sous la forme d'un forfait collectif d'heures et non plus de jours. Les règlements prévoient enfin la possibilité de récupération des heures perdues, les mesures de contrôle et la région concernée, c'est à dire le territoire dans lequel s'exerce, dans des conditions à peu près identiques, une même industrie.

En ce qui concerne le contrôle, le nouveau régime institué étant plus large et plus élastique que le précédent fixé par la loi du 30 mars 1900, il est prévu que tous les industriels devront afficher un tableau des heures auxquelles commence et finit chaque période de travail et en dehors desquelles aucun ouvrier ne peut travailler. Toute modification même temporaire doit donner lieu à une rectification de l'horaire affiché. Cet affichage doit être doublé de l'envoi à l'inspecteur du travail. Pour l'usage des dérogations la procédure est réduite à sa plus simple expression. Les dérogations permanentes doivent faire l'objet d'une mention spéciale sur l'horaire général ou d'un horaire spécial et pour les dérogations temporaires, l'information préalable de l'inspection du travail remplace l'autorisation préalable. Celle-ci doit comporter la date, la nature et la cause, le nombre d'ouvriers concernés en distinguant hommes, femmes et enfants, les heures de travail et de repos, ainsi que la durée de mise en œuvre de la dérogation.

Jean termine son ouvrage sur l'impact de la journée de huit heures sur la vie ouvrière. Il insiste sur l'importance considérable de la réduction du temps de travail pour certains hommes adultes qui voient leur temps de travail journalier passer de douze à huit heures, avec un ou deux jours de repos par semaine. Cela va avoir de lourdes répercussions sociales et sociétales. Les moyens de transport modernes et rapides doivent permettre aux travailleurs des villes de s'évader facilement. Le logement où les travailleurs vont séjourner plus longtemps doit être amélioré. Il faut penser un système de logement social, en généralisant les habitations salubres et bon marché. Il faut s'intéresser de près aux loisirs des travailleurs pour contrecarrer le « cabaret qui tue ». Il propose ainsi l'installation de salles de lecture, de bibliothèques, d'encouragement aux jardins ouvriers, aux groupement sportifs, la création de jeux. Pour les apprentis et les jeunes ouvriers il faut prévoir des cours d'instructions générales et techniques et pour les jeunes ouvrières, des séances d'enseignement ménagers, d'hygiène générale, de puériculture, et enfin un programme d'action sociale.

En conclusion, il considère que la loi du 23 avril 1919 est une loi généreuse qui peut devenir une loi féconde. Elle engage le capital et le travail dans la voie de rapports contractuels, confiants et permanents. « Elle conduit à un renouveau d'hygiène populaire et aura, dans la paix du monde retrouvée, contribué a assurer la vitalité de la race et la prospérité nationale ».

Au 1er août 1919, Jean Cavaillé est promu inspecteur départemental de première classe et étant inscrit pour la deuxième année consécutive en numéro un sur le tableau d'avancement au garde d'inspecteur divisionnaire, il observe attentivement les postes susceptibles de se libérer pour obtenir la promotion qu'il appelle maintenant de ses vœux.

Chapitre 27

Dijon, félicitations Monsieur le divisionnaire !

Courant septembre, dix mois seulement après qu'il est arrivé à Paris, Arthur Fontaine, le directeur du Travail l'appelle pour lui demander s'il accepterait d'aller à Dijon occuper le poste de divisionnaire par intérim. En cas de réponse positive, il lui fait la promesse d'une nomination très rapide au grade d'inspecteur divisionnaire. Cette fois-ci il n'hésite pas longtemps, il est dans la vie des propositions qui ne se refusent pas. Certes, avec Germaine ils apprécient la vie parisienne mais au fond d'eux-mêmes il savent que la vie en province est beaucoup plus agréable. Alors en avant pour la Bourgogne, qu'ils ne connaissent absolument pas, mais qu'ils ont hâte de découvrir tant on leur en dit du bien.

Lors de son pot de départ, Arthur Fontaine s'est spécialement déplacé pour lui remettre la légion d'honneur promise par le Préfet Magre et cela en présence de son ami, le professeur Langlois.

Ainsi le 1er octobre 1919, il prend le poste de remplaçant par intérim d'inspecteur divisionnaire à Dijon et le 1er janvier 1920, il est officiellement titularisé inspecteur divisionnaire de troisième classe. Arthur Fontaine a tenu sa promesse.

La troisième circonscription dont le siège est à Dijon comprend dix départements et huit inspecteurs départementaux plus une inspectrice sur Dijon. Le premier travail de Jean Cavaillé consiste à aller rencontrer un par un les inspecteurs dans leur résidence. En général, il passe deux jours avec chacun, un jour au bureau consacré à la présentation de la section et à l'organisation de leur activité et un jour en contrôle dans des entreprises petites et grandes qu'il leur laisse le soin de choisir. Ainsi, au bout de trois mois, il acquiert une bonne connaissance à la fois des hommes, mais aussi des territoires, de leurs activités économiques et des principales entreprises de la circonscription. Il se garde bien d'intervenir sur le terrain sans l'assentiment préalable des inspecteurs et ne délivre des conseils que quand on le lui demande. Il consacre son temps à mettre en œuvre les directives nationales en aidant chaque inspecteur à se les approprier dans le contexte particulier de sa section.

Au cours de son passage en Saône-et-Loire, l'inspecteur départemental l'a amené visiter la verrerie de Chalon-sur-Saône qui fabrique mécaniquement du verre à vitre. Fort de l'expérience acquise dans le Tarn en matière de verrerie, Jean se montre très intéressé et à l'issue de la visite il prend la décision en concertation avec l'inspecteur départemental d'établir une note sur ce procédé de fabrication pour une nouvelle publication dans le cadre des travaux originaux des inspecteurs du travail. Il reviendra d'ailleurs deux fois à Chalon rencontrer le directeur, Monsieur Pluvinage afin d'obtenir toutes les précisions nécessaires pour la rédaction de sa note.

Après avoir exposé brièvement les premiers procédés mis au point pour fabriquer mécaniquement du verre à vitre et notamment les procédés Fourcault et Libby-Owens, il décrit en détail le procédé « Américan Window Glass » utilisé à l'usine de Chalon-sur-Saône. Le pochage du verre en fusion s'effectue dans une poche métallique hémisphérique, suspendue à un pont-roulant qui le verse dans le creuset supérieur d'un pot d'étirage. Une canne est alors descendue et mise en contact avec le verre fondu dans lequel le mors de la canne plonge presque entièrement. Le verre adhère au mors et l'ouvrier étireur commande un treuil électrique qui actionne la cage porte-canne vers le haut. L'étireur règle l'admission progressive de l'air comprimé et le soufflage forme une cape, en fait un cylindre de verre au fur et à mesure que le porte-canne s'élève ; une fois formé le cylindre de verre actionné par un deuxième treuil, prend une position oblique, puis horizontale avant d'être couché sur un chevalet dit de « cappage ».

Au-delà des considérations techniques, Jean s'intéresse à tous les aspects de la qualité du verre, du rendement en verre fini, de la dépense de combustible, de la production ainsi que de tous les éléments concernant la main d'œuvre, le nombre d'ouvriers, les conditions de recrutement et de rémunération, les salaires et les prix de revient. Il termine par l'examen des conditions de travail qui se trouvent nettement améliorées par rapport au soufflage « à la bouche », avec la suppression d'une fatigue extrême et des risques de contagion. Seuls la température du milieu et le rayonnement des matières fondues demeurent, mais des systèmes d'aération et de cloisons isolantes peuvent en limiter les effets.

Il conclut en indiquant que la fabrication mécanique du verre à vitre aboutit à l'assainissement quasi-complet d'une profession que les témoignages recueillis depuis les origines de cette industrie s'accordent à considérer comme particulièrement meurtrière. Pour lui, tout concourt à favoriser l'adoption des procédés mécaniques pour la fabrication du verre à vitre, production accrue, difficultés de main d'œuvre résolues, prix de revient abaissé, conditions de travail nettement améliorées. Ainsi, dit-il, sera clos au livre du labeur humain, un des chapitres les plus douloureux et il termine ainsi avec son sens aigu de la poésie : « Nous ne serons pas à mi-chemin du siècle que les aïeules raconteront aux petits enfants incrédules la légende merveilleuse des temps révolus, où l'on voyait, la nuit, dans les halles rougeoyantes des fours à verre, des hommes demi-nus jongler avec des soleils ».

Sur le plan familial, il s'est installé avec son épouse, dans un maison située rue Monge. Ils sont tous les deux tombés amoureux de cette belle ville de Dijon, « la ville aux cents clochers » aurait dit François 1er . Les dimanches sont consacrés aux visites des principaux monuments de la ville, le Palais des Ducs de Bourgogne, et bien sûr les trois églises, Saint -Bénigne la romane, avec sa magnifique crypte carolingienne, Notre-Dame la gothique et Saint-Michel avec sa façade Renaissance. Durant leur séjour, ils auront également l'occasion d'aller à Vézelay, visitée la basilique Sainte Marie-Madeleine, un jour de Toussaint marqué par un grand soleil dans un beau ciel bleu. Sur le coup de midi, ils assistent médusés à un spectacle inouï où les rayons du soleil paraissent embraser le chœur et la nef en donnant un relief exceptionnel à l'alternance des claveaux clairs et foncés des arcs doubleaux qui soutiennent la voûte. Un souvenir inoubliable pour eux !

Lors de l'été 1920, les Cavaillé ont décidé de repartir en vacances dans les Pyrénées et ils reprennent la route de Cauterets pour séjourner à nouveau à l'hôtel Continental, boulevard Latapie-Flurin, la seule rue plate de la station. Cet hôtel est moins luxueux que son voisin l'hôtel d'Angleterre où descendent les stars de l'époque, mais la décoration de sa façade avec ses cariatides, le calme de la cour intérieure et l'atmosphère générale qui se dégage du lieu leur plait bien. Durant une semaine, ils se baladent et montent souvent jusqu'à la cascade du Cerisey où la vue sur le torrent depuis la passerelle est impressionnante. Jean en profite pour aller pêcher dans les gaves environnants et à l'occasion il prend quelques belles truites farios. Ce séjour à la montagne leur a fait le plus grand bien et après quelques jours passés en famille du côté de Toulouse et de Montauban, ils rentrent à Dijon reposés, prêt en ce qui le concerne à retravailler douze mois supplémentaires. Ainsi, ils reviendront régulièrement chaque été passer une semaine à Cauterets, avant de venir y faire des cures à l'âge de la retraite.

En juin 1921, lors d'une réunion rassemblant tous les inspecteurs divisionnaires au ministère à Paris, Monsieur Drancourt l'aborde, se présente et lui propose une permutation de poste. Il serait désireux en effet de prendre le poste de Dijon, sa région d'origine et il se demandait si de son côté, lui qu'il sait originaire du Sud-Ouest, ne souhaiterait pas prendre le poste de Bordeaux. Jean lui manifeste d'abord sa surprise sur une telle éventualité qui nécessite un temps de réflexion pour lui et son épouse ; il s'interroge par ailleurs sur la faisabilité d'un tel mouvement. Sur ce point, Drancourt le rassure en lui indiquant qu'il s'en est inquiété auprès du ministère qui lui a répondu que dans la mesure où aucun autre collègue plus ancien ne serait candidat pour l'un ou l'autre poste, une simple permutation pouvait être envisagée. Rentré à Dijon, il fait part à Germaine de la proposition de Drancourt et très vite ils conviennent de l'intérêt que représente pour eux la perspective de rejoindre Bordeaux. Il répond donc favorablement à Drancourt et prennent l'initiative de solliciter en même temps et dans les mêmes termes la permutation désirée. Quelques temps plus tard, le ministère lance comme prévu une consultation sur d'éventuelles candidatures sur les deux postes en question et devant l'absence de prétendants, un arrêté est pris le 24 septembre 1921, pour une permutation effective au 1er octobre.

C'est ainsi que Jean Cavaillé débarque à Bordeaux en qualité d'inspecteur divisionnaire, à la tête de la huitième circonscription, poste qu'il occupera jusqu'en 1937, année de son départ en retraite.

Chapitre 27

Bordeaux, un divisionnaire accompli !

Jean Cavaillé vient d'avoir cinquante ans quand il arrive à Bordeaux et s'il était un Inspecteur départemental du travail chevronné, il est un tout jeune inspecteur divisionnaire. C'est là, à Bordeaux, qu'il va véritablement exercer dans la durée ses nouvelles fonctions d'autorité hiérarchique et de conseil.

A son arrivée, il s'installe au 175, boulevard Antoine Gauthier, tout près de Lescure, un ancien quartier de maraîchers sur ces boulevards qui constituent maintenant la nouvelle barrière de la ville qui ne cesse de s'agrandir. Dans les rues, les automobiles, les vélos et surtout le tramway ont remplacé les véhicules hippomobiles. Il emprunte donc régulièrement celui qui passe tout près de chez lui pour se rendre au centre-ville, le plus souvent rue Vital-Carles à la préfecture.

Dès 1923, il voit le premier Parc des sports de Lescure se construire et donne régulièrement des informations sur le respect des règles de sécurité à Monsieur Valet, l'inspecteur qui suit le chantier. Le 24 avril 1924, il assiste à la finale du championnat de France de rugby entre Toulouse et Perpignan, qui constitue la première compétition d'importance sur ce stade avec vingt-cinq mille spectateurs dont le roi d'Espagne Alfonse treize. Un match engagé, où il ne fallait pas tomber seul dans les rangs adverses, gagné de haute lutte par les Toulousains trois à zéro, sans que l'on sache vraiment qui avait marqué. Régulièrement, il va voir des matchs de rugby mais aussi des courses cyclistes sur la piste du vélodrome.

La huitième circonscription couvre douze départements du grand Sud-Ouest, de Tarbes à La Rochelle et de Bayonne à Brive. A son arrivée, elle compte neuf sections, dont une inspectrice du travail compétente sur Bordeaux et les communes limitrophes. Jean est heureux de retrouver sur sa circonscription une équipe de jeunes inspecteurs ayant la trentaine et qui sont plein d'entrain. Le temps de la Grande Guerre a entraîné il est vrai, ici comme ailleurs, un fort renouvellement générationnel. Seul Bailly, à Angoulême était là avant la guerre. Les autres sont des nouveaux arrivés en 1919 ou 1920, Messieurs Valet, Galopeaud, Bouc et Madame Gros sur Bordeaux, Chaillé à Pau, Forges à Agen, et Messac à La Rochelle.

Les trois inspecteurs départementaux et l'inspectrice en poste à Bordeaux travaillent tous à leur domicile mais régulièrement ils viennent le rencontrer chez lui, quand ce n'est pas lui qui va chez eux. Il va par ailleurs régulièrement chez ceux qui sont plus éloignés et il reprend la formule qui avait bien fonctionné en Bourgogne d'aller passer deux jours avec chacun. Deux fois par an, il réunit tout ce petit monde à Bordeaux pour deux jours de réunions de circonscription. Il a grand plaisir à animer ces inspecteurs et il se positionne plus en bon père de famille qu'en supérieur hiérarchique. Ce qui l'intéresse, c'est de transmettre tout ce qu'il a appris dans l'exercice d'un métier difficile. Cette jeune génération va bénéficier des améliorations apportées au statut de l'inspection du travail par l'arrêté du 31 mars 1920, qui créent les grades d'Inspecteurs départementaux hors grade, premier et deuxième échelon et celui d'Inspecteur divisionnaire hors grade et des possibilités d'avancement plus rapides. Elle bénéficie aussi des fortes revalorisations de salaires attribuées aux fonctionnaires en raison de l'inflation galopante depuis l'adoption du franc

Poincaré. Après trente ans de quasi immobilisme, le triplement de la rémunération des inspecteurs du travail en dix ans marque une reconnaissance certaine de la fonction, ainsi que la volonté de leur donner plus de moyens dans l'exercice de leur mission.

Jean se livre fin 1923, à un dernier travail d'écriture dans le cadre des travaux originaux des inspecteurs. C'est en effet la survenance dans une même période de trois accidents électriques mortels qui l'amène à publier une note sur les risques d'électrocution par courants à basse tension, à partir des rapports d'accidents que lui ont transmis les inspecteurs départementaux.

Le premier a été établi par Valet sur Bordeaux et fait état d'un accident mortel survenu le 8 septembre 1923, sur un important chantier de travaux publics. Il s'agissait de couler les fondations d'un grand immeuble et pour cela on utilisait un injecteur de ciment. Cet appareil monté sur quatre roues se compose essentiellement d'une pompe qui projette le ciment. Cette pompe est actionnée par un moteur électrique, mu par un courant alternatif de deux cent vingt volts, dont l'interrupteur de commande est logé dans un coffre aménagé dans la partie inférieure de l'appareil. Les bornes de l'interrupteur reposaient sur une planchette en bois qui les isolait de la partie inférieure de la machine. En fin de journée, un manœuvre reçoit l'ordre de déplacer la machine. Il saisit à bras le corps le dôme en fonte dans lequel était contenue la pompe, le front appuyé contre le manomètre logé dans la partie supérieure du dôme. A peine l'appareil a-t-il parcouru cinquante centimètres que l'homme s'écroule sous le coup d'une commotion électrique et malgré les soins reçus, meurt quelques instants plus tard. Après enquête, il est établi qu'une lime placée à l'intérieur du coffre de l'interrupteur par un ouvrier a pu, lors des cahots de l'injecteur en marche, mettre en contact une borne de l'interrupteur et le bâti métallique de la machine. Par cette mise à la masse accidentelle, un circuit s'est établi entre une phase du courant et le sol. La victime a été électrocutée sous une tension de cent vingt-sept volts environ.

Le deuxième accident électrique mortel est rapporté par Chaillé, inspecteur départemental du travail à Tarbes. Il est survenu le 3 octobre 1903 au sein de la Société des Constructions Électriques de France, spécialisée dans la construction de locomotives électriques. Un ouvrier placé sur le châssis métallique d'une locomotive était occupé à aléser les trous d'un pupitre. Pour cela il se servait d'une perceuse aléseuse portative mue électriquement par le courant alternatif de l'usine, de deux cent vingt volts. L'ouvrier tenait à pleines mains les deux poignées de la machine-outil et de sa poitrine appuyait sur la plaque de pression de la perceuse. Subitement vers dix heures du matin, il s'affaisse terrassé par une commotion électrique et meurt presque aussitôt. Les services électriques de l'usine ont procédé à de minutieuses vérifications pour tenter de comprendre les causes de cet accident. Il résulte de l'examen attentif de la perceuse que l'un des écrous de serrage de la borne d'un conducteur, à l'intérieur de la cage métallique qui enveloppe les organes de la machine, s'est progressivement dévissé et sortant de sa tige filetée, a mis en contact le conducteur et la masse de la perceuse. Comme dans le premier accident, la mort est donc survenue sous la tension simple du système triphasé, soit cent vingt-sept volts environ.

Pour Jean, ces deux accidents démontrent que contrairement aux affirmations théoriques du moment, les ouvrages et appareils de basse tension, soit une tension de moins de cent cinquante volts en courant alternatif ne peuvent pas être considérés comme inoffensifs et peuvent même dans des circonstances particulières entraîner la mort. A l'expérience de ces deux accidents mortels, il considère que d'autres éléments que le voltage interviennent, tels que la multiplicité et l'étendue de la surface de contact, la durée du contact, la nature de la « terre », le trajet du courant à travers le corps et l'état physiologique des victimes. Le danger ne réside pas uniquement dans une différence de potentiel mais repose essentiellement sur le degré de résistance que peut opposer à l'intensité d'un courant l'organisme humain placé brusquement en court-circuit entre un conducteur et la terre.

En conclusion, il fait part des mesures de prévention résultant des recherches engagées par les services des usines de Constructions Électriques de France qui lui paraissent dignes d'intérêt. Ils ont ainsi réalisé un renforcement de l'isolement des poignées mais surtout la mise à la terre de la machine, grâce à un dispositif mis au point par Monsieur Ramonéda, ingénieur en chef des ateliers, qui consiste à effectuer, au moyen d'un conducteur supplémentaire, la liaison effective et constante de la masse de la machine avec la terre. Ainsi en cas de mise en circuit de cette masse, le courant s'écoule vers le sol par le chemin de moindre résistance électrique et l'ouvrier, dont le corps offre une résistance naturelle beaucoup plus grande, ne saurait être en aucune façon incommodé.

Il en déduit que la mise à la terre des bâtis et des pièces métalliques doit être déclarée obligatoire quelle que soit la tension du réseau et non plus réservée aux seules installations de deuxième catégorie, tel que cela est prévu par le décret du 1er octobre 1913.

Le troisième accident électrique mortel qu'il décrit est intervenu en décembre 1923 dans une fabrique de chaussures sur un appareil à basse tension. En fait, il était dû à un courant à haute tension envoyé accidentellement sur le réseau secondaire à la suite d'une série d'imprudences. L'enquête réalisée par l'inspecteur du travail et l'expert ingénieur électricien désigné par le tribunal met en évidence un mauvais isolement du primaire et du secondaire au sein même du transformateur, ainsi qu'une mise à la terre défectueuse du transformateur de l'usine.

En conclusion, il considère que la prévention relève moins d'une réglementation technique que d'une procédure à imposer aux personnes mêmes. Combien de fois les inspecteurs du travail n'ont-ils pas été amenés à constater chez les usagers des courants électriques une incompétence fondamentale et une ignorance totale de leur danger ? Il préconise donc que toutes installations électriques soient avant leur mise en marche contrôlées, puis régulièrement vérifiées par des services publics ou privés, comme c'est le cas pour les appareils à vapeur. De même, la conduite et la surveillance des appareils à haute tension ne devraient selon lui être confiées qu'à du personnel spécialisé, après constatation de leurs aptitudes professionnelles.

Durant ces années, il continue à s'intéresser à l'infection charbonneuse même s'il est peu concerné par le sujet sauf quelques cas très isolés qui peuvent subvenir dans les Basses-Pyrénées ou dans quelques ateliers de travail du cuir sur Bordeaux. Il a parfois l'occasion de rencontrer à Toulouse Joseph Baret qui lui a succédé sur le poste du Tarn à Castres et bien évidemment ils échangent sur le sujet. Et puis tous les ans, il fait une lecture attentive du rapport annuel sur l'infection charbonneuse quand celui-ci paraît dans le Bulletin de l'Inspection du travail. Ce rapport, il en est un peu l'instigateur dans la mesure où il l'a réalisé avant tout le monde. Alors sur Mazamet que constate-t-on ? Après la parenthèse de la guerre durant laquelle l'activité a été minimale, le nombre de cas de charbon va brutalement s'accélérer à partir de 1923 pour atteindre le chiffre de vingt-neuf cas concernant onze marragos, six sabreurs, six peleurs, deux étuveurs et trois classeurs de laine. C'est dire si le mal charbon est de retour à Mazamet. En fait, rien de bien étonnant à cela, car après un redémarrage lent des affaires à l'issue de la guerre, l'activité a fortement accéléré et, à nouveau confrontés au manque de matières premières, les patrons délaineurs sont allés chercher des peaux dans des pays peu sûrs comme l'Espagne et le Maroc ; et les peaux infectées on refait leur apparition dans le délainage mazamétain. Par ailleurs, on a affaire à une nouvelle génération d'ouvriers délaineurs et devant la raréfaction des cas de charbon durant une dizaine d'années, les bonnes habitudes d'hygiène se sont progressivement relâchées. Alors l'inspecteur Baret a dû tout reprendre à zéro et remobiliser toute la profession, et cela n'a pas été pas simple pour lui car les attitudes tant patronales qu'ouvrières sont devenues plus individualistes.

En 1924, il enregistre vingt-quatre cas, en 1925 et 1926 seize cas et en 1927, on atteint un sommet absolu avec quarante-et-un cas dont vingt-quatre sur la seule commune de Mazamet. A partir de 1928, la remobilisation de tous et les efforts faits sur la qualité des approvisionnements ramènent le nombre de cas à sept, puis à trois en 1929 et progressivement l'infection charbonneuse va se réduire à quelques cas isolés. Pour autant de 1923 à 1931, on enregistre un total de cent soixante cas dans le délainage et la mégisserie dont dix cas mortels. Le traitement sérothérapique anti charbonneux de l'Institut Pasteur a certes permis de guérir beaucoup de cas mais malheureusement certains ont été soignés trop tardivement, alors que l'infection s'était généralisée. Joseph Barraillé est mort en 1916, mais sa fille Marie-Thérèse surnommée « la Barraillère » a repris le flambeau et continue à administrer l'élixir noir paternel, qui s'il n'était pas décisif sur le chemin de la guérison apportait de l'avis même du corps médical un complément psychologique important tant était restée forte et vive la croyance dans l'efficacité du traitement de son papa. Le mal charbon va finir par disparaître du paysage mazamétain à la fin des années cinquante.

Jean Cavaillé poursuit sa progression régulière au sein du corps des Inspecteurs du travail : Il est promu comme inspecteur divisionnaire de deuxième classe le 1er avril 1923, de première classe le 28 février 1926 et enfin hors classe le 16 aout 1929.

En 1925, en qualité d'inspecteur divisionnaire de deuxième classe, il perçoit, en application de la grille définie par le décret du 29 mars 1920, un salaire de 14 000 francs par an, soit 1166,66 francs par mois, auxquels s'ajoutent une indemnité de résidence de 100 francs, des frais fixes de tournées de 83,33 francs, 250 francs de frais de bureau et une indemnité exceptionnelle de 250 francs par mois, soit un total de 1850 francs. En raison d'une inflation très importante, une importante revalorisation des salaires intervient en 1927 et une autre en 1930. En qualité d'inspecteur divisionnaire hors classe, il perçoit alors un salaire mensuel de base de 5000 francs, quand un manœuvre en province gagne 610 francs, un métallo parisien 1125 francs, un professeur d'université 4000 francs et un lieutenant-colonel 4300 francs.

Son équipe d'inspecteurs départementaux se modifie au fil de l'eau. Le 1er juillet 1924, Peypoudat remplace Chaillé à Pau. En 1927, Chardin arrive à Tarbes et Bailly accepte enfin de quitter Angoulême pour prendre le poste de divisionnaire à Limoges. Il est remplacé par Debretagne puis par Arvis en 1930. Cette même année Messac quitte La Rochelle, remplacé par Chardin, lui-même remplacé à Tarbes par Roux, récemment reçu au concours. Cette arrivée régulière de jeunes inspecteurs lui plait bien car elle maintient une dynamique interne et elle lui permet de transmettre toute son expérience du métier.

En 1924, Madeleine qui etait restée vivre dans le Tarn pour exercer le métier d'institutrice, obtient un poste dans une école de quartier sur Bordeaux où elle rejoint ses parents. Quelques années plus tard, elle fait la rencontre de Ignace Laurence, que tout le monde appelle Jean-Louis, médecin dans la marine, de dix ans son ainé, avec lequel elle se marie le 25 mai 1929. Originaire de la commune d'Oroix dans les Hautes-Pyrénées, c'est un homme généreux, bon vivant, chasseur et cueilleur de champignons, grand amateur de la gastronomie gasconne. Aprés un séjour à Fréjus, ils partent en Indochine en janvier 1933. Compte-tenu de son âge, il ne souhaite pas avoir d'enfant et cela restera un regret permanent pour Madeleine.

En 1930, à la faveur de la revalorisation salariale intervenue par décret du 9 juillet, les Cavaillé déménagent sur le trottoir d'en face, au numéro 82 du Boulevard Antoine Gauthier, et prennent un appartement plus grand et plus luxueux. Le déménagement est facile mais il faut quand même tout réaménager.

En 1931, puis de 1933 à 1935, il est élu par ses pairs, membre titulaire de la Commission de discipline et de 1931 à 1936, année de son départ à la retraite, il est membre de la Commission de classement. C'est à la fois un signe de confiance de leur part mais aussi de reconnaissance de ses qualités professionnelles et de sa totale intégrité. D'un point de vue réglementaire cette dernière commission donne un simple avis sur la composition des tableaux annuels d'avancement mais de fait le ministre valide toujours la proposition de tableau émanant de la commission, c'est dire l'importance qu'elle joue dans le déroulement de carrière des inspecteurs du travail. Durant ces dernières années, le caractère affable et le sens du dialogue de Jean Cavaillé font merveille et trouvent totalement à s'exprimer dans son quotidien d'inspecteur divisionnaire.

Fin 1935, Jean qui va avoir soixante-cinq ans au mois de juin prochain, remplit son dossier de demande de départ à la retraite et fait valoir ses droits. Il s'apprête à prendre une retraite bien méritée après plus de quarante années de travail en qualité de professeur et d'inspecteur du travail. Mais c'était sans compter l'arrivée du Front populaire au pouvoir et les mouvements sociaux qui vont marquer les mois de mai et de juin 1936, et mettre à mal son souhait de départ.

Après la victoire de la gauche aux élections législatives des 26 avril et 3 mai, les premières grèves éclatent. C'est le cas dès le 11 mai dans l'aéronautique au Havre chez Breguet, puis à Toulouse chez Latécoère, puis dans le textile, dans l'alimentaire et bientôt les grèves souvent avec occupation des locaux se généralisent, comme une traînée de poudre dans l'ensemble des professions du pays. Le gouvernement provisoire présidé par le radical Albert Sarraut, hésite à envoyer la troupe dans les usines occupées. Généralement, on assiste à des « grèves de joie », où l'on fête la victoire de la gauche aux dernières élections et la dignité ouvrière retrouvée après une longue période de restrictions. Le gouvernement de Léon Blum enfin formé le 4 juin, cherche tout de suite à faire cesser les mouvements de grève et engage une négociation au niveau national. Les accords Matignon sont signés dans la nuit du 7 au 8 juin, en échange de l'évacuation des usines. Beaucoup de délégués dans les usines souhaitent poursuivre le mouvement mais le 11 juin, le Parti Communiste Français se rallie à l'arrêt des grèves et Maurice Thorez explique aux travailleurs qu'il faut « savoir arrêter une grève dès que satisfaction a été obtenue ». Ces accords prévoient notamment l'établissement immédiat d'accords collectifs de travail, qu'on appellera plus tard conventions collectives, qui devront obligatoirement reprendre les dispositions de l'accord national en ce qui concerne la liberté syndicale, les augmentations de salaire allant de 7 % pour les salaires les plus élevés à 15 % pour les salaires les plus faibles, avec une augmentation de la masse salariale de 12 % maximum, ainsi que l'institution de délégués du personnel dans les établissements comprenant plus de dix ouvriers. Ces dispositions et celles comprises dans le programme de gouvernement du Front Populaire font l'objet de lois votées très rapidement par l'Assemblée les 11 et 12 juin 1936. Ainsi sont consacrés par la loi, la création des conventions collectives, la semaine de quarante heures, le droit à un congé annuel continu payé d'une durée minimum de quinze jours comportant au moins douze jours ouvrables, et la liberté d'opinion.

Pour autant au niveau local, les conflits vont perdurer car bon nombre d'employeurs se font tirer l'oreille pour mettre en pratique les avancées prévues dans les accords Matignon ou les lois de juin. Dès le 11 juin, le nouveau ministre du Travail Jean-Baptiste Lebas invite les inspecteurs du travail à se concerter avec les préfets pour intervenir dans les usines encore nombreuses à être en grève et favoriser une reprise rapide du travail sur la base d'accords provisoires traitant uniquement de la question salariale, en déclinaison de l'article 4 des accords Matignon. Par une nouvelle circulaire du 23 juin, le ministre précise que le règlement de nombreux conflits en cours ne peut pas remonter à Paris mais doit être traité localement. Il rappelle que l'on doit privilégier la conciliation ou la médiation et ne recourir à l'arbitrage que de manière très exceptionnelle et à la condition que toutes les conditions légales soient réunies. Enfin le 3 juillet, le ministre du Travail demande aux préfets de constituer des commissions paritaires de conciliation composées en nombre égal, de trois à cinq représentants employeurs et salariés, désignés par le préfet, parmi des personnes proposées par les chambres de Commerce et l'Union Départementale des syndicats ouvriers confédérés. La commission pourra être saisie par les parties au conflit ou se saisir elle-même des conflits dont elle a connaissance et elle a vocation à entendre les parties et à faire des propositions transactionnelles.

Durant toute cette période, Jean Cavaillé est en contact permanent avec André Bouffard, le préfet de Gironde qui est là depuis plus de cinq ans et avec lequel il a noué des rapports de confiance et même d'amitié. Devant la tournure des évènements, le préfet n'a qu'une peur, c'est de perdre son ami Jean dont il sait que le départ à la retraite est imminent. Mais Jean le rassure et lui dit qu'il sait parfaitement ce que son devoir lui commande. S'il le faut, il prolongera son activité le temps nécessaire pour faire face à la situation présente. Au fond de lui-même, il est assez heureux de vivre ces moments où l'intensité de l'actualité sociale est aussi forte, cela lui rappelle les grandes grèves tarnaises de sa jeunesse et en fait il aurait été sûrement malheureux de passer à côté d'un rendez-vous pareil.

Dès le début des grèves, il a mobilisé tous les inspecteurs du travail sur le suivi et le traitement des conflits, ceux de Gironde, bien sûr mais aussi ceux des autres départements de sa circonscription. Il leur a demandé de consacrer l'intégralité de leur temps à cela et de se rendre sur place dans les entreprises chaque fois que possible pour rencontrer les différents protagonistes et comprendre les points essentiels de blocage. Cette méthode a vite porté ses fruits et bon nombre de conflits ont pu être rapidement réglés. Mais au fur et à mesure que certaines usines reprennent, d'autres s'arrêtent, leurs salariés voulant bénéficier des mêmes avantages que leurs voisins.

Début juillet, quand il s'agit de mettre en place la Commission de conciliation, le préfet Bouffard s'appuie intégralement sur

Jean, pour désigner les membres de la commission. Il installe la commission et nomme Jean, Vice-président, en précisant que de fait c'est lui qui présidera régulièrement la commission qui se réunira au moins une fois par semaine.

Durant cette période sous sa présidence, la commission va traiter plus de deux cents dossiers, le plus souvent avec succès. A son départ, sept gros dossiers restent en suspens, notamment celui des dockers du port de Bordeaux, ainsi que ceux concernant les porteurs de sable, les usines métallurgiques Joyaux et Petit, la Société des Produits Chimiques, les secteurs des cuirs et peaux et les employés de l'alimentation.

C'est ainsi que Jean va jouer les prolongations durant plus de six mois et retarder son départ à la retraite au 1er février 1937.

La semaine précédant son départ, le Préfet organise une cérémonie en son honneur à l'Hôtel de Nesmond, rue Vital-Carles, résidence des préfets de Gironde, dans le grand salon ou salon des Batailles, cabinet de travail du président Raymond Poincaré pendant la première guerre mondiale, salon dans lequel trois ans plus tard allait se décider la fin de la Troisième République. Dans son discours, Le préfet Bouffard revient sur le brillant parcours professionnel de Jean Cavaillé, mais il insiste surtout sur les qualités de l'homme, qui au fil des années est devenu son ami. Il le remercie vivement pour la mission accomplie au cours des derniers mois et reconnait publiquement que sans sa présence et celle de tous les membres du corps de l'inspection du travail, il aurait été bien en peine de gérer une situation sociale aussi explosive. A travers de la personne de Jean Cavaillé, c'est en fait toute l'inspection du travail qui est reconnue et complimentée. Il termine en lui souhaitant une bonne retraite avec l'espoir de se rencontrer encore souvent à Cauterets où depuis plusieurs années, ils se retrouvent tous les étés pour des moments de détente bien agréables et de passionnantes parties de pêche. En sus de quelques cadeaux personnels, Jean reçoit des mains du préfet, la médaille de la préfecture de Gironde.

A l'issue de la réception officielle à laquelle ils étaient tous conviés, Madame l'inspectrice du travail de Bordeaux et tous les inspecteurs de la circonscription se retrouvent chez Jean et son épouse, Boulevard Antoine Gauthier pour un repas amical. La période n'a pas permis que l'on s'installe sur la terrasse extérieure, mais la grande salle à manger du rez-de -chaussée avec sa grande cheminée donne à ce moment une atmosphère feutrée particulièrement chaleureuse. Jean les remercie tous pour leurs bons et loyaux services et les exhorte à poursuivre avec détermination et enthousiasme, leur mission difficile certes mais si nécessaire à tous nos concitoyens. Le repas est arrosé d'un Pessac-Léognan exceptionnel et au moment du digestif, un Armagnac des Landes, le meilleur en fait est servi. les esprits se sont un peu échauffés et quand Jean annonce qu'ils ont en projet de partir habiter à Pau, quelqu'un entonne le « Beth ceu de Pau », bientôt suivi de l' hymne national, le « Se canto ».

Les Cavaillé résideront à Pau, rue louis Barthou, au coin de la place Royale, dans un endroit des plus animés de la ville, avant de déménager au 8 bis, rue de Navarre, lieu beaucoup plus calme, à proximité d'une maison de retraite pour prêtres et religieuses.

Atteint de la maladie de Parkinson, Jean Cavaillé décèdera onze ans plus tard, le 15 décembre 1948, à Pau dans sa maison, à l'âge de soixante-dix-sept ans.

Il sera inhumé cinq jours plus tard à Toulouse, au cimetière de Terre Cabade, dans le caveau des Larrieu, sa belle-famille, où sera déposée également la dépouille de Germaine, son épouse, le 24 novembre 1959.

Saint-Pierre-du-Mont, le 31 juillet 2021

Principaux textes de lois et règlements du travail évoqués dans cet ouvrage

- Loi du 22 mars 1841 : l'âge minimum pour le travail des enfants est fixé à 8 ans et la durée de la journée de travail est établie à huit heures pour les enfants de 8 à 12 ans et douze heures pour ceux qui ont entre 12 et 16 ans.
- Décret-loi du 9/09/1848 : limitation à 12 heures de la durée journalière de travail.
- Loi du 19 mai 1874 : interdiction du travail des enfants avant 12 ans ou 10 ans par dérogations. Limitation de la durée journalière de travail à six heures pour enfants de 10 ans et douze heures à partir de 12 ans.
- Loi du 2 novembre 1892 : interdiction du travail des enfants de moins de treize ans sauf s'ils détiennent le Certificat d'études primaires.
  Limitation de la durée journalière du travail à 10 heures pour les enfants de moins de seize ans.
  Création d'un corps national d'inspecteurs du travail.
- Loi du 12 juin 1893 relative à l'hygiène et à la sécurité des travailleurs dans les établissements industriels.

- Loi du 9 avril 1898 : responsabilité et indemnisation des accidents du travail.
- Loi du 30 mars 1900 : réduction de la durée du travail à 10H 30 au 30 mars 1902 puis à 10H au 30 mars 1904 pour les établissements industriels où se trouvent occupés des femmes et des enfants.
- Loi du 27 décembre 1900 fixant les conditions de travail dans les magasins, boutiques et autres locaux en dépendant
- Décret du 29 novembre 1904 sur l'hygiène et la sécurité des travailleurs.
- Loi du juillet 1906 sur le repos dominical.
- Décret du 22 aout 1910 sur la prévention de l'infection charbonneuse.
- Decret du 10 juillet 1913 sur l'hygiène et la sécurité des travailleurs.
- Loi du 23 avril 1919 sur la journée de huit heures.

Bibliographie

Les Industries de Mazamet, René Brenac, collection Persée (1932)

L'Industrie castraise, Robert Hubac, collection Persée (1934)

Albi, Etude géographique les conditions modernes de l'essor urbain, Pierre Rascol, (1933)

Le Tarn et la loi de séparation, Jean Faury, Cahier jaurès Cairn info (2005)

Les révolutions industrielles à Mazamet, Remy Cazals Paris la découverte /Maspéro (1983)

Avec les ouvriers de Mazamet dans la grève et l'action quotidienne, Remy Cazals, 2°ed Carcassonne, CLFE (1995)

Les inspecteurs du travail dans le Tarn avant 1914, Rémy Cazals

Une invention de Jaurès ? La grève de Graulhet, entre hygiénisme et machinisme, Fançois Jarrige, Cahier Jaurès Cairn info (2011)

L'explosion de Mélou, 18 juillet 1918, André Minet, Cahier de la société culturelle du pays castrais

Remerciements

À Xavier Lateltin, ancien collègue de la promotion 1978, mon premier lecteur,

À Monsieur et Madame Demaille, pour leur relecture et conseils avisés,

À Jacques Le goff, ancien collègue de la promotion 1978 et professeur émérite de Droit public à l'Université de Brest-Quimper, pour sa préface,

À Rémy Cazals, Agrégé d'histoire, pour ses prêts de photos et illustrations et l'ensemble de ses écrits sur l'histoire industrielle et sociale de Mazamet

Et à Francette, mon épouse, pour sa patience infinie durant ces longues heures d'écriture…

Table des matières

Ce livre a été imprimé
en France par **ICN**

Zone Industrielle des Saligues
98, rue Louis Rabier
64300 Orthez

05 59 69 77 80
icn@imprimerie-icn.fr